Dr. med. Karim El Souessi

Die Angst vor dem Tod überwinden

Verlag Via Nova

Dr. med. Karim El Souessi

DIE ANGST VOR DEM TOD ÜBERWINDEN

Sterbemeditation und Sterbebegleitung

Verlag Via Nova

1. Auflage 2015

Verlag Via Nova, Alte Landstr. 12, 36100 Petersberg

Telefon: (06 61) 6 29 73

Fax: (06 61) 96 79 560

E-Mail: info@verlag-vianova.de

Internet: www.verlag-vianova.de

Umschlaggestaltung: Guter Punkt, München

Satz: Sebastian Carl, Amerang

Druck und Verarbeitung: Appel und Klinger, 96277 Schneckenlohe

ISBN 978-3-86616-340-9

Für meine Frau Verena
und meine Kinder Elia und Susanna

UNA EX HIS TUA ERIT.
„Eine dieser Stunden wird deine sein."

Abb. 1: Astronomische Uhr in Prag aus dem Jahr 1410

„Nur das Grab wartet auf uns."

ZEN-MEISTER KÔDÔ SAWAKI

SELBSTBETRACHTUNG

Die Zeit ist ein Fluss,
ein ungestümer Strom,
der alles fortreißt, jegliches Ding,
nachdem es zum Vorschein gekommen,
ist auch schon wieder fortgerissen,
ein anderes wird herbeigetragen,
aber auch das
wird bald wieder verschwinden.

Marc Aurel: Selbstbetrachtungen 43, 4. Buch

HERBSTGEDICHT

Die Blätter fallen, fallen wie von weit,
als welkten in den Himmeln ferne Gärten;
sie fallen mit verneinender Gebärde.
Und in den Nächten fällt die schwere Erde
aus allen Sternen in die Einsamkeit.
Wir alle fallen. Diese Hand da fällt.
Und sieh dir andre an: es ist in allen.
Und doch ist Einer, welcher dieses Fallen
unendlich sanft in seinen Händen hält.

Rainer Maria Rilke: Herbst

Inhaltsverzeichnis

Vorwort

„Da gibt es welche, die sich über das Sterben Sorgen machen. Ich sage: ‚Keine Angst – du stirbst schon!'"[1]

In Platons „Phaidon" sagt Sokrates: „Wahre Philosophen machen Tod und Sterben zu ihrem Beruf." Sokrates meinte damit, dass wir mit jedem Atemzug und in jedem Augenblick das Sterben üben sollten.[2] Aus diesem Grund tragen tibetische Mönche unter ihrer Kutte eine ‚Weste der Vergänglichkeit' mit zwei spitz zulaufenden Streifen, die sich bei den Achselhöhlen kreuzen. Die Streifen stellen die Fänge des ‚Herrn des Todes' dar, die Mitte der Weste ist sein Mund. Jeden Tag soll der Mönch sich beim Ankleiden bewusstmachen, dass er in jedem Augenblick dem Tod ausgesetzt ist.[3] Ähnlich äußert sich die psychisch kranke italienische Dichterin Alda Merini (1931-2009): „La preparazione alla morte dura una vita intera" – Die Vorbereitung auf den Tod dauert ein ganzes Leben.[4]

Als Autor dieses Buchs bitte ich meine Leser und Leserinnen um eine gewisse Offenheit dafür, den Sterbeprozess nicht nur als materiellen Vorgang zu begreifen, sondern die Möglichkeit in Betracht zu ziehen, dass es ein Bewusstsein gibt, das nicht an körperliche Grenzen gebunden ist, das über die personenbezogene Bewusstheit, ausgedrückt in Gedanken, Erinnerungen, Bildern, Gefühlen, Körperempfindungen und Verhaltensweisen, hinausreicht. Sowohl der Philosoph G.F.W. Hegel als auch der zeitgenössische Ganzheitsphilosoph Ken Wilber bezeichnen dieses allumfassende Bewusstsein als ***Geist***. Im Sanskrit gibt es dafür den Begriff ***Dharmakaya***, die ursprüngliche erleuchtete Natur des Geistes selbst. Seine Natur ist ungeboren und todlos, offen und weit, ohne Zentrum und ohne Begrenzung. Der Buddhismus verwendet dafür den Begriff ‚Leerheit', die überall ist und jede vergängliche Form durchdringt, aus der durch kosmische bzw. energetische ,Verdichtung' Formen entstehen. Aber auch der Begriff der Leerheit ist komplex, problematisch und kann irreführend sein.[5] Auch Bezeichnungen wie Gott, Jahwe (jüdisch für ,unaussprechlicher Name'), Wakan Tanka, Tao, Allah sind nur weitere Begrifflichkeiten, die alle auf etwas Nicht-Begriffliches, Unbegreifbares hinweisen.

Sterbemeditation soll die Kunst des Sterbens, die ***ars moriendi***, wieder mehr ins Bewusstsein bringen, wie dies in den letzten Jahren mit der Hospizbewegung mehr und mehr geschehen ist. Auch in der Psychotherapie sind Richtungen wie die Psychoonkologie entstanden, die das Sterben bewusst mit einbeziehen. Der bekannte Psychotherapeut Irvin D. Yalom ist einer von vielen, die die Vergänglichkeit zum Gegenstand des therapeutischen Prozesses machen. „Lebe immer mit dem Tod auf der linken Schulter" ist beispielsweise eine seiner Hinweise, um der Vergänglichkeit in der Arbeit mit seinen Patienten mehr Raum zu geben.[6] Etwas ironisch behauptet der Autor Tizio Terzani[7], der einen Bericht über seinen Weg hin zum Sterben verfasst hat, dass die eigentliche Krankheit – hinter den mehr als 40.000 beschreibbaren Krankheiten – die Sterblichkeit ist. Statt zu hoffen, dass im Sterbeprozess der Tod möglichst rasch kommt und alles schnell vorbei ist, wollen wir mit diesem Buch alte Wege neu beschreiten. Den Tod könnte man auch als Höhepunkt des Lebens begreifen, als kunstvolle Wende oder Übergang, als Heraustreten aus dem Irdischen oder, wie der französisch-indische Mystiker Henri Le Saux (bekannt als Abhishiktananda, 1910-1973) meinte, als eine Befreiung von irdischen Ketten. Sterbemeditation ermöglicht uns eine bessere Vorbereitung und eine positivere Haltung zum Sterben. Statt den Tod auszuklammern und zu verdrängen, beziehen wir ihn in unser Leben ein. Sind wir nicht bereits mit der Geburt Sterbende?

Das Buch beinhaltet nicht nur Reflexionen über den Tod und das Sterben, sondern auch praktische Hilfestellung im Umgang mit Sterbenden für ihre Angehörigen und Freunde. Sich in die Rolle eines Sterbenden zu versetzen und zu überlegen, wie man selbst behandelt werden möchte, kann helfen, eine bessere Sterbebegleitung anzubieten.

Wann steht es für uns an, im Einklang mit dem Sein den Übergang, den Wandel, den ‚Heimgang' zu erkennen, dem es zu folgen gilt? Geht es um das Sterben der Persönlichkeit, dann gehört zum Sterbeprozess, sich von den Anhaftungen an dieses Ich zu lösen und ich-bezogene, personale, vielleicht auch konfessionelle Grenzen zu überschreiten.

Die Frage, die sich stellt, ist: Wer stirbt in Wirklichkeit? Die kleinsten, elektromagnetischen Teilchen, aus denen die Welt besteht, verschwinden ebenso wieder im Raum, wie sie daraus entstehen, verdichten sich zu Formen und lösen sich wieder auf. Sind nicht alle Erscheinungen, wie es Rudolph Steiner ausdrückte, nichts anderes als geronnenes Licht; unausdenkbares Licht, wie es Torei Zenji in seinem Bodhisattva-Gelübde bezeichnet? Gibt es daher Sterben überhaupt? Gibt es einen Seelenkörper, der sich im Verlauf unzähliger Kreisläufe des Werdens und Vergehens letztendlich im Ozean des Seins auflöst?

Was ist Leben? Was ist Schöpfung? Mit welcher Vorstellung kann ich mich ihr nähern? Welche Bedeutung hat die Glaubensvorstellung? Behindern Religionen und Glaubensvorstellungen den Blick auf die wahre Schöpfung? Verdecken die Formen das Ungeformte, das Ungeborene?[8] Gibt es etwas Unwandelbares, was trotz aller Vergänglichkeit bleibt?

Ein Zen-Meister sagte einst sinngemäß: „Religionen sind wie Finger an der Hand. Sie können nur zum Mond zeigen." Die islamische Mystikerin und als Heilige verehrte Rabi'a al Adawiyya (717-801) soll ausgerufen haben: „Gebt mir einen Eimer Wasser, um die Feuer der Hölle zu löschen, und Feuer, um den Himmel zu verbrennen, damit die Verblendungen der Menschen verschwinden."[9] Der Sufi-Meister und Baumwollkämmer Husain ibn Mansur al-Hallâj (Halladsch, 857-922), der kühnste Vertreter der frühen islamischen Mystik, wurde hingerichtet für seine Aussage: „Ich bin der, den ich liebe, und der, den ich liebe, ist."[10] Wäre das auch heute noch Blasphemie?

Dazu zwei Verse aus dem 16. Jahrhundert von Johann Gottfried Scheffler, genannt Angelus Silesius, Arzt, Priester und zuletzt Mystiker:

Im Eins ist alles eins;
kehrt Zwei zurück hinein,
so ist es wesentlich
mit ihm ein einges Ein. (V, 6)

Wer hätte das vermeint!
Aus Finsternis kommt Licht,
das Leben aus dem Tod,
das Etwas aus dem Nicht. (IV, 140)[11]

Dieses Buch versteht sich als Fragment im Sinne des Arztes und Philosophen Julien Offray de la Mettrie: „Wie es keine fertigen Wahrheiten gibt, gibt es auch keine abgeschlossenen Texte. So dürfen noch die falschesten Hypothesen als glückliche Irrtümer gelten."[12]

Mein Dank gilt den vielen Lehrern auf meinem Weg, darunter den Zen-Meistern und Lehrern, Pater AMA Samy, Pater Lassalle, Pater Victor, Pater Lutze, der Sanbo-Zen-Schule mit Yamada Ryoun Roshi und Kubota Roshi, den Lehrern der koreanischen Zen-Tradition und den tibetischen Lehrern für die jahrelange Schulung.[13]

Für die kritische Hilfe und Unterstützung bei der Durchsicht und Fertigstellung des Manuskripts möchte ich mich herzlich bedanken bei: Helga Braun (Lektorat), Holmer Becker, Klemens Jackisch, Ralf-Peter Lösche (Lektorat/Gestaltung).

1 „Kein Selbst, keine Probleme“

Mit diesem etwas provokanten Ausspruch will der buddhistische Wald-Mönch Ajahn Chah deutlich machen, dass ein Ich ohne Ich-Verhaftung keine Probleme mehr hat. Aber dagegen könnte man auch wie der demenzkranke Vater in Arno Geigers Roman „Der alte König in seinem Exil“[14] einwenden: „Das Leben wäre ohne Probleme auch nicht leichter.“

Nach zen-buddhistischen Vorstellungen werden wir als ein Niemand geboren, werden zu einem Jemand, um am Ende des Lebens wieder zu einem Niemand zu werden. Ein Dōka-Gedicht des japanischen Zen-Meisters Ikkyū Sōjun (1394-1481) drückt es so aus:

Wir essen, verdauen, schlafen und stehen auf;
Das ist unsere Welt.
Alles, was uns danach zu tun noch übrig bleibt,
Ist zu sterben.[15]

Nichts Besonderes also – selbst wenn wir zu Jemand geworden sind, sind wir aufgerufen, diesem Jemand keine übermäßige Bedeutung beizumessen, damit wir am Ende unseres Lebens erkennen, wie es der japanische Zen-Meister Dogen (1200-1253) ausdrückte, „dass die Augen waagrecht, die Nase senkrecht sitzen“. Dogen schreibt weiter: „Von niemandem in die Irre geführt, kam ich mit leeren Händen zurück. Ich kam ohne eine Spur des Buddha-Gesetzes zurück und lasse der Zeit ihren Lauf.“[16]

Ich möchte diesem Jemand, der ich selbst bin, nicht allzu viel Bedeutung beimessen. Da es aber um sehr persönliche Themen wie Tod und Sterben geht, möchte ich Ihnen doch einige Erlebnisse aus meinem Leben erzählen, die mich geformt haben und die Grundlage meiner Weltsicht bilden.

Mein Vater war eingebürgerter US-Amerikaner ägyptischer Abstammung, meine Mutter Deutsche. Ich wurde 1961 geboren und wuchs überwiegend in Deutschland auf. Meine Erziehung war von engen muslimischen und christlichen Wertvorstellungen geprägt, auch wenn das Religionsverständnis meiner Eltern eher ein oberflächliches war. Diskussionen gab es über Schweinefleisch, Jesus als einzigen Sohn Gottes, die Jungfräulichkeit Marias, die Heilige Dreifaltigkeit, den Ramadan und vieles mehr. Meine außerhäusliche Erziehung verlief überwiegend katholisch, ich war auch lange als Messdiener tätig, verließ die Kirche aber mit 23 Jahren, weil buddhistische und mystische Texte mich stärker anzogen. Auch der frühe Tod meiner Eltern und der Unfalltod meiner Schwester mit 20 Jahren haben mich geprägt: Beide Ereignisse konfrontierten mich drastisch mit der Vergänglichkeit und der Frage, welchen Sinn das Leben hat. Bei meinem Vater musste ich selbständig entscheiden, die künstliche Beatmung abzustellen. Nach ägyptischem Brauch wusch ich den Leichnam, wickelte ihn in Leinentücher ein und richtete im Grab Kopf und Körper nach Mekka aus. Das half mir, Abschied von ihm zu nehmen.

Meditation sowie ein Nahtod-Erlebnis mit 33 Jahren führten mich dazu, den Sterbeprozess anders zu begreifen. Drei Lichtgestalten begleiteten mich durch eine Art Tunnel in ein gleißend helles Licht, bis eine Stimme rief: „Es ist noch nicht Zeit!“ Da ließen sie mich los, so dass der Seelenkörper wieder in den physischen Leib eintrat.

Wie die buddhistische Madhyamaka-Tradition (Schule des Mittleren Weges) halte ich es für möglich, dass es eine gewöhnliche Wirklichkeit, im Sanskrit Nirmana-kaya (Körper der Verwandlung, irdischer Körper) und eine ultimative oder absolute Wirklichkeit (Dharma-kaya, Körper der großen Ordnung) gibt. Aus feinstofflichen Bereichen könnte es durchaus eine Wiedergeburt in den irdischen Körper geben.

Im Kontext meiner Suche erlernte ich T'ai Chi, Qi Gong und Akupunktur in Deutschland und China und interessierte mich für Parapsychologie, Auraarbeit und andere esoterische Wege. Ich besuchte unter anderem eine Sufi-Gruppe sowie andere religiöse Gruppierungen (Bahai, Oomoto, Krishnamurti, Yesudian/Haich, Transzendentale Meditation, Osho, Sai Baba, u.a.) – alles, was mit Spiritualität zu tun hatte, zog mich an. Mit der Zen-Meditation begann ich 1978 und nahm früh an Zen-Meditationskursen teil, reiste viel in Europa, Mexiko, den USA, Japan, Korea, Thailand sowie in Indien. Im Laufe der Jahre erhielt ich Unterricht von asiatischen, indischen und christlichen Zen-Lehrern, die in Asien Meditation erlernt hatten, unter anderem von Pater Enomya Lasalle, P. Victor Löw, Paul Shepherd, P. Willigis Jäger, Sr. Ludwigis, den japanischen Äbten Ekai San, Meister Deshimaru, Kubota Roshi und Yamada Ryoun Roshi. Ebenso konnte ich bei den koreanischen Zen-Meistern Su Bong Se Nim und De Seung Se Nim Meditationskurse besuchen, sah Meister Shen Yeng in Taiwan, übte bei dem Vipassana-Mönch Tiradhamo und dem indischen Jesuitenpater und Zen-Meister P. Arul Arokiasamy (AMA Samy), dessen Schüler ich seit 1990 bin. Bei all den Reisen war mir die Weltsprache Esperanto ein großer Helfer, ich erhielt durch Esperantisten auf der ganzen Welt viel Unterstützung bei der Suche nach spirituellen Lehrern.

Das Medizinstudium zwang mich zu einer vertieften Auseinandersetzung mit der Vergänglichkeit. Es gab berührende Momente während der Nachtdienste auf den Stationen mit alten, schwerstkranken Patienten. Hier musste ich mich ständig mit dem Tod beschäftigen, es gab keine Möglichkeit mehr, das Sterben auszublenden, wie es sonst in unserer Kultur üblich ist. Wie im Buch der Zen-Priesterin und Anthropologin Joan Halifax „Being with Dying“[17] beschrieben, hörte die ‚Glocke des Todes' in diesen Nächten nie auf zu schlagen. Zerstreuung und Ablenkung waren nicht möglich, weil es kaum noch Apparate zu betreuen oder Medikamente zu verabreichen gab.

Dieses Buch entstand aus dem Wunsch, diese Erfahrungen und Lehren weiterzugeben und andere Menschen dabei zu unterstützen, leichter, gelassener und friedlicher mit dem leidvollen und oft tabuisierten Thema ‚Sterben' umzugehen.

Sich den Sterbeprozess, auch den eigenen, immer vor Augen zu halten, ist kein Plädoyer für Nachlässigkeit gegenüber der eigenen Gesundheit oder gar Suizidbeihilfe, wie dies derzeit vielfach diskutiert wird. Selbst der Entwurf eines neuen § 1921 a im Bürgerlichen Gesetzbuch, der vorsieht, dass volljährige und einwilligungsfähige Personen, die an einer unmittelbar zum Tode führenden Erkrankung leiden, ihren Arzt um Suizidbeihilfe bitten können, ist umstritten, da heute fast alle Schmerzen und selbst extreme Luftnot in den Griff zu bekommen seien, wie der Präsident der Deutschen Gesellschaft für Palliativmedizin, Prof. Dr. med. Lukas Radbruch, betont.[18]

Für den in Deutschland wohl berühmtesten Geist-Heiler Bruno Gröning (1906-1959) war es eine spirituelle Pflicht, Menschen statt beim Sterben bei der Selbstheilung bis zum Lebensende zu unterstützen. Körperliche Ordnung war für ihn gleichbedeutend mit göttlicher Ordnung, deshalb sollte auch das einzelne Lebewesen – ganz gleich, ob die Heilungsversuche zum Weiterleben führten oder nicht – vor seinem Heimgang einen körperlich-seelisch geordneten Zustand anstreben. Da jeder lebende Organismus bemüht ist, einen ungeordneten bzw. kranken körperlichen Zustand bis in den Sterbevorgang hinein zu ‚reparieren' und man oft nicht genau sagen kann, wie lange ein Mensch noch lebt oder ob er gar wieder gesund werden wird, hielt er es für richtig, dass jeder einzelne dieses Bemühen unterstützt.[19] Ich halte es als Arzt für wichtig, sich auf allen Ebenen um das körperlich-seelische Wohl eines Todkranken zu bemühen, ihn nicht aufzugeben, für jeden Ausgang offen zu sein und ihn zum gegebenen Zeitpunkt zu unterstützen, den Sterbeprozess gut anzunehmen.[20]

Da Krankheit mitunter auch psychische Auslöser haben kann, sollte man sich auch fragen, ob die organische Störung aufgrund dysfunktionaler oder destruktiver Denk- und Verhaltensweisen entstanden ist. Heilung und Ordnung beziehen sich stets auf den ganzen Menschen mit seiner Körperlichkeit, seiner Psyche und seiner spirituellen Verfassung. Daraus können sich für das eigene Leben neue Wege entwickeln, um zur

Gesundung in einem ganzheitlichen Sinn zu kommen. Es ist durchaus möglich, dass eine Erkrankung, die psychisch mitbedingt ist, zwar auf der emotionalen und mentalen Ebene ‚aufgelöst' wird, körperlich aber trotzdem weiter fortschreitet, weil der somatische Prozess nicht mehr aufhaltbar ist. Selbst Buddha soll sinngemäß einem Mönch, der gesehen hatte, wie ein Junge einen Stein nach ihm warf, und sich darüber gewundert hatte, weil er glaubte, Buddha habe sein schlechtes Karma ganz aufgelöst, geantwortet haben, dass die Materie aufgrund ihrer Trägheit stets hinterherhinke.

Umgekehrt klagten etliche Heiler, wie zum Beispiel Jiddu Krishnamurti, darüber, dass sich körperlich geheilte Menschen in ihrem Gefühls- und Seelenleben oft überhaupt nicht wandelten. Krishnamurti hörte als Konsequenz daraus schließlich sogar ganz auf zu heilen.[21]

Krankheit hat aber auch eine andere Seite. Schon Plinius der Jüngere schreibt seinem Freund Maximus, dass wir „... (1) die besten Menschen sind, wenn wir krank sind. Denn wen quälen, wenn er krank ist, Habgier oder Leidenschaft? (2) Der Kranke ist nicht Sklave der Liebe, er strebt nicht nach Ehren, kümmert sich nicht um Reichtum und er ist zufrieden, wie wenig er auch besitzt, da er es ja doch zurücklassen muss. Jetzt erinnert er sich daran, dass es Götter gibt, dass er ein Mensch ist. Er beneidet niemanden, niemanden bewundert er, niemanden verachtet er, und nicht einmal böses Geschwätz erweckt seine Aufmerksamkeit oder erheitert ihn: er träumt nur von Bädern und Heilquellen. (3) Das ist seine größte Sorge, sein größter Wunsch, und er nimmt sich vor, wenn es ihm gelingen sollte, davonzukommen, in Zukunft ein angenehmes und ruhiges, das heißt ein ungefährdetes und glückliches Leben zu führen. (4) Ich kann also [...] zusammenfassen, dass wir fortfahren sollen, in gesunden Tagen so zu sein, wie wir während einer Krankheit versprechen, uns in Zukunft zu verhalten. Lebe wohl!"[22]

Wenn wir durch Krankheit aus dem alltäglichen Getriebe, aus unserer gewohnten Ordnung herausgerissen werden, ändert sich unser Verhältnis zur Zeit. Ohne große Erwartungen und Pläne erfahren wir die Stunden nun anders. Das Jetzt, die Gegenwart, dehnt sich aus und unsere Wünsche und Bedürfnisse reduzieren sich auf das Notwendigste. Man wird mitunter stiller und rückt näher an den Zustand der Formlosigkeit heran, erlebt sich möglicherweise als dünnhäutiger oder feiner und transparenter. Das Bewusstsein für die Anbindung an etwas Größeres, Unfassbares und zugleich Vertrautes rückt stärker in den Vordergrund.

Für den Mystiker Henri le Saux wurde der Herzinfarkt zu einer spirituellen Erfahrung und zu einer Befreiung aus den irdischen Ketten. In einem Brief schrieb er: „Wirklich, eine Tür öffnete sich im Himmel, als ich am Straßenrand lag. Aber ein Himmel, der nicht das Gegenteil der Erde ist, etwas, was weder Leben noch Tod ist, sondern einfach Sein, Erwachen … jenseits aller Mythen und Symbole."[23]

2 Sterben als physischer Prozess

Jeder Mensch stirbt auf seine eigene Art und Weise. Der eine stirbt langsam, der andere schnell, der eine muss einen mühevollen Todeskampf führen, der andere entschläft sanft. Bestimmte Vorgänge treten jedoch immer wieder auf und auch der biologisch-körperliche Sterbeprozess durchläuft beschreibbare Phasen.

Jahrhundertelang galt der Stillstand des Herzens als Zeichen des physischen Todes. Erst 1966 legte die französische Akademie der Medizin als eine der ersten medizinischen Einrichtungen den Ausfall der Hirnaktivität als ausschlaggebenden Todeszeitpunkt fest und definierte dafür Kriterien. 1997 wurde diese Definition im deutschen Transplantationsgesetz eingeführt. Sie ist in den meisten westlichen Ländern gültig, trotz zahlreicher kritischer Stimmen, die sich darauf beziehen, dass der Status des Hirntodes schwer zu klassifizieren ist, vor allem dann, wenn andere Organe noch funktionsfähig sind.[24]

In unserem Organismus sterben unaufhörlich in den verschiedenen Organen Zellen ab und werden bis zum Lebensende wieder erneuert. Bis heute kann man nicht wirklich mit absoluter Sicherheit sagen, wann und wodurch der physische Tod eintritt. Selbst medizinische Bezeichnungen wie z. B. Herz-Kreislauf-Versagen, Leberversagen oder Nierenversagen bleiben ungenau. Oft sterben Menschen auf Palliativstationen trotz multiplen Organversagens erst Tage oder Wochen später, ohne dass es dafür eine medizinische Erklärung gibt.

Die physischen Anzeichen für den Tod sind nicht eindeutig. Sie treten nicht immer in einer bestimmten Reihenfolge auf und geben keine

Auskunft über den exakten Todeszeitpunkt. Viele derartiger Anzeichen können isoliert auch bei schwerer Krankheit auftreten. In seltenen Fällen können Sterbeprozesse sogar reversibel sein. So schildert Gian Domenico Borasio in seinem Buch „Über das Sterben“[25] etliche Fälle, die medizinisch unerklärlich bleiben. Solche Dinge sind kein seltenes Phänomen.

Vor nicht allzu langer Zeit begleitete ich eine alte Dame, die bereits die typische Cheyne-Stoke-Atmung mit immer größer werdenden Zeitabständen hatte, bis ihre Atmung ganz aussetzte. Nach minutenlanger Pause atmete sie plötzlich tief ein, erhob sich im Bett, reichte mir die Hand und stellte sich förmlich und in völliger Klarheit mit ihrem Namen vor.

Aus medizinischer Sicht durchläuft der physische Tod die folgenden drei Phasen:

- **Präterminale Phase**: In dieser Phase treten deutlich sichtbare Symptome der fortgeschrittenen Erkrankung auf. Schmerzen können in dieser Phase in der Regel beherrscht, die allgemeinen Symptome gelindert werden; eine aktive Teilnahme am Leben ist aber nicht mehr möglich. Diese Phase kann mehrere Wochen bis Monate andauern.
- **Terminalphase**: Der Schwerkranke nähert sich dem Tod. Er ist die meiste Zeit oder dauernd bettlägerig. Prognostisch ist sein Leben auf wenige Tage bis zu einer Woche begrenzt.
- **Finalphase** (Sterbephase): Der Kranke liegt im Sterben. Der Eintritt des Todes ist in einigen Stunden zu erwarten.

Man unterscheidet fünf physiologische Haupttodesursachen, wobei die Todesursache meist in der Kombination des Versagens mehrerer Organe besteht:

1. **Herz-Kreislaufversagen**: als Folge einer Herzinsuffizienz, meist infolge chronischer Erkrankungen wie Diabetes, Rauchen, o.ä., oder Erkrankungen des Herzens selbst.
2. **Lungentod**: durch plötzliche oder chronische Atemnot; bei chroni-

scher Atemnot meist friedlicher Tod, bedingt durch CO_2-Selbstvergiftung (CO_2-Narkose)

3. **Lebertod**: hervorgerufen durch Störung der Entgiftungsfunktion, meist mit Gelbfärbung. Anfallende Abfallstoffe (v.a. Ammoniak) bewirken mitunter Verwirrtheit und Unruhe, in der Regel aber schlafen Leberkranke im Leberkoma friedlich ein, wenn es nicht durch den Blutrückstau zu einer Varizenblutung (platzende venöse Gefäße, meist in der Speiseröhre) kommt und der Tod rasch eintritt.
4. **Nierentod**: Nierenversagen kann durch Störung des Elektrolythaushalts im Körper zu Verwirrtheit, Herzrhythmusstörungen und Krampfanfällen führen; meist ist der Sterbeverlauf aber ähnlich wie beim Leberkoma.
5. **Gehirntod**: durch Blutung, Gewebeschwellung, Tumor oder Schlaganfall; verläuft – abgesehen vom Schlaganfall – meist schnell mit rascher Bewusstlosigkeit, allerdings können Schmerzen und Krampfanfälle auftreten.[26]

Die folgenden Tabellen über die biologische Uhr des Menschen zeigen, dass die meisten Menschen dann sterben, wenn die Körpertemperatur am niedrigsten und der Kreislauf am labilsten ist:[27]

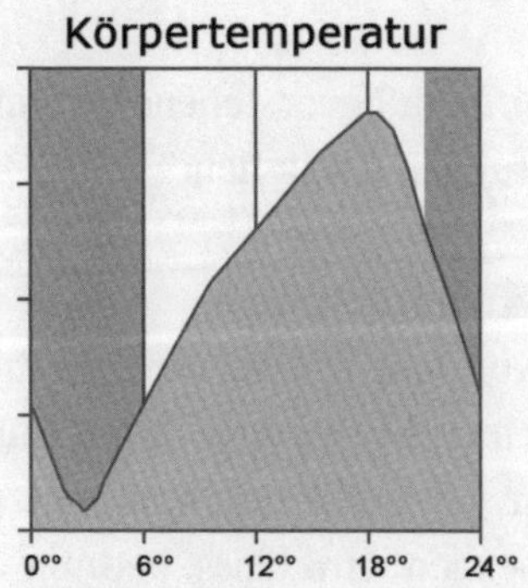

Abb. 2: Die meisten Menschen sterben, wenn die Körpertemperatur am niedrigsten ist.

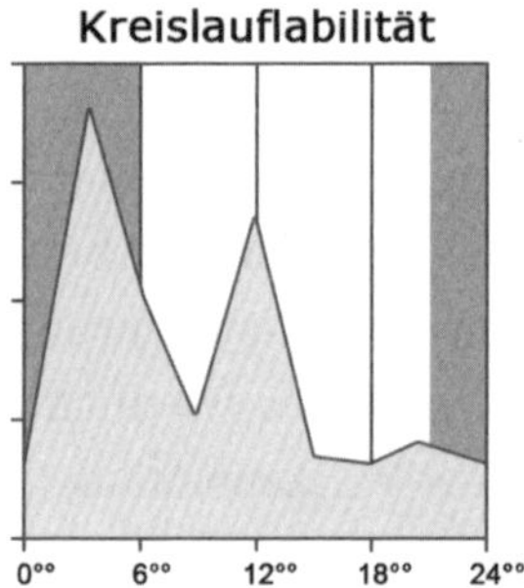

Abb. 3: Die meisten Menschen sterben in den frühen Morgenstunden, wenn der Kreislauf am labilsten ist.

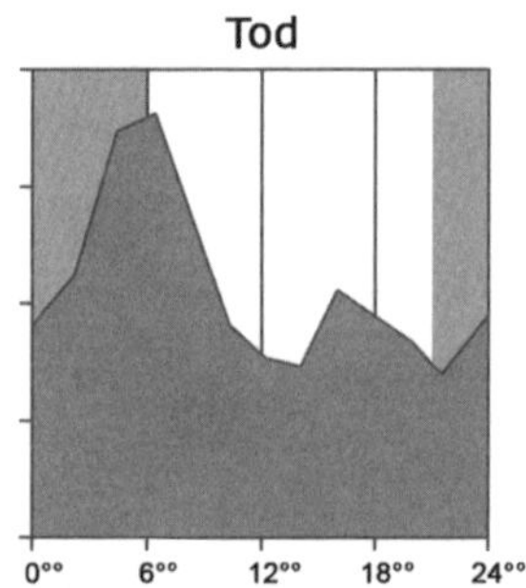

Abb. 4: Sterbehäufigkeit im Tagesverlauf

Ferner lassen sich bei einem bevorstehenden Sterbeprozess bestimmte medizinische Veränderungen feststellen.

Diese **unmittelbaren Anzeichen** sind:

- Wochen bis Tage vor dem Tod verweigern die Menschen feste und auch flüssige Nahrung. Mitbedingt durch Flüssigkeitsmangel kann es dabei zu Verwirrtheit und Panik kommen.
- Die Haut des Sterbenden wird blass, bedingt durch den veränderten Pulsschlag und abfallenden Blutdruck. Die Haut an Füßen, Händen, Fingerspitzen auf der Liegeseite verfärbt sich.
- Der Körper friert und zittert, bedingt durch den Temperaturabfall.

- Der Sterbende erkennt Menschen, auch nahestehende, nicht mehr.
- Die Augen blicken offen oder halb offen in die Ferne, ohne etwas anzusehen. Die Pupillen zeigen keine Lichtreaktion.
- Reaktionen auf die Umwelt kommen zum Erliegen; trotzdem kann der Sterbende noch wahrnehmen und hören, denn der Hörsinn stirbt ganz zuletzt.
- Der „Todeskampf" beginnt durch die Unterversorgung mit Sauerstoff, mitunter begleitet von Hektik und Muskelkrämpfen.
- Der Atemrhythmus flacht ab und verändert sich, der Atem wird laut, ggf. mit Schleimabsonderungen, es setzt eine keuchende Atmung bis zur Schnappatmung ein.
- Der Sterbende fällt in einen langen Schlaf oder in eine Ohnmacht, die kaum vom Schlaf zu unterscheiden ist, und ist nur noch schwer erweckbar. Es kann sich ein sanftes Entschlafen einstellen.
- Es ist auch möglich, dass der Sterbende plötzlich aufwacht und sich in völliger Geistesgegenwärtigkeit aufrichtet.
- Kurz vor dem Sterben können Sterbende mit Blick ins Jenseits ausrufen: ‚Ich komme!'.

Sichere Todeszeichen: frühe Veränderungen

- Zum Zeitpunkt des Todes kann ein krampfartiges Erbrechen auftreten.
- Nach dem Tod erschlafft infolge des Sauerstoffmangels die Muskulatur; Darm und Blase entleeren sich.
- Der Körper erkaltet pro Stunde um ein Grad, nach zwei Stunden setzt die Toten- oder Leichenstarre ein. Sie beginnt mit der Kaumuskulatur und breitet sich dann zu den unteren Gliedmaßen hin aus.
- Etwa 20 bis 60 Minuten nach Eintritt des Todes bilden sich Totenflecke (Livores).
- ‚Leichengift' gibt es übrigens nicht, nur beim Tod durch Krankheitserreger sollte man vorsichtig sein.
- Sichere Todeszeichen sind außerdem sogenannte ‚mit dem Leben nicht zu vereinbarende Verletzungen', die den Körper unwiderruflich

zerstören, wie z. B. nach schweren Unfällen, tödlicher Waffengewalt, Verkohlung usw.

Sichere Todeszeichen: späte Veränderungen

- Meist zersetzt sich der Leichnam durch chemische Verwesung, bakterielle Fäulnis und Autolyse durch körpereigene Enzyme.
- Im Freien kann er auch von Fliegen und Käfermaden besiedelt bzw. von Ameisen oder Ratten, Füchsen oder Fischen als Nahrung genutzt werden, bis zur Skelettierung.
- Unter Luftabschluss kann sich eine Leichen- oder Fettwachsbildung entwickeln.
- Wassermangel in trockener Umgebung kann den Körper oder einzelne Glieder mumifizieren.

Abb. 5: Herbst im Park in Leipzig

3 Sterben als transpersonaler Prozess

Der islamische Sufi-Mystiker Jelaladdin Rumi (1207-1273) schrieb: „Der Tod ist in Wirklichkeit eine spirituelle Geburt. Dabei wird der Geist aus dem Gefängnis der Sinne in die Freiheit Gottes entlassen, genau wie man bei der leiblichen Geburt aus dem Gefängnis des Schoßes in die Freiheit der Welt hinaus gelangt. … Die meisten Menschen haben Angst vor dem Tod, aber die echten Sufis lachen nur angesichts seiner. Nichts vermag ihre Herzen zu erschüttern. Was die Austernschale zertrümmert, kann die Perle nicht einmal ankratzen."[28]

In der Arbeit mit Menschen, die sich schwerkrank in Richtung Tod bewegen, aber auch mit körperlich Gesunden, die unter hypochondrischen Ängsten vor Krankheit und Tod leiden, hat sich gezeigt, dass ein transpersonaler Ansatz – neben klassischen psychotherapeutischen Behandlungsverfahren – den Umgang mit der eigenen Sterblichkeit erleichtern kann.

Sterben könnte man auch als Wandlungsprozess, als Verwandlung oder Metamorphose verstehen: Etwas vergeht, etwas anderes entsteht und das alles findet innerhalb desselben Seins statt. Das Mysterium des Seins enthüllt sich, offenbart seine Schönheit in der (körperlich verdichteten) Form und wandelt sich wieder zu etwas Unsichtbarem. Ist der Hauptsinn menschlicher Geburt, wie Goethe es ausdrückt, dass wir „zum Sehen geboren, zum Schauen [des Unwandelbaren] bestellt" sind?

„Transpersonal" bezieht sich auf einen Bereich jenseits der engen Grenzen des persönlichen Ich-Erlebens. Diese Perspektive ist besonders hilfreich beim Umgang mit der Vergänglichkeit. Dabei geht es nicht allein um ein ‚Erspüren' eines unvergänglichen Seins, sondern um die Überschreitung unserer begrenzten Vorstellungen von Vergänglichkeit, indem wir uns als Teil eines Ganzen wahrnehmen.

„Wenn keine Wolke über dem Berge hängt, durchdringt das Mondlicht die Wellen des Sees", heißt es in einem Zen-Dialog.[29] Als der Mönch diese Wahrheit nicht nur mit dem Verstand begriff, sondern sie ihn im Herzen berührte, erfuhr er Erleuchtung. Das große Suchen und Zweifeln kam zum Ende.

Die Auseinandersetzung mit der Vergänglichkeit ist ein wichtiger Bestandteil aller Kulturen. Im indischen Kulturraum finden sich Unterweisungen zur Vergänglichkeit bereits in den Upanishaden (entstanden vermutlich zwischen 2000 und 100 v. u. Z.) wie in der Katha Upanishad, die einen Dialog zwischen dem jungen Naciketas und dem Tod beschreibt, den er zu seinem Guru (Lehrer) wählt.

An diese alte Tradition knüpfte Buddha an, der stets betonte, dass die Vergänglichkeit ein wichtiger Lehrmeister sei. Auf Anweisungen Buddhas bezieht sich daher eine buddhistische Form der Sterbemeditation, die der indische Meister Atisha um das Jahr 1000 u. Z. in Tibet einführte.[30]

Für die vorbuddhistische Praxis des ***Yoga Nidra*** besteht bereits das Grundproblem der Angst vor Vergänglichkeit in unserer Identifizierung mit unserer materiell-körperlichen Form, mit ihren Empfindungen, Gefühlen, Gedanken sowie in der Vorstellung, ein eigenständiges Ich zu besitzen. Die Übung des ***Yoga Nidra*** zielt deshalb darauf ab, allmählich einen Perspektivenwechsel zwischen Ich-Erleben und Ich-Beobachtung zu erreichen, indem man durch zahlreiche Wiederholungen lernt, sein eigenes Erleben gleichsam ‚von außen' zu betrachten und dann als Teil des energetischen Schöpfungskörpers. Die gewonnene Distanz und Einbettung in die Energie des Ganzen soll helfen, die Verhaftung an den vergänglichen Organismus zu verringern. Zu diesem Zweck – als Hilfe zur Desidentifikation mit dem Ich und zur Vorbereitung auf den eigenen Tod – findet sich in diesem Buch eine Yoga-Nidra-Anleitung (Kap. 11) und die buddhistische Sterbemeditation (Kap. 12 und 15).

Ähnlich wie auch andere meditative Praktiken ermöglicht die Yoga-Nidra-Übung eine nicht wertende Grundhaltung gegenüber Körperempfindungen, Gefühlen, Gedanken und der Ich-Vorstellung. Loslösung und Ent-Identifikation leiten einen transpersonalen Prozess ein, der eine gewisse Ähnlichkeit mit dem Verlust der körperlich-geistigen Integrität hat, wie sie der Tod von uns fordert. Denn dabei geht es letztlich um die Lösung von Dingen, die uns ohnehin nur dem Namen nach gehören, wie es der thailändische Theravada-Buddhist Ajahn Chah (1918-1992) treffend ausdrückte. Entdeckt man Vergänglichkeit um sich herum, kann sich ein innerer Frieden ausbreiten. Wenn ein welkes Blatt vom Baum fällt oder ein Insekt seine letzten Zuckungen vollzieht, kann ein Augenblick mystischer, transpersonaler Stille entstehen, ein Zur-Ruhe-Kommen im Sein. Wenn wir die alltäglichen Zeichen von Vergänglichkeit an uns selbst und um uns herum klarer beobachten, eröffnen sich uns neue Dimensionen, die über unsere Ich-Grenzen hinausführen. Der persische Mystiker Bayasid Bistami (803-875) formulierte es poetisch:

Unter meinem Gewand ist nichts als Gott;
ich streifte mein Ich ab wie eine Schlange,
die ihre Haut abstreift.
Dann sah ich mein Wesen an
und es zeigte sich, dass ich Er war.[31]

Daher fordert der islamische Mystiker Jelaladdin Rumi dazu auf, beim Dahinscheiden nicht zu trauern, sondern eher froh zu sein:

„An meiner Grabstätte schreit nicht: ‚Weh, du bist fort!', denn für mich ist das die Zeit froher Begegnung. Wenn ich ins Grab gesenkt werde, ruft mir keine Abschiedsworte nach. Ich habe dann den Vorhang zur ewigen Gnade durchschritten."[32]

4 Andere werden älter – ich nicht

Selbstironisch schreibt ein alternder Mann im Internet[33]: „Die Menschen meiner Altersgruppe haben sich verändert. Sie sehen alle viel älter aus als ich. Kürzlich traf ich einen Schulkameraden, der so gealtert war, dass er mich nicht mehr erkennen konnte. Vieles ist heute anders als früher. Es ist zweimal so weit zum Park und nun ist auch noch ein Berg dazwischen. Es kommt mir so vor, als würde man die Treppen heute steiler machen.

Und ich habe längst aufgegeben, zum Bus zu rennen, der fährt jetzt schneller weg als früher. Zeitung lesen fällt jetzt auch schwerer, weil sie die Schrift verkleinert haben. Es hat auch keinen Sinn, jemand zu bitten, mir etwas vorzulesen, denn sie sprechen alle so leise, dass ich sie kaum verstehe. Auch die Klamotten sind neuerdings so eng geschneidert, besonders um die Hüften herum. Es fällt mir immer schwerer, mich zu bücken, um meine Schuhe zu binden.

Die Wartezimmer beim Arzt sind mir fast so vertraut wie mein Wohnzimmer. Vor wenigen Wochen hat ein Arzt zu meinem Nachbarn, der nur zwei Jahre älter ist als ich, gesagt, in seinem Alter lohne sich die Operation nicht mehr. Aber eines freut mich und zeigt mir, dass ich doch noch nicht so alt bin: Ich bin unverändert kontaktfreudig und lerne jeden Tag neue Menschen kennen. Einige von denen sagen allerdings, sie würden mich schon lange kennen!“

Ist der Mensch erst einmal erwachsen, wiegt er sich gern in dem Glauben, dass es ewig so weitergeht. Das liegt unter anderem daran, dass die Entwicklung der Persönlichkeit bis etwa zum 35. Lebensjahr weitgehend abgeschlossen ist. Im Gehirn ist diese Ich-Funktion vor allem in den Regionen hinter den inneren Augenbrauen lokalisiert. Diese neuronalen Netzwerke machen das Erleben einer eigenständigen Person möglich. Der Mensch erfährt sich als mehr oder weniger stabile Einheit, die sich durch Lebenserfahrung weiter ausformt. Das Gehirn ist, so der Neurowissenschaftler Gerhard Hütter[34], eine zeitlebens offene Struktur, die sich im Laufe des Lebens ändert, weiterentwickelt, aber wie andere Körperstrukturen auch dem Alterungsprozess unterworfen ist und Leistungseinbußen erfährt. Anders als bei genetisch determinierten Lebensformen, wie z. B. Insekten, biologisch determinierten, wie Vögel und Säugetiere, die nur in bestimmten Lebensabschnitten lernen, kann das Gehirn eines Menschen bis zum Lebensende lernen, selbst wenn es degenerative Veränderungen bis hin zur Demenz aufweist und dadurch die normale Kommunikation beeinträchtigt. Selbst ein dementer Mensch kann die Frage nach der Freude am Leben noch bejahen. Je trainierter allerdings das Gehirn, so der Neurowissenschaftler Manfred Spitzer, desto länger bleibe die Denkleistung und das Bewusstsein, ein Ich zu besitzen, erhalten.[35] Stabile Ich-Funktionen stellen in gewisser Weise ein Dilemma dar: Einerseits sind sie essenziell für die geistige Entwicklung und das Funktionieren in der Gesellschaft, andererseits aber können sie auch die Verhaftung an ein Ich oder Ego verstärken und das Loslassen im Sterbeprozess erschweren.

Der Mensch erlebt den Alterungsprozess durch das Schwinden der körperlichen und geistigen Leistungsfähigkeit, der Beweglichkeit und der Kondition. Besonders im Vergleich mit anderen kann er erkennen, dass seine körperlichen und geistigen Kräfte nachlassen und sich seine Ansichten über das Leben verändern. Dem Meditationslehrer Larry Rosenberg wurde sein Alter – er war etwas über 60 Jahre alt – erstmals bewusst, als jemand ihm einen Sitz in der U-Bahn anbot, wo doch sonst immer ***er*** derjenige war, der anderen seinen Platz angeboten hatte.

Wie ist es bei Ihnen? Wann ist Ihnen zum ersten Mal wirklich aufgefallen, dass Sie zu den Älteren gehören?

Das Nachlassen unserer Energien und – langfristig betrachtet – das Sterben ist mitten unter uns, ob wir uns dessen bewusst sind oder nicht.

Die Anti-Aging-Industrie will uns mit zahllosen Angeboten glauben machen, dass dem nicht so sei. In der Geschichte der Kosmetika und Medikamente wurden schon immer ‚böse' Stoffe gefunden, die angeblich zum Altern beitragen, und neue Substanzen und ‚Therapien' entwickelt, die davor schützen sollten. Abgesehen von Substanzen, die nachweislich gesundheitliches Leid verringern, und solchen, die erwiesenermaßen die Gesundheit schädigen (Rauchen, Alkohol, Drogen) – wäre es nicht besser, das Altern einfach Altern sein zu lassen?

„Gäbe es den Tod nicht – man müsste ihn erfinden! Ein ewiges Leben wäre zum Sterben langweilig: Ohne irgendein Ende gäbe es keinen Anfang und keine Mitte, gäbe es keinen Rhythmus, keine Melodie, kein Motiv, weder Durchführung noch Finale. Ohne Tod wird der Sensenmann zahnlos. Dabei brauchen wir den Zahn der Zeit, der an uns nagt, mal fies an den Gelenken, aber wenn wir hinhören, auch mal liebevoll am Ohrläppchen. … Anstatt sich um lebensverlängernde Zusatzstoffe zu kümmern, ist das Radikalste, was wir tun können, es nicht in der Apotheke zu finden. Wir finden es in der Freude am Leben selbst."[36] Vom Radikalenfänger-Fresser zum bewussten Genießer zu werden, wie Eckard von Hirschhausen vorschlägt, wäre heute wirklich radikal.

Aber der Tod ist allgegenwärtig. Fast 80 Millionen Menschen sterben jährlich auf der Welt. 75 Prozent der Bevölkerung atmen ihren letzten Atemzug in einem Pflegeheim oder Krankenhaus. Alle 45 Minuten bringt sich in Deutschland ein Mensch um.[37]

Joan Halifax forderte in ihren Hospizkursen die Teilnehmer auf, sich zu überlegen, was das schlimmste Szenario ihres Todes wäre. Vielleicht nehmen Sie sich einmal die Zeit, sich ein solches Szenario im Detail vorzustellen, aufzuschreiben und mit anderen zu besprechen? Wenn Sie damit fertig sind, fragen Sie sich, wie Sie sich jetzt fühlen, wie sich Ihr Körper anfühlt. Was sagt Ihnen Ihr Körper bei einer solchen Vorstellung?

Und dann nehmen Sie sich ein paar Minuten Zeit dafür, sich zu fragen, wie Sie sterben wollen, und spüren nach, wie sich dabei Ihr Körper anfühlt. Vielleicht finden andere Menschen Ihre persönlichen Vorstellungen gar nicht so schrecklich wie Sie selbst, vielleicht haben andere ganz unterschiedliche Wünsche und Vorstellungen? Vielleicht haben sich aber auch Ihre eigenen Vorstellungen nach der Lektüre dieses Buchs verändert?[38]

5 Altern beginnt früher, als man denkt

Für die meisten Menschen verläuft das Leben auf einer Zielgeraden. Je länger die Linie, desto mehr, glauben sie, haben sie gelebt und desto weniger schrecklich stellen sie sich den Endpunkt vor. Der Tod junger Menschen erfüllt uns daher mit besonderem Schrecken.

In der indianischen Kultur dagegen wird das Leben als Kreis verstanden, der sich in der Pubertät schließt. Indianer sehen einen jungen Menschen bereits als Ganzheit an, die sich nach außen hin entfaltet. Wenn sich der Ring einmal geschlossen hat, stirbt man immer im Zustand der Vollkommenheit, egal wann der Tod eintreten mag. Ganzheit sehen sie nicht in der Dauer der gelebten Zeit, sondern in der Fülle, in der man die Ganzheit eines jeden Augenblicks erlebt. Der Indianer Crazy Horse sagte einmal: „Heute ist ein guter Tag zum Sterben, denn es gibt nichts, was meinem Leben noch fehlt."[39]

Haftet man nicht am Leben, macht es keinen Unterschied, ob das Leben kurz oder lang ist (Dschuang Zse, taoistischer Philosoph), denn das Schicksal wendet sich so schnell, wie ein Pferdeschweif wedelt (Buddha).

Der in den 50er Jahren bekannte katholische Religionsphilosoph und Priester Romano Guardini (1885-1968) beklagte schon zu seiner Zeit, dass die Gewichtung unserer Existenz zu sehr „nur im jugendkräftigen Zustand" liege, dass der Tod ausgeblendet und nur noch als „ein bloßes Negativum" gesehen werde … Dadurch habe der Tod keinen positiven Wertakzent mehr. Man betrachte ihn nur noch als bloßes „Aufhören", das dazu noch unter furchterregenden Umständen vor sich geht und, aus dem Blickfeld verdrängt, uns unvorbereitet trifft. Zwischen dem Tod und dem vorausgehenden Leben bestehe keine Verbindung mehr. Der Tod komme also von außen auf den Menschen zu und die Symptome, mit denen er sich in der Phase des hohen Alters ankündigt, würden nicht in den Zusammenhang des Daseins einbezogen, sondern nur erduldet.[40]

Die Beobachtungen Guardinis sind aktueller denn je, denn die Ignoranz des Sterbens und des Todes begegnet uns in der heutigen Zeit in noch stärkerem Umfang. Eine Gesellschaft, die den Tod verdrängt, so Eckhart Tolle[41], muss in die Oberflächlichkeit absinken. Und das ist mittlerweile nicht nur im Westen, sondern zunehmend auf der ganzen Welt der Fall.

Wie aber sollte man das Leben sehen? Eine Geschichte gibt uns die folgende Antwort:

„Ein alter Chinese soll einmal auf seinem Weg ein junges, hübsches Mädchen getroffen haben. Er blieb stehen, schaute es an, verbeugte sich und fragte: ‚Wie alt bist du, mein schönes Kind?' ‚Ich bin 17 Jahre, mein Herr.' ‚Du bist schön und du wirst viel Freude im Leben haben. Aber sei nicht traurig, dass die Jahre schnell vergehen und mit ihnen deine Jugendschönheit. Wenn du aus der Güte lebst, wirst du im Alter schön sein in der Reife und in der Würde deiner weißen Haare.' Das Mädchen verstand, verbeugte sich noch tiefer vor dem Alten und ein jeder ging seines Weges.

Ein anderes Mal traf der Alte eine schöne Frau, die ein Kind an der Hand führte. Er begrüßte sie und sagte: ‚Es ist ein schöner Tag heute, so schön wie dein freundliches Antlitz. Du stehst auf dem Gipfel deiner körperlichen Reife. Sicherlich hast du die 30 überschritten. Es sind nur noch so viele oder wenige Jahre und du wirst das Ziel deiner Wanderung erreicht haben. Lebe jeden Tag bewusst und dankbar und mit dem Willen, über dich selbst hinauszuwachsen zur vollen Reife und Beglückung des Alters. Dann werden deine Kinder und Kindeskinder und die Nachbarn in Ehrfurcht zu dir aufblicken und deinen Worten lauschen.'

Dann begegnete der weise, alte Mann einer weißhaarigen Frau, die auf einer Bank saß und in die untergehende Sonne schaute. Ihr Gesicht war von Runzeln durchfurcht, der Mund zahnlos. Der alte Mann blieb stehen und verbeugte sich vor der Greisin, so tief er konnte. ‚Ich beglückwünsche euch. Ihr seid am Ende eures Weges und habt das Ziel erreicht. Ihr tragt die Fülle des in 80 Jahren Erlebten in euch. Von euch strahlt Ruhe, Gelassenheit, Güte, Duldsamkeit, Weisheit und Würde aus. Weil ihr über euch hinausgewachsen seid, sind jetzt eure geringen Handlungen und eure wenigen Worte ähnlich den Zeichen des Himmels.' Er setzte sich zu ihr auf die Bank und schaute mit ihr in die untergehende Sonne."[42]

Pater AMA Samy erzählte in einem seiner Vorträge von einem chinesischen Kaiser, der alle Philosophen des Landes gefragt haben soll, was das Leben sei. Nachdem viel Zeit verstrichen war, brachten sie unzählige Bücher auf sechs Kamelen, die der Kaiser las und las, bis er ein hohes Alter erreicht hatte und feststellen musste, dass noch immer die Bücher von drei Kamelen nicht gelesen waren. Er bat die Philosophen, eine Zusammenfassung zu machen, damit er sie zu Ende lesen konnte. Doch auch die Zusammenfassung war noch so umfangreich, dass er, auf dem Sterbebett liegend, noch immer nicht alles gelesen hatte. In den letzten Tagen seines Lebens bat er um eine noch kürzere Zusammenfassung, worauf die Philosophen empfahlen, einen Zen-Meister zu Rate zu ziehen. Dieser eilte schließlich gerade noch rechtzeitig herbei. Auf die Frage des Kaisers: „Was ist das Leben?" antwortete er: „Geburt, Alter und Tod". Nach diesen Worten soll der Kaiser still eingeschlafen sein.[43]

„Wir glauben und halten fest an unserem Leben, weil wir davon ausgehen, dass sich unser Leben zwischen Geburt und Tod erstreckt. Wir glauben, dass wir während dieser Zeit leben und danach nicht mehr oder in anderer Form. Aber es wäre eine falsche Auffassung zu meinen, unser Leben beginne mit dem Augenblick unserer Geburt und es ende im Augenblick unseres Todes. Während einer sogenannten Lebensspanne gibt es Millionen Geburten und Millionen Tode. Tagtäglich sterben in unserem Körper Zellen – Gehirnzellen, Hautzellen, Blutzellen und viele, viele andere mehr und neue bilden sich. Selbst wenn Sie den Austausch Ihrer Zellen kaum mitbekommen, sind Sie nach kurzer Zeit nicht mehr der, der Sie einmal waren. Auch die Sonnensysteme, unser Sonnensystem, unser Planet sind Körper, die sich unaufhörlich wandeln. Wir und unsere Körperzellen sind nur Zellen dieses Ganzen. Müssen wir jedes Mal weinen, wenn eine Zelle unseres Körpers stirbt? Der Tod ist notwendig, damit Leben in anderer Form sein kann. … Wir lieben dieses eine Leben und wollen es ganz festhalten. Wir fürchten den Tod und wollen uns vor ihm verstecken. Dadurch schaffen wir uns großen Kummer und große Sorgen, doch dies rührt einzig und allein von unserer Auffassung von einer [festen und begrenzten] Lebensspanne", schrieb der Zen-Mönch Thich Nhat Hanh.[44]

Der Missionar St. Bonifaz wurde bei einer Unterredung mit dem englischen König, die bis spät in die Nacht dauerte, gefragt, was das Christentum über die Zeit nach dem Tod zu sagen habe. In diesem Augenblick flog ein Vogel durch ein Fenster des Saales, setzte sich kurz auf den Leuchter in der Mitte des Raumes und flog zu einem anderen Fenster wieder hinaus. Bonifaz sagte daraufhin, dass es sich mit der Lebensspanne ebenso verhalte. Sie sei nur ein kurzer Abschnitt in der Zeit, das große Mysterium davor und danach bleibe unbekannt.

6 Sich sterblich erfahren und neu leben lernen

In einem seiner Filme sagt Woody Allen: „Nicht, dass ich Angst hätte vor dem Sterben – ich wäre nur gerne nicht dabei, wenn es so weit ist."

Sterbemeditation geht einen anderen Weg. Sich sterblich erfahren kann ein gutes Mittel sein, nicht nur die Einstellung zum Stress im Alltag zu verändern, sondern auch die Angst vor dem Tod zu meistern. Die Filmemacherin Doris Dörrie schreibt über ihre Methode zur Stressreduktion: „Ich stelle mir den Tod vor, seh mich als Skelett an seiner Seite und frage mich dann selbst als Tote, was ich von dem halte, was ich gerade mache." Diese Einstellung führe nicht selten dazu, dass ihr das, was sie gerade meint tun zu müssen, in Anbetracht der kurzen Lebenszeit auf Erden manchmal „ziemlich lächerlich" erscheint. Zu dieser Einstellung kam sie erst, nachdem ihr Mann 1996 an Leberkrebs verstarb und sie gezwungen war, die Familie allein zu versorgen. Alle Verzweiflung brachte sie schließlich an den Punkt, alle Vernunftgedanken und Appelle über Bord zu werfen und sich zu sagen: „Das Einzige, was für mich stimmte, war: hinsetzen, Klappe halten und auf den Atem achten, sonst nichts."[45]

Buddha sagte einmal: „So wie die Schritte des Elefanten gewaltiger sind als die anderer Tiere, ist die Sterbemeditation erhabener als andere Meditationen … Jung und alt, töricht und weise, reich und arm – alle sterben, so wie jeder Tonkrug, groß und klein, gebrannt und ungebrannt, irgendwann zerbricht. Entsprechend endet alles Leben mit dem Tod."

Der buddhistische Mönch Atisha (980-1055 u.Z.), ein wichtiger Erneuerer des Buddhismus in Tibet, brachte die buddhistische Meditation und Sterbemeditation nach Tibet und entwickelte sie dort weiter. Im tibetischen Buddhismus ist die Meditation über Tod und Vergänglichkeit die dritte von

21 Meditationsweisen. Geshe Gyatsang Gyatso glaubt, dass viele Menschen gerade deshalb, weil sie so stark an weltlichen Dingen und Aktivitäten hängen, das eigene Sterben ausblenden. Dies sei aber „das größte Hindernis bei der Erkenntnis“ der wahren Natur des Seins. „Um dieses Hindernis zu überwinden, sollten wir über den Tod meditieren.“[46]

Der tibetische Mönch und Meditationslehrer Sogyal Rinpoche verweist darauf, dass man „erst dann angstfrei und in völliger Sicherheit sterben könne, wenn man die wahre Natur des Geistes erfasst habe“; nur diese Erfahrung … und beibehaltene Meditationsübung könne „den Geist im sich auflösenden Chaos des Todes stabil halten. Dann könne man dem Tod mit Freude begegnen.“ Sein Lehrer Dudjom Rinpoche habe oft die Geschichte von einem kranken Yogi erzählt, dessen Arzt wusste, dass es bald zu Ende geht. Der Yogi habe ihn gedrängt, ihm das Schlimmste zu sagen. Zu seiner Verwunderung soll der Yogi ganz begeistert und so voller Vorfreude wie ein kleines Kind auf Weihnachten gewesen sein und ausgerufen haben: „Welch süße Worte, welch freudige Nachricht!“ Danach soll er in den Himmel geblickt haben und auf der Stelle in tiefer Meditation gestorben sein.[47]

Bei der Sterbemeditation geht es darum, sich dem Unabwendbaren zuzuwenden und sich aus dem Erleben des Getrenntseins von der Schöpfung heraus zu bewegen in eine grenzenlose Seins-Erfahrung, wo wir der Angst vor dem Tod besser begegnen können, ohne sie verdrängen zu müssen. Wenn wir den Tod nicht mehr als Grenze erfahren, bleibt nur noch das Verweilen im Einen. Die irakische Sufi-Heilige Rabi'a al Adawiyya drückte es so aus:

„Ich sehe kein Leiden, ich sehe nur Gott … Ich bedauere nicht das Leid, das ich erfahren habe, ich trauere nur dem Leid nach, das ich nicht habe erfahren dürfen.“[48]

Sie wehrte sich gegen die Anbetung unnützer Gegenstände, die nichts mit Gott zu tun hätten, und soll ausgerufen haben: „Was nützt mir die Kaaba, wenn ich sie hätte? Das berühmteste Heiligtum dieser Welt – Gott – ist nicht drinnen, er ist nicht draußen. Die Wahrheit ist, dass er sie nicht braucht.“

Johann Wolfgang von Goethe schreibt im „West-Östlichen Diwan“:

„Und so lang du das nicht hast,
dieses Stirb und Werde,
bist du nur ein trüber Gast auf der dunklen Erde.“[49]

Dieses Stirb und Werde findet sich nicht in der Anbetung äußerer Gegenstände, sondern im eigenen Inneren. Mit Recht verweist der amerikanische Management-Trainer und Autor S. R. Covey darauf, dass das Paradies „kein Ort ist, wo man hingeht, sondern ein Bewusstseinszustand“. Dieser Bewusstseinszustand entsteht nicht, wenn wir unsere Sehnsucht nach Glück durch die Befriedigung materieller Wünsche oder durch die Suche nach irgendeinem weltlichen Ort des Glücks zu stillen versuchen und damit eher noch vertiefen. Auch die Flucht vor dem Alltag hilft nicht. Wir finden nirgendwo, was wir eigentlich suchen: einen stillen Geisteszustand, einen Bewusstseinszustand voller Gleichmut und Gelassenheit, in dem „jeder Tag ein guter Tag ist“[50] und der uns hilft, auch schlimmes Leid in Ruhe und Gelassenheit zu ertragen. Zwanghaftes Festhalten an Perfektionismus und Zeitdruck, an selbstgesteckten Zielen und am „Funktionierenmüssen“ sind große Hindernisse. Wir sollten den Mut haben, weniger zu funktionieren und mehr zu sein wie die Kinder. Was hat uns früher einmal zum Lachen und Leuchten gebracht? Worin waren wir so vertieft, dass eine vollkommene, eine heilige Stille entstand?

Es geht darum, dass wir uns dieses Paradies zurückholen, indem wir unser Anhaften an allzu festen Zielen lösen und zulassen, dass Stille entsteht, anstatt unser Glück in äußeren Dingen, Zielen und dem Anklammern an Bindungen zu suchen. „Das größte Glück, das dir zuteilwerden kann, ist das Bewusstsein, dass du nicht unbedingt Glück brauchst“, schrieb der US-amerikanische Schriftsteller William Saroyan, und schon Aristoteles lehrte vor 2000 Jahren, dass jeden Menschen etwas anderes glücklich macht. Kranke sehen in der Gesundheit das höchste Gut, Arme im Reichtum, manch alter Mensch im Jungsein. Wir glauben vielleicht, dass uns die interessante Reise, der vollkommene Lebenspartner oder der Besitz eines Hauses glücklich macht. Dabei jagen wir äußeren Dingen hinterher, Dingen, die allesamt vergänglich sind und uns bestenfalls kurze Augenblicke der Freude ermöglichen.

Abb. 6: Der Prophet Mohammed im Siebenten Himmel vor Gott

Genauso können das Festhalten an erlebtem Leid oder die Sorge um zukünftiges Leid zu endlosen Beschäftigungen werden und den Blick auf die Endlichkeit des Daseins verdecken. Der verstorbene Kabarettist

Hanns-Hermann Kersten drückt dies in seinem Gedicht „Ganz still und stumm“ eindrücklich aus:

Wir sitzen still auf unserm Stern,
und wer uns lieb hat, hat uns gern.
Und wer uns hasst, der lässt es bleiben.
So kann man sich die Zeit vertreiben.
Wenn sich die Erde dreht und dreht,
dann merkt man, wie die Zeit vergeht.
Zermürbend wirkt die Rotation.
Wo bleibt der Tod? Da kommt er schon.[51]

Wenn Sören Kierkegaard in seiner Rede „An einem Grabe“ fordert, den Tod ins Leben mit Ernsthaftigkeit einzubeziehen, dann will er zu Bedachtheit aufrufen: „Der Tod im Ernst [bedacht] gibt Lebenskraft wie nichts anderes, er macht wachsam wie nichts anderes.“[52] Ohne die Begrenzung des Todes, so Wilhelm Schmid, wäre unser Leben bedeutungslos, denn „es gäbe keinen Grund, sich um ein schönes und erfülltes Leben zu sorgen. Und gelänge es einst, das Leben ewig dauern zu lassen, schwände die Anstrengung, es wirklich zu leben, dramatisch, und die Individuen brächten ihr Leben wohl erst recht damit zu, auf ‚das Leben’ zu warten.“[53]

7 Wie sollten wir leben, um nichts versäumt zu haben?

„Am Ende des Lebens sollst du nicht fragen", so Rabbi Zusya, „warum du nicht Jesus, Buddha oder wer auch immer gewesen bist, sondern warum du nicht du selber gewesen bist." Aber wer bist du in Wahrheit? Du kommst als Niemand auf die Welt, entwickelst eine Persönlichkeit, wirst ein Jemand, um dann wieder ein Niemand zu werden. Aber nun bist du ein anderer Niemand als der, der du bei deiner Geburt warst, ein Niemand, der das eigene Ich-Gebäude geformt, durchlebt, bereichert und überschritten hat.

Die Schriftstellerin George Eliot, eigentlich Mary Anne Evans (1819-1880), ruft uns auf, die kostbare Zeit dafür zu nutzen, die eigene Persönlichkeit – sie gab sich selbst je nach Lebenslage sieben verschiedene Namen – voll zu entfalten: „Es ist nie zu spät, das zu werden, was du hättest sein können."[54] Aber wer und wie solltest du sein? Wie solltest du gelebt haben? Vielleicht gibt der argentinische Dichter Jorge Luis Borges, der im Alter von 85 Jahren das folgende Gedicht schrieb, eine Antwort darauf:

AUGENBLICKE

Wenn ich mein Leben
noch einmal leben könnte, im nächsten Leben,
würde ich versuchen, mehr Fehler zu machen.
Ich würde nicht so perfekt sein wollen,
ich würde mich mehr entspannen.

Ich wäre ein bisschen verrückter, als ich gewesen bin,
ich würde viel weniger Dinge so ernst nehmen.
Ich würde nicht so gesund leben.
Ich würde mehr riskieren, würde mehr reisen,
Sonnenuntergänge betrachten,
mehr bergsteigen, mehr in Flüssen schwimmen.

Ich war einer dieser klugen Menschen,
die jede Minute ihres Lebens fruchtbar verbrachten;
freilich hatte ich auch Momente der Freude,
aber wenn ich noch einmal anfangen könnte,
würde ich versuchen, nur mehr gute Augenblicke zu haben.
Falls du es noch nicht weißt,
aus diesen besteht nämlich das Leben;
nur aus Augenblicken, vergiss nicht den jetzigen!

Wenn ich noch einmal leben könnte,
würde ich vom Frühlingsbeginn an
bis in den Spätherbst hinein
barfuß gehen.
Und ich würde mehr mit Kindern spielen,
wenn ich das Leben noch vor mir hätte.
Aber sehen Sie …, ich bin 85 Jahre alt und weiß,
dass ich bald sterben werde.[55]

Dieses Gedicht macht deutlich, wie sehr der herannahende Tod die Zeit immer kostbarer werden lässt, „wie ein Tag, unterweilen eine Stunde im Preis hochgeschraubt ward, wenn der Sterbende mit dem Tode marktete…“[56]

Der amerikanische Psychotherapeut Sheldon Kopp empfiehlt in seinem Buch „Triffst Du Buddha unterwegs“[57], sich selbst einen – wie er formuliert – ‚eschatologischen Waschzettel' zu schaffen, der vielleicht in Form einer Auflistung wie bei Kopp, vielleicht aber auch in Form eines Gedichtes wie oben, das auflistet, was für Sie im Leben bis in die letzten Stunden vor Ihrem Sterben wichtig ist. Angehörige, Sterbende und Begleiter können sich damit besser vor Augen halten, auf welche Dinge sie besonders achten wollen. Hier ein paar Vorschläge aus meinem eigenen Waschzettel:

- Tu nur eine Sache zu einer Zeit.
- Tu das, was du tust, mit ganzem Herzen.
- Atme wenigstens einmal tief durch, ein Seufzer, und halte inne, bevor du loslegst, etwas zu tun.
- Bedenke: Der jetzige Augenblick ist alles, mehr gibt es nicht.
- Tu das, was du tust, so gut du kannst.
- Bewahre dir ein inneres Lächeln.
- Mach dich nicht zum Opfer, indem du in Selbstmitleid badest.
- Stopfe die Zeit nicht mit Aktivitäten voll. Geistiges Entleeren bringt das Wesentliche zum Vorschein.
- Lass das Grübeln über gestern und morgen, lerne aber aus den Fehlern.
- Drei Angelegenheiten gibt es: meine, deine, seine. Ob die Erde sich dreht, ist seine, die des andern – nicht die deine. Sei deshalb nicht überverantwortlich.
- Hetze nicht durch die Zeit. Sie läuft schneller als du.
- Hafte nicht an Dingen, leidenschaftlichen Gefühlen und verpassten Gelegenheiten.
- Alle Dinge vergehen schnell. Du bist nur eine Sternschnuppe in der Zeit und kannst nichts festhalten.
- Du bist nur, was du bist. Alle, die edler sein wollen, als sie können, verfallen der Neurose. Es wäre besser, wenn es ihnen möglich gewesen wäre, schlechter zu sein (nach S. Freud). Steh also zu dir.
- Sei im Wesentlichen einfach und klar.
- Achte auf deine Inspiration, folge deiner Intuition.
- Was kommen wird, ist noch nicht da und entspricht dann sowieso nur selten der Realität.

- Hoffnung und Befürchtung besetzen den klaren Geist und vernebeln das Sein.
- Erleuchtung hin oder her – man muss trotzdem Holz hacken und Wasser holen.
- Wenn du gefrühstückt hast, dann geh und wasch deine Ess-Schalen.[58a]
- Einatmen, ausatmen – frage dich, wer da atmet.
- „Ein Samurai entscheidet in sieben Atemzügen. Langes Überlegen stumpft den scharfen Rand der Entscheidung ab."[58b]
- Das eigentliche Leben ist jenseits von Denken und Nichtdenken.
- Übe dich in Bescheidenheit und Demut.
- „Sei weise und wuchere mit dem Augenblick. Nur einmal machst du diese Reise. Lass eine Segensspur zurück." (Spruch der Salesianer)
- Sei beweglich wie fließendes Wasser.
- Sei im Geben großzügig. Gib, was dir möglich ist, aber wisse um deine Grenzen.
- Sitze so viel wie möglich in stiller Meditation. Im Sitzen setzt sich auch der Geist und die Klarheit tritt einfach hervor.
- „Du musst nicht alles erzählen, was wahr ist. Aber das, was du sagst, sollte wahr sein." (Konfuzius)
- „Fürchte dich nicht." (Jesus)
- Vergiss die Liebe nicht! Unbefleckt offenbart sie die Schönheit des Seins in jedem Augenblick.

8 Der Umgang mit der eigenen Sterblichkeit

„Das Aufleuchten der Gewissheit des eigenen Todes bedeutet, sich zu vergegenwärtigen, dass mit dem Tod endgültig alles vorbei ist und dass das Lebensende eine Grenze darstellt, jenseits derer keine Möglichkeit mehr besteht, zu handeln, etwas zu korrigieren oder einen Fehler wiedergutzumachen. Alle Projekte und Zukunftsplanungen finden ihr jähes Ende."[59]

Mitunter haben wir keine Zeit, uns auf unseren Tod einzustellen, er überrascht uns völlig unerwartet, inmitten irgendeiner Tätigkeit. So wie plötzlich eine Krankheit über uns hereinbricht, genauso kann uns der Tod ereilen. Tatsache ist, dass der Augenblick des Todes nicht vorausgeschaut und eingeschätzt werden kann. Wie vieles andere entzieht er sich unserem Bedürfnis nach Sicherheit und Kontrolle. Treffend meint die Psychoonkologin Sabine Lenz in einem Bericht über eine krebskranke Frau, die ihr Leben und alles um sie herum im Griff hatte: „Sie hatte eine Krankheit bekommen, die mit unkontrolliertem Zellwachstum zusammenhing." Sie war an Kontrollverlust erkrankt.[60]

„Stirb jeden Morgen", heißt es im Hagakure, dem Kodex der Samurai. „Stell dir jeden Morgen aufs Neue vor, dass du bereits tot bist. Halte dich jeden Morgen, wenn dein Geist friedvoll ist, ohne Unterlass für tot, denke über verschiedene Arten des Todes nach, stelle dir deinen letzten Augenblick vor, wie du von Pfeilen, Kugeln und Schwertern in Einzelteile zerfetzt wirst, von einer Woge weggespült wirst, in ein rasendes Feuer springst, von einem Blitz erschlagen wirst, in einem großen Erdbeben untergehst, von einer schwindelerregenden Klippe stürzt, an einer tödlichen Krankheit leidest oder plötzlich tot umfällst.“[61] Dieser Text ermahnt den Samurai, eine geistige Einstellung zu entwickeln, die seine Bereitschaft, den Tod in jedem Augenblick mit in das Leben einzubeziehen, möglich machen soll.

Es wäre schön, wenn Sterben einem festen biologischen Rhythmus folgte. „Kommt der Tod am Ende eines langen Lebens, dann hat der Mensch gelebt, dann ist er gewesen. Und das ist auch vom Tod ein nicht wieder rückgängig zu machendes Plus. Gelebt zu haben, gewesen zu sein, ist nicht nichts.”[62] Kommt der Tod früh in jungen Jahren, dann ist der Lebenslauf unterbrochen. Ein Zen-Meister meinte einmal auf die Frage, was das größte Glück sei: „Vater stirbt, Sohn stirbt, Enkel stirbt.”[63] Wenn unser Leben einen natürlichen Verlauf nimmt, wäre das die Reihenfolge, in der wir aus der Welt scheiden, die natürlichste Möglichkeit, in der das Leben seinen Abschluss finden kann. Hermann Hesse verweist in seinem Gedicht „Stufen“ darauf, dass Werden und Vergehen im Verlauf eines Lebens sich in vielfachem Abschied und Neubeginn zeigen können, ja, sogar jeder Augenblick dem nächsten weicht und einen Anfang und ein Ende markiert:

Wie jede Blüte welkt und jede Jugend
dem Alter weicht, blüht jede Lebensstufe,
blüht jede Weisheit auch und jede Tugend
zu ihrer Zeit und darf nicht ewig dauern.
Es muss das Herz bei jedem Lebensrufe
bereit zum Abschied sein und Neubeginne,
um sich in Tapferkeit und ohne Trauern
in andre, neue Bindungen zu geben.
Und jedem Anfang wohnt ein Zauber inne,
der uns beschützt und der uns hilft, zu leben.

Wir sollen heiter Raum um Raum durchschreiten,
an keinem wie an einer Heimat hängen,

der Weltgeist will nicht fesseln uns und engen,
er will uns Stuf' um Stufe heben, weiten.
Kaum sind wir heimisch einem Lebenskreise
und traulich eingewohnt, so droht Erschlaffen,
nur wer bereit zu Aufbruch ist und Reise,
mag lähmender Gewöhnung sich entraffen.

Es wird vielleicht auch noch die Todesstunde
uns neuen Räumen jung entgegensenden,
des Lebens Ruf an uns wird niemals enden …
Wohlan denn, Herz, nimm' Abschied und gesunde![64]

9 Im Jetzt leben, was heißt das?

Auf einer Postkarte las ich kürzlich ein Zitat von John Lennon: „Leben ist das, was passiert, während du eifrig dabei bist, andere Pläne zu machen.“ Das erinnerte mich an Jean-Jacques Rousseau, der einmal schrieb: „Nicht der Mensch hat am meisten gelebt, welcher die höchsten Jahre zählt, sondern derjenige, welcher sein Leben am meisten empfunden hat.“[65]

Ein Bild davon, wie dieses ‚Jetzt-Leben‘ denn aussehen könnte, gibt uns der folgende Krankenbericht:

„An der Wand über meinem Bett hängt seit gestern ein großes Blatt: ‚Wenn das der letzte Tag meines Lebens wäre, wie möchte ich ihn dann gelebt haben?’ Ich will mich in den nächsten Tagen und Wochen immer wieder dieser Frage stellen, will, dass sie mich begleitet. Mein erster Impuls am Morgen ist: ‚Ja, es ist okay, wenn der Tod am Abend kommt, weil ich am Nachmittag eine wichtige und schöne Verabredung habe. Die möchte ich gerne noch erleben.’ … Der Gedanke an den möglichen Tod wird zunächst sehr mächtig und einengend. … Aber zum Glück kann ich mich dann wieder zurückholen und denke: ‚Wenn der Tod kommen soll, wird er auch zu Hause kommen. Wenn es dir bestimmt ist zu sterben, kannst du ihn nicht durch so etwas austricksen. … Was mir angesichts des Todes bleibt, ist, jeden Moment zu bejahen, zu begrüßen, ihn so intensiv wie möglich zu erleben. Und da ist es egal, was ich mache: ob ich im Wald jogge und die Natur, meinen Atem, meine Kraft ganz intensiv aufnehme oder bei einer langen Autofahrt die Natur wahrnehme und nicht nur an das Erreichen des Zieles denke oder bei einer langweiligen Sitzung mich nicht ärgere, sondern die Menschen beobachte, sie wahrnehme, meinen Atem spüre – spüre, dass ich lebe. Immer wieder erinnere ich mich daran, dass der jetzige Moment mein letzter sein könnte. … Ich bemerke, dass ich eigentlich in jedem Moment, egal, was ich tue, etwas Kostbares entdecken kann … Der Gedanke an den jederzeit möglichen Tod hat mich also zunächst geängstigt, wollte mich einengen, aber dann konnte ich mich dem stellen, und der Moment öffnete sich für mich. … Jetzt begleitet die Frage mich immer wieder im Alltag und öffnet mich für die Einmaligkeit dieses Augenblickes. Sie ist für mich ein wichtiger Schlüssel in meinem Leben geworden."[66]

Abbildung 7: Lackschilduhr mit Sensenmann,
Museum St. Märgen, Hochschwarzwald, um 1860

Bei ganz einfachen alltäglichen Arbeiten können wir die Einmaligkeit und Kostbarkeit jedes Augenblicks auf- und entdecken, ganz egal, ob wir Wäsche waschen oder die Wohnung aufräumen, ob wir als Sterbende den Geschmack von etwas Tee im Mund erfahren oder als Begleiter helfen, eine wunde Stelle zu versorgen. Wenn wir diesem Hinspüren still und ruhig Raum geben, ihm in die entstehende Stille folgen und die Ruhe, die in jedem Augenblick sichtbar werden kann, in uns aufnehmen, kann das Gefühl entstehen, dass etwas ,Ewiges', nicht vom Tod Bedrohtes in jeder alltäglichen Handlung spürbar wird.

10 Was ist wichtig im Leben?

Der Tod eines nahen Angehörigen kann einen in eine Krise stürzen, gleichzeitig kann diese Krise aber auch einen Anstoß geben, sich mit der Frage nach den Wichtigkeiten im Leben auseinanderzusetzen, wie der folgende Bericht eines Mannes zeigt:

„Mein Vater ist vor sechs Jahren sehr plötzlich an einem Herzinfarkt gestorben. Seitdem ist nichts mehr, wie es war. Es hat mich damals total aufgerüttelt. Mir wurde damit alles, was vorher so wichtig war, sinnlos. Ich hatte eine gute Stelle als Elektriker, hatte sogar noch den Meister gemacht, es lief eigentlich alles so, wie man es sich träumt. Ich hatte ein großes Motorrad, ging jedes Wochenende in die Disco, war beliebt unter meinen Freunden, plante, meine Freundin irgendwann zu heiraten und eine Familie zu haben. Aber das alles schien mir nach dem Tod so fragwürdig, so vom Äußeren her bestimmt. Es war das, was die Gesellschaft für einen bestimmt, so wie es alle tun. Aber stimmte das für mich?

Mir ging es dann so schlecht, dass ich auch gar nicht mehr arbeiten konnte. Ich war in der Zeit sehr verzweifelt. Warum das alles machen, wenn es nachher sowieso aus ist? Was sollte das Leben? Die anderen konnten mit mir überhaupt nichts mehr anfangen. … Dann, nach zwei Monaten, fasste ich den Entschluss, meine sichere Stelle zu kündigen und für ein Jahr nach Griechenland zu gehen. Mit dem Entschluss, mir einen so großen Traum zu erfüllen, ging es mir gleich schon wieder besser. Das war es, was mich erfüllte. Als ich nach dem Jahr zurückkam, fand ich eine Halbtagsstelle. Ja, ich verdiene jetzt nicht mehr so viel Geld wie früher, aber ich habe jetzt viel mehr Zeit für mich selbst, für die Begegnung mit anderen Menschen und um meine Träume zu leben. So habe ich mir eine eigene kleine Werkstatt eingerichtet und tüftle da vor mich hin. In diesen Momenten geht es mir sehr gut, da bin ich ganz ich selbst, ganz zufrieden und erfüllt. Für diese Momente lohnt sich das Leben."[67]

Von der Suche nach Erfüllung und Erleuchtung getrieben, unruhig im Herzen, übte ich nach dem Tod meiner Schwester 1982 viel Zen-Meditation. Sie starb in Spanien und meine Mutter ließ die Leiche im Sarg nach Deutschland bringen. Nachdem Leute ihr erzählten, dass auch schon leere Särge aus dem Ausland geliefert worden seien, veranlasste sie, dass der Sarg ausgegraben wurde, und schickte mich zur Sargöffnung; sie selbst hatte zu große Angst davor. Nun, meine Schwester lag fast so, als ob sie erst gestern gestorben wäre, ganz entspannt darin. Anders als üblich lag sie auf dem Bauch, den Kopf zur Seite gedreht. Es war ein friedlicher Anblick, der mich nur noch mehr dazu aufrief, den Frieden im Leben zu suchen. Ich entschloss mich daher, mein ganzes Geld aus BAföG und Minijobs in die Suche nach innerem Frieden zu investieren. Sechs bis zehn Wochen im Jahr verbrachte ich in Klöstern mit Zen-Meditation in der Hoffnung, dadurch weiterzukommen. Nach dem Semester kündigte ich meine WG-Zimmer, stellte die wenigen Habseligkeiten zuhause unter und ging auf die Suche nach Erlösung. Von 1993-94 hatte ich eine Stelle als Lektor für Germanistik in Korea und verbrachte die Zeit zwischen den Unterrichtseinheiten in der Gynäkologie der Universität. Der Chefarzt, der in Frankfurt Medizin studiert hatte, wollte sein Deutsch üben. Viele Wochenenden und die Semesterferien ging ich in Zen-Klöster, immer noch auf der Suche nach Erleuchtung für meinen ruhelosen Geist. Mehrfach flog ich bei meiner Suche nach Japan. Dort brachte mich ein Esperanto-Freund einmal in ein Zen-Kloster in die Berge. Ich verbrachte dort knapp einen Monat. Die ersten drei Tage musste ich in einem von Bambusstangen umfassten Feld von etwa drei Quadratmetern essen und schlafen. Von drei Uhr morgens bis zehn Uhr abends verbrachte ich die Zeit zwischen Meditationskissen im Vorraum der Meditationshalle und in meinem Bambusviereck. Neuankömmlingen war es nicht gestattet, gemeinsam mit den Mönchen zu üben. Deren innere Unruhe sollte die Mönche nicht stören. Voller Frustration und wütend ging ich nach Ablauf der Zeit zum Abt und klagte darüber, dass ich nicht wüsste, warum ich seit Jahren in diese Übung meine ganze Freizeit steckte. Der Abt, sein Name war Ekai San, meinte nur: „Dieser Moment jetzt ist wirklich alles“, und forderte mich auf, meine Arbeit zu machen. Dieser Satz war für mich völlig unerwartet und traf mich mitten ins Herz. Ich ging weg, um die Petroleumlampen zu reinigen, denn es gab dort keinen Strom. Beim Reinigen erlebte ich erstmals in meinem Leben, dass nicht ich, sondern das ‚Eine Ganze‘ die Lampen putzte. Als ich aufschaute erstrahlte der Wald um mich herum in einer eigenartig zu Herzen gehenden Schönheit. Ich hatte nie gesehen, wie die Natur so aus sich heraus leuchtete, und ich erlebte mich darin so eingebettet. Wie lange ich mit der Lampe in der Hand gebannt dastand, weiß ich nicht. Tränen liefen mir über das Gesicht, als ich zum Abt ging und reden wollte. Aber ich brachte keinen Satz heraus. Der Abt schmunzelte nur und meinte: „Es braucht nichts, damit alles erscheint.“

Heute weiß ich, dass es kein Ende von spiritueller Entwicklung gibt und dass diese Erfahrung nur der Anfang war, der mir die Zweifel daran, warum ich meditiere, nahm.

Unentwegt in Bewegung bleiben
Immer wieder das so Nahe
Aber auch so Unfassbare suchen
Damit es aufleuchten kann
In einem Staubkorn
Während du den Boden wischst[68]

Oft aber kommt es anders. Fast das ganze Leben vergeht, bis erst eine Krankheit im Angesicht des Todes dazu aufruft, zu entdecken und zu leben, was man ist:

„Unter den niedrigen, schattenspendenden Tamarindenbäumen liegt Christel auf einer einfachen Liege mit einer leichten Wolldecke bedeckt und einem bequemen Kissen im Nacken. Sie hält die Augen geschlossen und scheint dem vielfältigen Gezwitscher der Vögel in den Bäumen zu lauschen. Christel ist 42 Jahre alt. Sie ist unter schwierigsten Umständen hierher auf eine der Kanarischen Inseln geflogen. Es gab Schwierigkeiten, da es lange niemanden gab, der sich zutraute, als Begleitperson mitzugehen. … Ihr Zustand? Christel hat Krebs im Endstadium. Die Arme und Beine sind so mager, dass sie Mühe hat, zu gehen und das Gleichgewicht zu halten. Der Bauch wölbt sich zu einer erschreckenden Dimension … , die Metastasen, wie Christel weiß. Das Gesicht ist quittegelb und an manchen Tagen, den schlechteren Tagen, ist es auch das Weiß der Augen. … Menschen, die es wagen, sie genauer zu betrachten, sehen vielleicht eine große Schönheit und Klarheit in ihren abgezehrten Zügen. … Christel hat ihren Mann mit den drei kleinen Kindern verlassen. Wenn sie von ihnen erzählt, hat sie Tränen in den Augen. Sie sagt von sich: ‚Ich musste das tun. Ich weiß, dass das kaum jemand versteht. Ich fühle mich auch schuldig. Und trotzdem, ich hatte das Gefühl, noch mein ganz eigenes Leben leben zu müssen.' – Wenn Christel redet, spricht sie knapp und genau, und man hat das Gefühl, dass jedes Wort aus einer vertieften Wahrhaftigkeit kommt. Wenn es nichts Besonderes zu sagen gibt, schweigt sie. Oft sitzt sie bis tief in die Nacht hinein in eine Wolldecke gekuschelt auf ihrem Balkon und hört Musik von Mozart. Die Töne klingen einzigartig schön und unwirklich unter dem südlichen Sternenhimmel.

Zurückgekehrt von ihrem letzten Urlaub, mietet Christel sich eine leerstehende schöne Wohnung. Sie denkt nicht ans Geld, und nur wenige, einfache Möbel reichen aus. Sie ist nicht zu ihrer Familie zurückgekehrt. ‚Ich muss das tun', sagt sie ganz klar. ‚Ich möchte noch ganz zu mir kommen und ganz ich selber werden, und dazu brauche ich viel Ruhe.' Hin und wieder kommen die Kinder zu Besuch. – An Weihnachten will die Familie für ein bis zwei Stunden beisammen sein. Christel ist aber so erschöpft, dass der gemeinsame Abend sich auf eine knappe Stunde reduzieren muss. ‚Ich wollte Weihnachten so gerne noch erleben', sagt sie. Dann kommen zwei Tage lang sehr starke Schmerzen. Christel kämpft, ohne Schmerzmittel auszukommen, dann nimmt sie doch Morphin. Sie ist nun ruhig und gelassen wie jemand, der alles erledigt hat. Am 28. Dezember stirbt Christel. Es ist ein schneller und leichter Übergang."[69]

Für einen leichten Übergang empfiehlt Karlfried Graf Dürckheim die Beschäftigung mit fünf Bereichen:

1. Die eigenen Erfahrungen wertschätzen, weitergeben, aufschreiben
2. Die Einfachheit entdecken: spielen, ruhen, Leistung loslassen, dabei aber die Form wahren
3. Das innere Gleichgewicht finden: Konflikte klären, Kummer von der Seele reden, schreiben, malen, aber nicht jammern. Freude erleben, erinnern und wertschätzen, den Körper spüren
4. Beziehungen und Kontakte pflegen: Gemeinsam Nichtverbales tun, wie singen, Karten spielen, wandern; altersgemäße Funktion und Rolle übernehmen, wie Ruhepol sein und aus dem Leben erzählen
5. Transzendenz erleben: sich einstimmen auf die Unendlichkeit, auf Sinn und Sterben[70]

Genügt es also, wie im ersten Beispiel gezeigt, sich aufgerüttelt vom Tod eines Menschen darauf zu besinnen, was man vom Leben haben möchte?

Der Philosoph, Politiker und Essayist Michel Eyquem de Montaigne (1533-1592), der durch die Pestepidemien den Tod vieler vor Augen geführt bekam, hielt es für ratsam, sich durch wiederholtes Bedenken des Todes, der ohnehin unausweichlich ist, an ihn zu ‚gewöhnen' und ihm seine Fremdheit zu nehmen:

„Man muss sich früher darauf [auf den Tod] gefasst machen. … Wär's ein Feind, dem man ausweichen könnte, ich würde anraten, einer alten Memme ihre Waffen abzuborgen. Weil das aber nicht tunlich ist, weil er euch erhascht, ihr möget feig sein oder fliehn oder tapfer sein und Fuß halten, … so lasst uns lernen, ihm Fuß zu halten, und nicht Reißaus geben. Und, um damit anzufangen, ihm seinen großen Vorteil über uns abzugewinnen, müssen wir eine der gewöhnlichen ganz entgegengesetzten Methode einschlagen. Nehmen wir ihm das Fremde, machen wir seine Bekanntschaft, halten wir mit ihm Umgang und lassen uns nichts so oft vor den Gedanken vorbeieilen als den Tod. Halten wir ihn alle Augenblicke unserer Einbildung vor, und zwar unter allen seinen Gestalten … Sinnen auf den Tod ist Sinnen auf Freiheit.“[71]

Auf den Tod musste man in den Zeiten des katastrophalen epidemischen Auftretens der Pest in Europa ab Mitte des 14. Jahrhunderts immer gefasst sein. Diese Umstände führten zu einer erneuten Blüte des Memento-mori-Gedankens (lat. ***Memento mori*** – ‚Denke daran, dass du stirbst‘), der bereits Ende des 10. Jahrhunderts entstanden war. Zentral war dabei vor allem der Gedanke der Vanitas (der Vergänglichkeit), aus dem gefolgert wurde, es sei im Leben am wichtigsten, sich auf den Tod vorzubereiten. Diese Idee findet man in der bildenden Kunst jener Zeit dargestellt, aber auch in der Literatur.[72]

Sich mit dem Tod anzufreunden, gelingt jedoch möglicherweise erst dann, wenn das Kreisen um die Erfüllung eigener Bedürfnisse eine Erweiterung erfährt und man vor dem Angesicht der Schöpfung erkennt, so der indische Guru Nishigardata Maharaj (gest. 1981) sinngemäß, dass man ein Nichts ist. Mit dieser Erkenntnis kann sich der Geist für die Erfahrung öffnen, dass man gleichsam alles ist. Daraus können Weisheit und wahre Liebe entstehen. Erst dann hat man in der „Liebe gelebt und nicht in der Zeit.“[73] Erst dann hat man richtig gelebt und den Wert des Lebens in seiner Ganzheit erfasst. Es ist die Überschreitung ichbezogener Grenzen und die tiefe Einsicht in die Vergänglichkeit allen Seins, die Einsicht, dass man irgendwann vergessen sein wird. Daher plädiert Nishigardata dafür, im Fluss des Lebens sein Leben zu leben; Selbstfürsorge, die Raum lässt für intuitive Weisheit und das Erkennen, wo die eigene Geschichte hingehen soll. Es ist der ‚alltägliche Geist‘, so der bekannte Zen-Meister Nansen auf die Frage des Mönches Jōshū nach dem richtigen Weg[74]. Er wird beschritten, indem wir eins nach dem anderen tun, mit Frische, mit einer Art ‚Anfänger-Geist‘, der jede Handlung neu erfährt. Sieht die Schöpfung sich selbst durch meine Augen, ist immer alles neu.

Shunryu Suzuki drückt dies in seinem Buch „Zen-Geist – Anfänger Geist“ so aus:

„Ein tiefes Empfinden für den Buddhismus zu haben ist nicht wichtig. Wir tun einfach, was wir tun sollen, so wie abends essen und ins Bett gehen. Das ist Buddhismus.“

11 Yoga Nidra

Yoga Nidra hat seine Wurzeln in der Yoga- und Tantra-Tradition (Sanskrit: ***tan*** ‚sich ausdehnen'). In den 50er Jahren wurde es von Swami Shivananda und anderen Yoga-Schulen in den Westen gebracht. Yoga Nidra hinterfragt die Natur unserer Vorstellungen, die unsere Identität ausmachen, unsere scheinbar feste Denkstruktur, die es uns ermöglicht, uns als eigenständige und von anderen getrennte Wesen wahrzunehmen. Der Körper wird zuerst in Körperempfinden, Gefühle, Denken und Ich-Bewusstsein aufgeteilt. Im Anschluss daran wird die Ich-Wahrnehmung eingebettet in das Erspüren der gesamten kosmischen Energie.

Die Frage ‚Wer bin ich?' ist eine Grundfrage in den unterschiedlichen mystischen Traditionen. Der Zen-Meister Hakuin (1686–1732) sieht die Grundessenz der Meditationsübung in der Auflösung vier elementarer Fragen:

Erste Frage: ‚Wer bin ich?'. Dabei soll auf das ‚Wer' ein- und ausgeatmet werden.

Zweite Frage: ‚Wenn der Vogel singt und sein Gesang in meinem Ohr widerhallt, wo ist mein Ich in diesem Augenblick?

Dritte Frage: ‚Wer ist der, der all das erfährt, was mit ihm/ihr geschieht?' Diese Frage soll dazu führen, sich aus der Beobachterperspektive zu sehen und Bilder, Gedanken und Gefühle als erscheinende und wieder vergehende eigenständige Einheiten zu erkennen.

Vierte Frage: ‚Wer geht denn da, wer redet, wer isst, wer meditiert?'[75]

Mithilfe dieser Fragen versucht Hakuin schrittweise über die Begrenztheit des Ichs hinauszukommen. Mit der Distanz zu Freude und Leid, wie es Sri Nishargadatta Maharaj ausdrückt, wird es dem Ich möglich, zu erkennen, wie „in dem Ozean von reinem Gewahrsein, auf der Oberfläche des universellen Bewusstseins, die zahllosen Wellen der phänomenalen Welt erscheinen und vergehen, ohne Anfang und ohne Ende. Auf der Ebene von Bewusstsein bin ich all diese Wellen. Auf der Ebene von Geschehnissen gehören sie alle mir. Eine geheimnisvolle Kraft kümmert sich um sie. Diese Kraft ist Gewahrsein, Selbst, Leben, Gott, wie immer Sie es nennen wollen. Sie ist das Fundament, die absolute Basis von allem, was ist, so wie Gold die Basis für jeglichen Goldschmuck ist, und sie ist uns so vollkommen vertraut! Abstrahieren Sie den Namen, die Form des Schmuckstückes, und das Gold wird offensichtlich. Befreien Sie sich von Namen und Formen und den Wünschen und Ängsten, die aus ihnen entstehen, was bleibt dann übrig? … Die Leere bleibt. Doch diese Leere ist voll bis zum Rand. Sie ist das immerwährende Potential, so wie das Bewusstsein die immerwährende Ausdrucksform dieses Potentials ist."[76]

Zentrales Element der Yoga-Nidra-Übung ist es, sich durch wiederholte Übung von Körperempfindungen, Gefühlen, Gedanken durch deren neutrale Betrachtung aus der Vogelperspektive zu distanzieren. Von der Vogelperspektive aus soll der Raum grenzenlosen Gewahrseins erspürt werden, in dem das Ich alles ist, was ist, frei von der Verhaftung an ein Ego oder Ich-Bewusstsein. Dies soll allmählich zu einer Ent-Identifikation, zur Lösung der Verhaftung an ein von allem abgetrenntes Ich führen, zur Möglichkeit, im Raum des reinen Gewahrseins zu ruhen.

Übung: Yoga-Nidra-Visualisierung

Sie können sich diesen Text vorlesen lassen oder ihn mit einem Rekorder selbst aufnehmen und dann zuhören, um sich besser auf die Visualisierung einlassen zu können. Diese Übung können Sie vor dem Einschlafen, aber auch zu jeder anderen Tageszeit durchführen und auch als Anleitung für Gruppen verwenden.

- Setzen Sie sich dazu bequem in einen Sessel oder aufrecht auf ein Sitzbänkchen, ein Kissen oder einen Stuhl, Sie können sich aber auch auf den Rücken legen. Die Füße stehen bzw. liegen locker nebeneinander. Nehmen Sie Armschmuck und Brille ab. Legen Sie Ihre Hände so, wie es Ihnen richtig erscheint. Der Kopf sollte eine angenehme Lage haben. Stellen Sie sich nun darauf ein, dass Sie sich entspannen.
- Atmen Sie zunächst einige Male ruhig ein und aus. Beobachten Sie dabei, wie sich die Bauchdecke hebt und senkt. Vielleicht können Sie auch spüren, wie die Luft kühl durch die Nase einströmt und – vom Körper etwas erwärmt – wieder ausströmt: Ich bin ruhig und entspannt, ES atmet mich …
- Schließen Sie Ihre Augen. Gehen Sie zunächst in Gedanken durch Ihren Körper und versuchen Sie, noch angespannte Muskeln etwas zu lockern und zu entspannen …
- Lassen Sie Gedanken und Gefühle einfach vorbeiziehen. Vielleicht fühlen Sie sich hilflos, schmerzgeplagt, einsam, traurig, wütend, ängstlich, vielleicht gelöst und friedlich.
- Fragen Sie sich: Was ist das für ein Ich, das mich ausmacht und meinen Körper mit Bewusstsein füllt? Wer bin ich? Wie ändert sich mein Ich-Gefühl, wenn Körperempfindungen, Gefühle und Gedanken aufsteigen?
- Versuchen Sie den Raum zu spüren, in den Sie eingebettet sind. Sie sind Teil einer unveränderlichen Wirklichkeit, die sich in Ihnen und um Sie herum offenbart und es Ihnen ermöglicht hat, bewusst zu erfahren, dass Bewusstsein mehr ist als Ich-Wahrnehmung.
- Versuchen Sie einen Eindruck davon entstehen zu lassen, dass Sie zeitlose Gegenwart sind, in der Erscheinungen kommen und gehen.
- Achten Sie noch einmal auf Ihren Körper. Sind Sie entspannt?
- Sagen Sie zu sich: ‚Ich bin wach, allem gewahr und heiße alle Wahrnehmungen willkommen, die in mir aus meinem Urgrund aufsteigen und mich dahin zurückbringen. … Ich bin wach, allem gewahr und heiße alles, was da ist, willkommen.'
- Wenn Sie wollen, sprechen Sie ein Gebet oder eine Art Selbstaf-

firmation, zum Beispiel die christliche Affirmation ‚Dein Wille geschehe' oder ‚Ich vertraue, öffne mich und ich lasse geschehen', bevor Sie jetzt die einzelnen Schritte durchgehen.

1. **Der physische Körper (*annamaya kosha*)**

- Wir betrachten zuerst den physischen Körper. … Nehmen Sie Ihre Körperempfindungen wahr … Nehmen Sie Ihre Körperempfindungen wahr, die an die Oberfläche Ihres Bewusstseins treten. Erlauben Sie allen Körperempfindungen da zu sein, egal ob heiß, kalt, leicht, schwer, bequem, unbequem, schmerzhaft oder angenehm … versuchen Sie, alles einfach wahrzunehmen, ohne jede Wertung … prüfen Sie, ob sich die Körperempfindungen auf der einen Körperseite anders als auf der anderen anfühlen … prüfen Sie, ob sich Ihre untere Körperhälfte anders anfühlt als die obere … wie fühlt sich Ihr Kopf im Vergleich zum Rest Ihres Körper an?
- Machen Sie sich nun Ihren ganzen Körper, wie er sitzt oder liegt, bewusst. … Machen Sie sich bewusst, dass dieser Körper aus kleinsten atomaren und subatomaren Teilchen besteht, die unaufhörlich in Bewegung sind. Elektronen jedes einzelnen Atoms umkreisen in Schallgeschwindigkeit die Kerne und lassen alles fest erscheinen. Stellen Sie sich diesen Körper als ein einziges energetisches Feld vor, das voller Energie ist, das vibriert und in alle Richtungen abstrahlt. Versuchen Sie ein Gefühl dafür entstehen zu lassen, dass Sie selbst nichts anderes als kosmisch verdichtete Energie sind …
- Versuchen Sie nun Ihre Aufmerksamkeit von diesem Körper weg in den ganzen Raum auszudehnen. … Nehmen Sie sich als einen grenzenlosen Raum des Gewahrseins wahr, in dem all diese Körperempfindungen auftauchen und wieder verschwinden.

2. **Der Energiekörper (*pranomaya kosha*): Achtsamkeit auf Atmung und Energie**

- Wir kommen nun zur Atmung. … Achten Sie auf die Atmung, auf das Aus- und Einströmen der Luft und der Lebenskraft, die dadurch in Ihnen belebt wird. … Achten Sie nun auf die Stille zwischen den Atemzügen, vor allem auf die Pause nach dem Ausatmen. … Wie fühlt sich das Atmen an: schwer, leicht … oberflächlich, tief? … Wie fühlt sich Ihr Brustkorb an: eng, weit? … Gibt es einen Unterschied zwischen der linken und der rechten Lungenhälfte? … Wie weit aus Ihrem Körper hinaus nehmen Sie das Energiefeld um Ihre Lungen wahr? … Sind beide Felder gleich oder unterschiedlich groß? … Können Sie dem Atemstrom durch die Bronchien bis tief in die Lungen folgen? … Fühlt sich der Atemstrom fließend oder stockend an? … Neutral, angenehm, unangenehm? … Haben Sie den Eindruck, nicht genug Luft zu bekommen, oder dass noch mehr einströmen könnte? … Machen Sie sich bewusst, dass eines Tages nach der Ausatmung keine Einatmung mehr kommen wird.

- Wie fühlen Sie sich in diesem Augenblick? … Entspannt, ruhig und gelassen, oder angespannt und unruhig? … Wie viel Energie haben Sie gerade? … Stellen Sie sich Ihren Körper als eine Batterie vor. Wie leer oder voll aufgeladen sind Sie? … Können Sie spüren, ob Sie sich in diesem Augenblick aufladen? …
- Betrachten Sie sich jetzt wieder von außen aus der Vogelperspektive. Schauen Sie auf Ihren Körper … nehmen Sie Ihren Energiekörper als ein energetisches Feld voller Vibration und Schwingung wahr … Stellen Sie sich nun vor, dass sich Ihre Wahrnehmung von der verdichteten Form Ihres Körpers in den weiten Raum grenzenloser Klarheit und Lichtheit ausdehnt. … Versuchen Sie, in dieser Wahrnehmung einfach nur da zu sein. …

3. Der Emotionalkörper (*manomaya kosha*): Achtsamkeit auf Gefühle

- Wir kommen zum Gefühlskörper. … Erlauben Sie allen Gefühlen, aufzutauchen und wieder zu vergehen. Bleiben Sie bei den Gefühlen und nehmen Sie wahr, wie sie aufsteigen, ihren Höhepunkt erreichen und wieder abflauen. Ein Gefühl folgt auf das nächste. Versuchen Sie dabei, nicht an den Gefühlen anzuhaften … Sie können jetzt einzelne Gefühle benennen, während diese vor Ihrem geistigen Auge vorbeiziehen … Sie können zum Beispiel sagen: Das ist ein Ärgergefühl, ein Gefühl der Gelassenheit, Müdigkeit, Lustlosigkeit, Freude, usw. … Lassen Sie alle Gefühle zu und beobachten Sie, wie sie in Ihrem Körperinneren wirken, wohin sie sich mit welcher Stärke und Geschwindigkeit ausbreiten …

- Schauen Sie dann wieder von außen auf sich herab, aus der Vogelperspektive oder aus einer anderen Perspektive im Raum … wechseln Sie jetzt wieder zu der Wahrnehmung des grenzenlosen Seins-Raumes um Sie herum, in dem all diese Empfindungen sich bilden, auftauchen und wieder verschwinden. Können Sie erkennen, dass Ihre Gefühle nur vorbeiziehende Daseins-Phänomene sind, die irgendwoher kommen und wieder vergehen? Können Sie erkennen, dass all diese Gefühle selbst Teil des grenzenlosen Gewahrseinsraums sind?

4. Der Intellektkörper (*vijnanamaya kosha*): Gewahrsein der Gedanken

- Wir kommen nun zu Ihren Gedanken und Bildern … beobachten Sie, wie Ihre Gedanken kommen und gehen … vielleicht erleben Sie sich zu Beginn gedankenleer. Aber nach einer Weile werden Sie wieder einzelne Gedanken entdecken. An welchen Gedanken oder Bildern haften Sie besonders lange? … Haften Gefühle an den Bildern oder Gedanken? … Welche Gedanken, Bilder und Gefühle kommen wiederholt? … Gibt es eine Logik dahinter? … Können Sie Assoziationsketten erkennen? … Welche Bilder und Gedanken breiten sich langsam aus, welche huschen schnell vorbei? … Bilden sich mehr Gedankenketten, während Sie ein- oder während Sie ausatmen? …
- Wechseln Sie nun in die Beobachterperspektive und betrachten Sie das Gedankenspiel wie von außen. Energie verdichtet sich in Ihrem Inneren zu Gedankenformen, zu Bildern mit Gefühlen, die sich wie Waggons an eine Lokomotive hängen und nach einer Weile wieder auflösen …
- Gehen Sie jetzt mit der Wahrnehmung in den weiten, grenzenlo-

sen Bewusstseinsraum, aus dem alles, auch Ihre Gedankenformen, Bilder und Gefühlsanhänge kommen. Stellen Sie sich vor, dass sich im Laufe Ihres Lebens viele solcher Gedankenformen zu einem gedanklichen Ich-Gebäude verdichtet haben, das Ihnen jetzt als eine eigenständige und unabhängige Persönlichkeit vorkommt, die Ihren Namen trägt, so wie Ihre Eltern Sie benannt haben. Eine lose zusammenhängende neuronale Struktur, wie eine Staubfluse in der Zimmerecke … versuchen Sie einmal, dieses ganze gedankliche Ich-Gebäude auftauchen und wieder verschwinden zu lassen. Können Sie spüren, wie fragil es ist? … Ruhen Sie wieder einige Augenblicke in der unfassbaren Weite des leeren Raumes.

5. Der Lustkörper (*anandamaya kosha*): Gewahrsein der Wünsche und Begierden

- Wir kommen zu Ihren Sehnsüchten, dem Begierdekörper. … Gibt es Sehnsüchte, Gelüste, Begierden und Bedürfnisse, die sich gerade melden? … Wie stark ist das Bedürfnis nach Nähe, Geborgenheit in diesem Augenblick? … Spüren Sie Grundbedürfnisse wie Hunger und Durst? … Fragen Sie sich, ob da etwas ist, nach dem Sie großes Verlangen haben, lassen Sie es auftauchen und beobachten Sie es wie von weitem. Gibt es Süchte? …
- Lösen Sie sich nun von Ihren Begierden, Sehnsüchten und Bedürfnissen. Beobachten Sie alles aus der Draufsicht, von einer neutralen Position aus, vielleicht wie ein Vogelkundler den Zug der Vögel beobachtet.
- Wechseln Sie jetzt zu der Wahrnehmung des ganzen Raumes in seiner unfassbaren Weite. Da ist nichts, woran sich der Geist festhalten könnte. Reine Bewusstheit ohne Kommen und Gehen … versuchen Sie einen Eindruck davon zu erfühlen und zu erkennen, wie darin all diese Empfindungen auftauchen und wieder verschwinden. Ruhen Sie in der unfassbaren Weite und Stille der Unendlichkeit. Vielleicht haben Sie eine Empfindung von Klarheit, von Licht, Weite, Offenheit und von Liebe?

6. Das Ich (*asmitamaya kosha*):
Gewahrsein und Beobachten des Ichs

- Wir kommen zu unserer Ich-Struktur, dem Teil in uns, den wir mehr oder weniger klar umrissen als Person oder Persönlichkeit wahrnehmen. … Nehmen Sie Ihre Ich-Struktur, Ihr Ich-Gebäude wahr, das aus Gedankeneinheiten, Gefühlen und Körperempfindungen entstanden ist und sich durch Gedanken, Gefühle und Körperempfindungen bestätigt und erhält. Nehmen Sie sich in Ihrer körperlichen ‚Hülle' wahr und halten Sie einen Moment lang in dieser Erfahrung inne. … Können Sie erleben, dass Ihr Ich-Bewusstsein in diesem Körper wohnt, ihn ausfüllt, ihn lenkt? Können Sie den Eindruck gewinnen, dass dieses Ich-Bewusstsein nicht wirklich fest mit dem Körper verbunden ist, sondern wie eine eigenständige Einheit darin verweilt? …
- Wie nehmen Sie dieses Ich wahr: neutral, angenehm, unangenehm? … Füllt es den ganzen Körperraum Ihres Energiefeldes aus? Gibt es Stellen, die Sie schlechter, Stellen, die Sie besser bewusst erreichen können? … Fühlen Sie sich wohl mit diesem Ich? … Fragen Sie sich nun: Wer ist dieses Ich, das all das empfinden kann und dem all das bewusst wird? … Ist es ein Teil des ganzen kosmischen Bewusstseins? … Ist es davon getrennt? … Ist es darin eingebettet? … Wie ist es entstanden? … Wohin kehrt es zurück? … Kann es sich auflösen im Gewahrseinsraum wie die Welle im Meer?

7. Naturzustand (*Sahaj*)

Wir gehen weiter und versuchen nun, das reine Gewahrsein der einen Wirklichkeit zu berühren. … Stellen Sie sich die folgenden Fragen und versuchen Sie, mit jeder Frage mitzuschwingen, sie ganz in sich aufzunehmen. Verweilen Sie für einige Augenblicke bei jeder Frage.

- Kann ich einfach offenes Gewahrsein erfahren und wahrnehmen, dass ich das Ganze selber bin? …
- Fragen Sie sich: ‚Wer ist es, der sich gerade seiner selbst bewusst ist?' …

- Versuchen Sie nun, dem Gefühl für das ‚Ich bin' nachzuspüren …
- Nehmen Sie nun das ‚Bin' weg und fühlen Sie nur noch das ‚Ich', so wie es sich gerade zeigt …
- Lassen Sie nun den Gedanken an ein eigenständiges Ich fallen und versuchen Sie, allein das ‚Bin', das Sein, da sein zu lassen …
- Erlauben Sie jetzt diesem Gefühlseindruck des ‚Bin', im grenzenlosen Gewahrseinsraum da zu sein und sich unendlich auszudehnen …
- Wechseln Sie ein paarmal zwischen dem Gedanken an ein persönliches Ich, das Sie erspüren, und dem ‚Bin' hin und her … Sie können sich auch vorstellen oder eine Handbewegung zu dem Wort ‚Ich' machen. Machen Sie dann eine Handbewegung oder nutzen Sie nur Ihre Vorstellung für das Erscheinen des Wortes ‚Alles' …
- Einfaches Da-Sein in Gegenwärtigkeit, ohne Zentrum und Peripherie, bevor das Ich-Bewusstsein sich daraus verdichtet, sich davon unterscheidet und getrennt erlebt …[78]

Sie haben gerade die Perspektiven verschoben:

Einmal ***bin*** ich Körperempfindung, Gefühl, Bilder und Gedanken, dann ***beobachte*** ich alles, was in mir auftaucht und verschwindet, wie von außen, aus der Vogelperspektive und löse mich von der Identifikation damit.

Dann entferne ich mich weiter davon und erfahre mich als den offenen und unbegrenzten Raum, in dem alles kommt und geht. Dieses Gewahrsein war immer schon da. Es war vor mir da und wird nach mir da sein, nur verdeckt durch den Formenkörper, mit dem ich mich identifiziert habe, mich davon abgegrenzt habe und in dem ich mich als getrenntes Ich erlebe.

Ich kann jederzeit die Perspektive wechseln und das unwandelbare reine Sein wahrnehmen, alles umfassend, weit über meine Grenzen hinausgehend, leuchtend, klar, voll Kraft und Liebe. Vielleicht stellt sich der Eindruck ein, dass der ganzen Schöpfung etwas von Gnade (Sanskrit: ***Anuraba***) innewohnt.

Wir kommen nun allmählich zum Ende der Übung …

Sie können in diesem Zustand jetzt einfach einschlafen oder langsam in den Raum zurückkommen, indem Sie alles um sich herum wahrnehmen, sich wieder bewusstmachen, wo sie sich befinden, sich dann strecken, rekeln und gähnen.

Wenn Sie das Bedürfnis haben, atmen Sie einige Male tief ein und aus, öffnen Sie dann sanft die Augen und spüren Sie noch einige Augenblicke dem Gefühl in Ihrem Inneren nach …

12 Sterbemeditation, Sterbeprozess und die Angst vor dem Tod

Mors definiri nequit. – Der Tod bleibt vieldeutig und rätselhaft. Er bleibt undefinierbar … „Wer den Tod zu definieren verstünde, wäre im Begriffe, seiner Herr zu werden“, so Eberhard Jüngel.[79] Die größte Annäherung an das Erlebnis des Absterbens erfährt der Sterbende selbst. Vielleicht, so Jüngel, sind es gerade die Sterbenden selbst, die am besten über den Sterbeprozess Auskunft zu geben vermögen.

Der buddhistische Mönch Achan Chah schreibt: „In dem Moment, in dem wir geboren werden, sind wir Sterbende. … Es ist wie bei einem Baum: Weil er Wurzeln hat, hat er auch Zweige, weil er Zweige hat, hat er auch Wurzeln. Geburt und Tod, das eine ist nicht ohne das andere zu haben. Es ist sonderbar zu sehen, wie bei einem Todesfall die Leute verzweifelt und voller Trauer und bei einer Geburt so glücklich und erfreut sind. Das ist Verblendung, niemand sieht sich das genauer an. Ich denke, wenn du wirklich weinen willst, dann ist es besser, dies bei einer Geburt zu tun. Geburt bedeutet auch Tod, Tod ist auch Geburt, die Wurzel ist der Zweig, der Zweig ist die Wurzel. Wenn du weinen willst, weine bei der Wurzel, weine bei der Geburt. Schau es dir genau an: Wäre da keine Geburt, so wäre auch kein Tod. Verstehst du das?“[80]

Dementsprechend müssten die Menschen Schwarz tragen, wenn ein Kind geboren wird, und Weiß, wenn der Mensch seine sterbliche Hülle hinter sich lassen kann: ein weißer Sarg, Lilien, weiße Tracht für den Weg ins Licht und die Freude darüber.[81]

Carl Simonton, Facharzt für Onkologie und Strahlenheilkunde meinte: „Die Angst vor dem Tod ist unbegründet, das ist wie mit der Angst vor den Schmerzen. Ich muss rechtzeitig lernen, mir selbst die Angst zu nehmen. Wenn ich den Tod freudig erwarte, brauche ich keine Angst davor zu haben."[82]

Einer freudigen Erwartung liegt Natürlichkeit zugrunde. Indianische Kulturen haben eine selbstverständliche Art, mit dem Tod umzugehen. Für die Lakota, eine Stammesgruppe der Sioux, hat die Kreisform eine zentrale Bedeutung, da sich nach den Vorstellungen dieses Volkes alles in Kreisläufen vollzieht.[83] Der Tod ist ein Teil des Ganzen und der lohnende Abschluss einer Daseinsreise: „Früher, als die Lakota noch den Büffelherden folgten, blieben die Alten, die ihr Ende spürten, einfach zurück. Sie setzten sich in ihre Zelte und sangen den Tod herbei. Friedlich, mit Demut und Dankbarkeit … Die Alten starben alle mit einem Lächeln auf den Lippen. Sie hatten keine Schmerzen und keine Angst. Für sie war der Tod eine willkommene Abwechslung im Leben."[84]

Ein schönes Beispiel für den christlichen Umgang mit der Angst vor dem Tod wird in dem Film „Die große Stille" in der Haltung eines Mönches sichtbar, der über seine Erblindung und die Angst vor dem Tod spricht. Er sagt: „Warum Angst vor dem Tod haben? Je mehr man sich Gott nähert, umso glücklicher ist man. Das ist das Ende unseres Lebens. Umso mehr beeilt man sich, zu Gott zu gelangen. Man sollte keine Angst haben vor dem Tod. Im Gegenteil, es ist eine große Freude für uns, einen Vater wiederzufinden. Die Vergangenheit, die Gegenwart, das ist Menschliches. In Gott gibt es keine Vergangenheit. Dort gibt es nur Gegenwart … Ich danke Gott oft dafür, dass er mich erblinden ließ. Ich bin sicher, dass er es zum Wohle meiner Seele hat geschehen lassen. … Deshalb sollte man immer glücklich sein. … Denn alles, was ihm widerfährt, ist der Wille Gottes und geschieht zum Wohle seiner Seele."[85]

Im Abendland hat sich die aus der Antike stammende Vorstellung vom Abschneiden des Lebensfadens bis heute erhalten. Es ist die Göttin Atropos, die mit der Schere über den Todeszeitpunkt der Menschen herrscht und den Faden im rechten Augenblick durchtrennt.

In den 20er Jahren beschäftigten sich unter anderen Martin Heidegger und Sigmund Freud intensiver mit dem Tod. Für sie war das Verständnis des Todes der Schlüssel zum Leben. Georg Simmel forderte schon 1918, dass man mit dem Tod nicht in der letzten Stunde des Lebens rechnen, sondern ihn als „formale Qualität des Lebens“ betrachten solle, die „die Klangfarbe der Lebensmelodie bestimmt.“[86]

In den 60er Jahren beschrieb die Sterbeforscherin Elisabeth Kübler-Ross fünf psychische Stadien oder Zustände, die jeder Mensch vor seinem Tod durchläuft. Diese Zustände greifen ineinander und sind nicht klar abgrenzbar. Manche Beschreibungen können mittlerweile als überholt gelten, dennoch möchte ich sie an dieser Stelle erwähnen, weil sie eine gewisse Orientierung bieten können:[87]

- 1. Phase des Nichtwahrhaben-Wollens: „Der Kranke reagiert verleugnend und abwehrend, wenn er unvermittelt über eine Krankheit informiert wird.“
- 2. Phase des Aufbegehrens und des Zorns: „Auf das Nichtwahrhaben-Wollen folgen oft Zorn, Groll, Wut, Neid. Dahinter steht die Frage: ‚Warum gerade ich?’ Sein Zorn ergießt sich ohne sichtbaren Anlass in alle Richtungen.“
- 3. Phase des Verhandelns: „In der dritten, meist nur flüchtigen Phase versuchen wir, das Unvermeidliche durch eine Art Handel hinauszuschieben. Der todkranke Patient … hofft, für sein Wohlverhalten belohnt zu werden. Sein Hauptwunsch ist fast immer eine längere Lebensspanne, dann aber auch ein paar Tage ohne Schmerzen und Beschwerden.“
- 4. Phase der Depression: „Wenn der Todkranke seine Krankheit nicht länger verleugnen kann …, dann kann er seinen Zustand nicht immer mit einem Lächeln abtun. Erstarrung, Stoizismus, Zorn und Wut weichen bald dem Gefühl eines drohenden, schrecklichen Verlustes (das Äußere, Dinge, die man gerne noch täte, usw.) … Die Depression ist der Weg, auf dem sich der Kranke auf den bevorstehenden Verlust aller geliebten Dinge vorbereitet.“
- 5. Phase der Zustimmung und Annahme: „Der Kranke ist müde, meist schwach und hat das Bedürfnis, oft in kurzen Intervallen zu dösen oder zu schlafen. Es wächst das Bedürfnis, die Stunden des

> Schlafes auszudehnen wie bei Neugeborenen, nur mit umgekehrtem Sinn … Die Phase der Einwilligung darf nicht als ein glücklicher Zustand verstanden werden: Sie ist fast frei von Gefühlen. Der Schmerz scheint vergangen, der Kampf ist vorbei, nun kommt die Zeit der ‚letzten Ruhe vor der langen Reise'."[88]

Eine bekannte Zen-Geschichte handelt von der Überwindung der Angst vor dem Tod durch Meditation. Sie erzählt von einem General und seinem Gefolge, der an einem Zen-Mönch in Meditation vorbeikommt und ihm zuruft: „Mach Platz!" Der Zen-Mönch rührt sich nicht von der Stelle und übt weiter. „Du weißt nicht, wen du vor dir hast! Ich bin der General und könnte dir, ohne mit der Wimper zu zucken, den Kopf abschlagen." Der Zen-Mönch unterbricht die Meditation und sagt: „Du weißt nicht, wen du vor dir hast. Hier sitzt ein Mönch, der ohne mit der Wimper zu zucken sterben kann." Tief beeindruckt soll der General schweigsam ausgewichen und vorbeigezogen sein.[89]

In der japanischen Tradition werden unmittelbar vor dem Tod sogenannte Sterbegedichte verfasst, die in Form eines Haikus[90] die Bereitschaft zum nahenden Hinübergehen Ausdruck verleihen sollen. Hier einige Sterbegedichte:

Dairin Soto, gestorben am siebenundzwanzigsten Tag im ersten Monat 1568 im Alter von 89 Jahren:

Ein ganzes Leben lang habe ich mein Schwert geschärft
und jetzt, Aug in Auge mit dem Tod,
zieh ich es aus der Scheide,
und da – ist die Klinge zerbrochen. Ach!

Der Zen-Meister Kozan Ichikyo rief wenige Tage vor seinem Tod im Alter von 77 Jahren seine Schüler zusammen, befahl ihnen, ihn ohne Zeremonie zu bestatten, und verbot ihnen, Gedenkfeiern für ihn abzuhalten. Er schrieb dieses Gedicht am Morgen seines Sterbetags am zwölften Tag im zweiten Monat im Jahr 1360, legte den Pinsel weg und starb aufrecht sitzend (in Meditationshaltung):

Mit leeren Händen kam ich in diese Welt,
barfuß verlasse ich sie. Mein Kommen, mein Gehen –
zwei einfache Ereignisse, ineinander verwoben.

An seinem Sterbetag soll Musho Josho, gestorben am fünfzehnten Tag im fünften Monat 1306 im Alter von 73 Jahren, die anderen Mönche zusammengeholt, alle Anweisungen für seine Bestattungsfeier gegeben, seine letzten Worte gesprochen haben und hierauf aufrecht sitzend gestorben sein. ‚Einfach so!' oder ‚So' (Japanisch: ***nyoze***) wird vom Zen-Meister als Anruf verwendet, mit dem er die Aufmerksamkeit seines Schülers auf ‚die Dinge, wie sie sind', lenken will oder mit dem er erreichen will, dass der Schüler die Dinge klar sieht (wie sie sind):

Wenn es kommt – einfach so! Wenn es geht – einfach so!
Kommen wie Gehen ereignen sich jeden Tag.
Die Worte, die ich jetzt spreche – einfach so!

Im Jahr 1582 nahm der Samurai-Führer Oda No-bunaga (1534-1582) eine Gruppe von hundert buddhistischen Mönchen gefangen, die Verbündete seines Feindes waren. Er befahl seinen Leuten, um die Gefangenen dürre Äste aufzuschichten und sie alle zu verbrennen. Unter den auf diese Weise lebendig verbrannten Mönchen war auch Kaisen Shoki, gestorben am dritten Tag im vierten Monat 1582. Nach einer Version des Berichts über die letzten Augenblicke dieses Zen-Meisters fragte ihn einer seiner Schüler:

„‚Wir können nicht dem Vergehen aller Dinge in dieser Welt entrinnen. Wohin sollen wir uns jetzt bei unserer Suche nach dem Bleibenden wenden?' Kaisen gab zur Antwort: ‚Hier vor deinen Augen ist es, genau an diesem Ort.' Der Mönch drang weiter in ihn: ‚Was für ein Ort vor meinen Augen ist das?' Die Flammen züngelten bereits an seinem Körper empor, als Kaisen hinzusetzte: ‚Wenn du deine Selbstheit überwunden hast, wird sogar aus dem Feuer Kühle aufsteigen.'"[91]

Der Taoist Dschang-tse beschreibt in einer seiner Geschichten den Tod der Weisen, die das Geheimnis des TAO, des Weges, kannten:

„Yü, einer der Weisen, wurde krank und war dem Sterben nah. Der Weise entgegnete Szu, die ihn besuchte, um nach dessen Befinden zu fragen: ‚Es geht mir hervorragend. Wie mich der Weg des Meisters verunstaltet! Mein Rücken ist krumm und bucklig, und meine Eingeweide sind bunt durcheinandergewürfelt. Das Kinn klebt mir am Bauchnabel, meine Schultern überragen meinen Kopf, und mein Haarzopf ragt Richtung Himmel. Alle Elemente der Natur müssen durcheinander sein.' Sein Herz war ruhig, er wirkte ganz sorglos. Er hinkte zum Brunnen, besah sich sein Spiegelbild im Wasser und sagte: ‚Schau, schau! Wie mich der Macher aller Dinge verunstaltet!' Szu fragte ihn: ‚Bestürzt dich das?' Yü erwiderte: ‚Warum sollte es das? Sollte mein linker Arm ein Hahn werden, so will ich die Morgenröte ausrufen. Sollte mein rechter Arm zur Armbrust werden, so will ich einen Vogel schießen und braten. Sollte mein Hintern zu Rädern werden und mein Geist zum Pferd, so werde ich eine Ausfahrt machen. Ich brauche dann nicht einmal einen Wagen! Ich kam zur Welt, als es Zeit war, zur Welt zu kommen, und ich werde sterben, wenn es Zeit ist zu sterben. Wenn man mit der Zeit im Frieden ist und der Ordnung der Dinge folgt, rühren einen weder Trauer noch Freude an. Die Alten nannten das die ‚Freiheit von der Knechtschaft'. Wer in das Aussehen der Dinge verstrickt ist, kann sich nicht selbst befreien. Aber nichts kann die Ordnung der Natur überwinden. Warum sollte ich bestürzt sein?' – Wenig später wurde er krank. Er lag im Sterben und konnte nur noch keuchend atmen. Li (ein anderer Weiser) kam zu Besuch und sagte zu seiner Frau und seinen Kindern, die weinend um ihn versammelt waren: ‚Husch, husch! Fort mit euch! Hindert nicht den Wandel!' Dann lehnte er sich an die Tür und sprach zu Lai (ein weiterer Weiser): ‚Groß ist der Macher der Dinge! Was wird jetzt aus dir werden?

Wohin wird er dich schicken? Wirst du zur Leber einer Ratte oder zum Bein eines Insekts?' Lai erwiderte: ‚Ein Kind, das seinem Vater und seiner Mutter gehorcht, geht hin, wohin immer sie es schicken, nach Osten, Westen, Süden oder Norden. Sind nicht Yin und Yang, die Elemente der Natur, dem Menschen wie Vater und Mutter? Würde ich ihnen jetzt nicht gehorchen, wo sie mich an den Punkt des Todes gebracht haben, wie starrköpfig wäre ich da! ... Kann der Ort, an den er mich schickt, ein falscher Ort sein?'"[92]

Joan Halifax erzählt: „Bekannte buddhistische Lehrer wie Seine Heiligkeit der 16. Karmapa übten Meditation in Gleichmut bis zu ihrem Tod. Der Ehrwürdige Kalu Rinpoche und Seine Heiligkeit Khyentse Rinpoche setzten sich beide in den Meditationssitz und starben. ... Auch der sechste chinesische Zen-Patriarch Hui Neng (638-713 v. u. Z.) rief seine Schüler zu sich und sagte, dass er beschlossen habe, im achten Monat zu sterben. Seine Schüler weinten bitterlich, als sie von seinem herannahenden Tod hörten. Hui Neng, ehrlich und hart wie immer, fragte sie, um wen sie weinten. Ob sie wohl Sorge hätten, er wisse nicht, wohin er gehe? Hui Neng sagte ihnen, er wisse sehr wohl, wohin er gehe, denn sonst könnte er sie nicht so zurücklassen. Im Gegenteil, der eigentliche Grund ihrer Trauer sei, dass sie selbst nichts wüssten! Wüssten sie es, trauerten sie nicht, weil die wahre Natur ohne Geburt und Tod ist."[93]

Die buddhistische Nonne Ryonen, geboren 1797, eine Dichterin und Enkelin des berühmten japanischen Kriegers Shingen, schrieb vor ihrem Tod:

Fünfundsiebzig Mal haben diese Augen
den Wechsel des Sommers erblickt.
Ich habe genug über das Mondlicht gesagt,
fragt nicht nach mehr.
Hört nur auf die Stimmen der Pinien und Zedern,
wenn der Wind sich nicht regt.

Um diese offene und gelassene Stimmung in sich fühlen zu können, die Bereitwilligkeit und Bereitschaft ausdrückt, jederzeit sterben zu können, sollte die Bereitschaft, jederzeit gehen zu können, wachsen dürfen. Sich die Vergänglichkeit tagtäglich vor Augen zu halten kann dazu beitragen, sich nicht in den alltäglichen Geschehnissen zu verlieren und die Begrenztheit des Lebens auszublenden. Dazu kann auch die folgende Übung, die Sie beliebig verändern können, hilfreich sein:

Abb. 8: Schiffsfriedhof in Noirmoutier-en-l'Île, Frankreich

Übung: Sich Vergänglichkeit bewusstmachen

Sie können diesen Text vorlesen oder selbst als Übung betrachten und die einzelnen Themen achtsam begleiten. Sie können einzelne Textstellen kürzen.

Die Übung beginnt mit der Achtsamkeit auf den Körper, den Atem, die Gedanken und Gefühle. Wir fühlen unseren Atem, unsere körperliche Befindlichkeit in diesem Augenblick. Wir beobachten, was da entsteht und vergeht.

Am Anfang unserer Übung denken wir kurz über unser jetziges Dasein nach: Mein Name ist so und so. Ich wurde da und da geboren, meine Eltern waren die und die. Ich lebe hier. Meine Eigenschaften sind diese und jene.

Wir schauen nun auf unsere Geschichte wie aus der Vogelperspektive. Wir machen uns bewusst, wie unwesentlich und bedeutungslos diese Geschichten über uns sind. Wir lösen uns von der Identifikation mit ihnen. Es interessiert uns nicht mehr, wer wir sind, wir vertrauen nicht mehr auf oberflächliche Erklärungen, Ideen oder Vorstellungen. So wie der indische Mönch Bodhidharma auf die Frage, wer er sei, antwortet: „Ich weiß es nicht", so wissen auch wir es letztlich nicht.

Wir lösen uns von den Körperempfindungen, beobachten sie aus der Vogelperspektive, lösen uns von den Gefühlen, beobachten sie aus der Draufsicht, lösen uns von den Gedanken, die unseren Verstand beschäftigen. Wir machen uns unser Ich, unsere Persönlichkeit bewusst und nehmen wahr, wie sie den Körperraum erfüllt. Dann lösen wir uns von diesem Ich, hören auf, es zu beobachten, und treten ein in den Raum des reinen Gewahrseins. Wir ruhen im ‚Da-Sein', offen und ungeteilt. Wir werden gewahr, dass das grenzenlose Sein immer schon da war, nur verdeckt durch die Wolken unseres Ich-Bewusstseins.

Machen wir uns folgende Tatsachen noch einmal bewusst:

1. Viele müssen leiden, jeder muss sterben.

In „Totem und Tabu" (1912/13) beschreibt Freud die Ambivalenz des Menschen, wenn es um den Tod geht. Gibt es in Ihnen etwas, das am Leben festhält oder manchmal wünscht, dass endlich alles vorbei wäre? Wenn Sie gerade am Leben festhalten wollen, kann es Ihnen helfen, sich an Menschen zu erinnern, die bereits verstorben sind: Verwandte, Freunde, auch berühmte Personen wie Buddha, Jesus, Sokrates oder bekannte Athleten – selbst der Stärkste unter ihnen ist gestorben.

2. Die Lebensspanne verringert sich unaufhaltsam.

Unsere Bewegung zum Tod hin ist unumstößlich. Mit jedem Sekundenschlag, jedem Atemzug rückt der Tod näher. Eines Tages werden wir ausatmen und nicht mehr einatmen. Ein tropfender Wasserhahn war für Atisha eine Erinnerungshilfe, sich dieser Tatsache bewusst zu bleiben.

Der 7. Dalai Lama sprach: „Nach der Geburt haben wir keinen Einfluss mehr zu bleiben, nicht einmal für eine Minute. Wir bewegen uns auf den Tod zu wie ein Sprinter. Wir denken, wir befänden uns unter den Lebenden, aber unser Leben selbst ist die Autobahn des Todes."

3. Der Tod kommt, unabhängig davon, ob wir uns um die Wesensnatur des Seins bemühen oder nicht.

Wenn wir nur noch ein Jahr zu leben hätten, was würden wir dann tun? Bei solchen Fragen geht es um einen Wechsel der Prioritäten und der inneren Haltung. Das kann auch heißen, noch Unerledigtes abzuschließen, soweit es möglich ist, und sich seine Verhaftungen bewusstzumachen. Auch die Meditation oder Meditationstechniken wie das Zählen des Atems können eine Verhaftung sein.

4. Der Zeitpunkt des Todes ist ungewiss.

Ein Friedhof ist ein guter Ort, um über den Tod nachzusinnen. Betrachten Sie die Lebensdaten auf den Grabsteinen: Viele junge Menschen sterben noch vor ihren Eltern, auch wenn die Lebenserwartung allgemein zugenommen hat. Vielleicht lesen Sie von solchen Fällen auch in der Zeitung, hören es in den Nachrichten oder in ihrer Nachbarschaft.

Manche Menschen, wie etwa Jesus, Martin Luther King, Swedenborg und einige andere, kannten ihren Todeszeitpunkt. Auch mein Großvater teilte mir eine Woche vor seinem Tod mit, dass er sich in genau sechs Tagen 1,80 Meter unter der Erde befinden werde. Sein Gesundheitszustand war zu diesem Zeitpunkt so stabil, dass wir noch ernsthaft die Frage eines Seniorenwohnplatzes diskutierten.

Was wäre, wenn alles vorhersehbar wäre? Für viele ändern sich die Dinge unerwartet. Es kann uns den Boden unter den Füßen wegziehen, bevor wir es richtig bemerkt haben. Alles im Leben ist ungewiss. Ich kann meine Arbeit verlieren, krank werden, mein Partner oder meine Partnerin kann sich von mir trennen oder sogar sterben. Plötzlich, mitten in einer banalen Tätigkeit, bricht das Unerwartete herein: Der Freund hat einen Herzinfarkt, der Nachbar einen Schlaganfall … Jeder kennt solche Geschichten.

Der indische Philosoph Nagarjuna sagte, dass wir unser Leben inmitten tausender lebensbedrohlicher Bedingungen erhalten. Unsere Lebensenergie ist wie ein Kerzenlicht im Wind; die Flamme unseres Lebens kann leicht erlöschen durch die Winde des Todes, die aus allen Richtungen wehen. Sollten wir uns in dieser Situation nicht besser fragen: ‚Ich könnte noch heute sterben. Wie fühlt sich das für mich an?‘

5. Der menschliche Körper ist sehr zerbrechlich.

Ein junger Mann schneidet sich an einem rostigen Messer und stirbt mit 22 Jahren an Tetanus. Meine eigene Schwester erstickt mit 20 Jahren an einer Kohlenmonoxid-Vergiftung durch ein offenes Feuer im Wohnraum. Auch ein Virus kann viele Menschen töten.

Halten Sie weiterhin fest an der Vorstellung eines linearen Ablaufs von Jugend, einer langen Erwachsenenzeit und einem heiteren Älterwerden? Der Tod wartet oft nicht erst am Ende einer langen Straße auf uns, sondern er ist in jeder Minute bei uns.

6. Unser Wohlstand hilft uns nicht.

Vielleicht haben wir ein Leben lang gearbeitet, um Wohlstand zu erreichen oder um schöne Dinge zu besitzen (CDs, Bücher, Filme, Kleidung, ein Haus). Wie viel haben wir unternommen, um all das zu bekommen, besonders die Dinge, nach denen wir ein starkes Verlangen hatten?

Nichts ist verkehrt an Besitz, aber im Augenblick des Todes ist er unwichtig. All das müssen Sie aufgeben, Sie werden es nicht mehr brauchen. Wäre es nicht besser gewesen, sich bereits im Leben um das Loslassen dieser Dinge zu bemühen?

Auch der reiche, junge Mann, der sich Jesus näherte und fragte, was er tun könne, um ewiges Leben zu erlangen, erhielt die Antwort: ‚Gib auf, was du hast, und folge mir.' Der junge Mann ging schweigend weg, er konnte sich dazu nicht durchringen.

Krishnamurti sagte: „Der Grund, warum das Leben so hart ist, sind deine Anhaftungen und Ansammlungen." – „Wollt ihr wissen, wie man stirbt?", fragte er. „Denk an das, was du am meisten schätzt, und lass es los. Das ist Sterben."

7. Unsere Lieben helfen uns nicht.

Unsere Beziehungen zu anderen, zu einem Partner, den Kindern, selbst zu dem spirituellen Lehrer helfen uns nicht: Wir müssen allein sterben. Der indische Buddhist Shantideva sagte sinngemäß: ‚Wenn ich im Bett liege, von meinen Freunden und Verwandten umgeben, wird das Gefühl, dass mein Leben zu Ende geht, dennoch nur von mir erfahren. Nur ich bin es, der geht. Mein Körper ist es ganz allein, der sich auflöst. Wozu nützen im Sterben noch die Freunde, die ich habe? Wie könnten mir meine Verwandten beistehen?'

8. Unser Körper hilft uns nicht.

Selbst unser eigener Körper, der während des ganzen Lebens unser intimster Begleiter war, hilft uns nicht. Wie viele Stunden verbrachten wir damit, ihn zu waschen und zu pflegen, einzucremen und Nägel zu schneiden, zahllose Stunden der Achtsamkeit für unseren Körper? Wir haben ihn gefüttert und zur Ruhe gebracht, aber plötzlich wird unser intimster Freund und Begleiter, mit dem wir durch alles durchgegangen sind, nicht mehr da sein, nicht mehr atmen. Das Blut wird nicht mehr zirkulieren und er wird nach so vielen Jahren leblos sein, nur noch ein Leichnam. Panchen Lama sagte: „Der Körper, den wir so lange gepflegt haben, lässt uns dann, wenn wir ihn am meisten brauchen, im Stich."

In China und anderen asiatischen Ländern ist es in manchen Familien üblich, sich zu Lebzeiten einen Sarg zu kaufen, ihn bei sich aufzubewahren und sich wiederholt hineinzulegen, um sich die Vergänglichkeit des eigenen Leibes bewusstzumachen. Was halten Sie von dieser Methode?

Wäre uns die Wirklichkeit des Todes ständig gegenwärtig, würden wir dann anders miteinander oder mit dem Streben nach Besitz umgehen? Carlos Castaneda sagte auf die Frage, wie wir unser Leben spiritueller gestalten könnten: „Erinnere dich daran, dass die, die du heute triffst, dass jeder, den du siehst, eines Tages sterben werden.“ Jeder ist des anderen Bruder oder Schwester im Tod.

Es wäre schön, wenn wir friedlich einschlafen könnten, aber nur etwa zwei Prozent der Menschen erleben einen solchen Tod.[94]

Der Vipassana-Lehrer Rodney Smith, der lange Zeit in der Hospizarbeit tätig war, berichtet, dass die schwierigsten Tode diejenigen seien, bei denen jemand sich im Augenblick des Todes eine spirituelle Erfahrung erhoffe. Das heißt nicht, dass der Tod nichts Spirituelles ist. Aber die beste Herangehensweise ist es, frei von Erwartungen zu sein.

Ein Samurai, der zunächst eine harte Schulung durchläuft, lernt am Ende, sein Wissen in die natürliche Intelligenz eines leeren und stillen Geistes zu verwandeln.

Egal, welcher Konfession wir angehören, wir werden sterben, ohne dass uns eine Glaubensgrundlage davor bewahrt, alles Bekannte zu verlassen. Kein Name mehr, auch kein Glaube wird bleiben, alles wird uns genommen. Es wird still. ***Dieu se montre que dans le silence!*** ‚Gott offenbart sich nur in der Stille’, rief mir zum Abschied der Benediktinermönch Pater Francis Acharya bei einem Besuch in seinem Ashram in Südindien zu.

Wir kommen nun zum Ende der Übung. … Atem Sie noch einige Male tiefer ein und aus. Strecken Sie sich, rekeln Sie sich, gähnen Sie, wenn nötig, und kommen Sie dann wieder in den Raum um Sie herum zurück.

13 Jenseitskontakte, Erscheinungen, Nahtod und Wiedergeburt

Über Jenseitskontakte

Ganz gleich, wie man sich dazu stellen mag, immer wieder tauchen Kontaktbeschreibungen mit anderen Welten auf. In meiner Praxis fanden sich schon zwei Patienten ein, die fest davon überzeugt waren, von Außerirdischen bedroht oder mitgenommen worden zu sein. Illobrand von Ludwiger, ein Astrophysiker[95], der sich mit solchen Phänomenen beschäftigt, empfahl mir nach längerem Telefonat, die Patienten über hypnotherapeutisches Arbeiten in Kontakt mit ihren Erinnerungen zu bringen, was beide jedoch ablehnten. Neben solchen ungeklärten Begegnungen mit Wesen aus Parallelwelten, so die Vermutung von Ludwiger, gibt es zahlreiche Berichte über Kontakte zu Geistwesen, die angeben, Lebenszeit in fleischlicher Existenz verbracht zu haben.

So verfasste beispielsweise die Klavierlehrerin Hella Zahrada vor fast 70 Jahren das erste Bändchen mit Ephides-Gedichten. Sie hörte in sich eine Stimme, die ihr von 1933 bis zu ihrem Heimgang im Jahre 1966 tiefsinnige Gedichte ‚durchgab'. Das geistige Wesen soll sich ihr mit dem Namen Ephides vorgestellt haben. Einige dieser Gedichte wurden in den 60er Jahren im Berliner Rundfunk ausgestrahlt. So teilte es ihr unter anderem mit:

Durch deine Augen schaue ich die Erde,
durch deine Seele seh ich sie verklärt,
seitdem ich leibbefreit und unbeschwert

zu neuen Fernen dringe, die mich riefen.
Ich bin nicht tot, und du bist nicht allein;
gebunden bleibt das Band, das uns verbindet.
Und wie dein Herz in mir den Schutz, so findet
das meine seine Erdenrast in dir,
wenn es, vergang'nem Leben zugewendet,
des Erdendaseins Sinn zu deuten strebt.
Und in dem Maße, als es sich erhebt,
hebt es zu neuem Fühlen auch das deine.
Durch deine Augen schaue ich die Erde –
du kannst durch meine jene Sphären sehn,
durch die wir Hand in Hand nun weitergehn,
bis wir den Ursprung allen Leuchtens finden.[96]

Der amerikanische Psychiater Wickland, der Anfang des 20. Jahrhunderts in den USA wirkte, erlebte mit seiner medial begabten Ehefrau, dass sich über sie Geistwesen in manchen seiner Erkrankten mitteilten. Der Psychiater schreibt, er habe anfangs versucht, den Geistwesen über seine Frau zu erklären, dass sie verstorben seien und die Besetzung der Kranken aufgeben sollten. Blieb dies erfolglos, wandte er elektrischen Strom an, um die Geistwesen aus den Kranken zu vertreiben. Zahlreiche Kranke habe er dadurch von ihren Belastungen heilen können. Die Behandlungen wurden 1952 unter dem Titel „Dreißig Jahre unter den Toten" auch ins Deutsche übersetzt.

In seinem Buch führt er aus, „dass wir Menschen hier noch eine völlig falsche Vorstellung von den Zuständen nach dem Tode hätten …, dass es in Wirklichkeit gar keinen Tod gebe, sondern nur einen ganz natürlichen Übergang von der sichtbaren zur unsichtbaren Welt, und dass die höher entwickelten Geister ständig nach Gelegenheit trachten, sich mit uns Menschen zu verständigen, um uns darüber zu belehren, welche ungeahnten Möglichkeiten zur Aufwärtsentwicklung als Geister uns drüben erwarten! – Aber das Sterben, die Loslösung des Geistes vom Körper, vollziehe sich so einfach und natürlich, dass die allermeisten den Wechsel kürzere oder längere Zeit gar nicht gewahr werden. Und da sie über die geistige Seite ihres Wesens nie belehrt worden sind, halten sie sich in ihrer Unwissenheit auch als Verstorbene noch weiter an den Stätten ihrer irdischen Wirksamkeit auf!"[97]

Darüber hinaus behauptet er, dass herumirrende Geistwesen „von der ‚magnetischen Aura' der Menschen angezogen werden, in diese eindringen und so ihre Opfer umlagern oder besessen machen; dabei braucht weder dem Geiste noch dem davon betroffenen Menschen von solcher Aufdringlichkeit etwas bewusst zu werden". Auf diese Weise komme es dazu, dass sie, „ohne es zu wissen …, Unheil und Elend" verursachten.[98]

Ich erinnere mich auch an einen solchen Fall aus Klingenberg/Main in der Nähe meiner Heimatstadt Miltenberg/Main, der sich 1976 zutrug. Ich war damals 15 Jahre alt, die Nachrichten über Teufelsaustreibungen waren zum allgemeinen Gesprächsstoff geworden. In diesem Jahr wurde der sehr gläubigen 23-jährigen, katholisch erzogenen Lehramtsstudentin Anneliese Michel, die – wie ich vermute – an einer paranoiden Schizophrenie oder einer schizoaffektiven Psychose und einer leichten Epilepsie litt, statt einer medizinischen Behandlung über Monate von den beiden Exorzisten Pfarrer Arnold Renz und Pfarrer Ernst Alt sowie anderen ‚Exorzismus-Touristen' der Teufel ausgetrieben. Anneliese Michel gab an, dass Judas, Lucifer, Nero, Kain und Hitler sich durch sie gemeldet hätten. Sie wurde als ‚Sühnebesessene' bezeichnet und starb schließlich ohne ärztliche Behandlung an Unterernährung.[99]

Es war die letzte amtliche Teufelsaustreibung in Deutschland. Sowohl die Erfahrungen Wicklands als auch die Teufelsaustreibung würde man nach heutiger schulmedizinischer Erkenntnis als schizophrenieforme Erkrankungen klassifizieren. Trotz der sehr bedenklichen Teufelsaustreibung im Fall der Anneliese Michel bestätigte der Papst die Existenz des Teufels und richtete neue Exorzistenkurse ein. Heute steht in Klingenberg eine Wallfahrtskirche, zu der Leute pilgern, die von der Heiligkeit der Verstorbenen überzeugt sind. Die wegen der Unterernährung aufgetretenen Blutungen und Schrunden an Händen und Füßen werden als

Wundmale Jesu gedeutet. Statt einer Strafverfolgung kam es lediglich zu einer Versetzung der Austreiber und des Pfarrers und zur Verurteilung zu einer Haftstrafe auf Bewährung. Die amerikanische Anthropologin Felicitas Goodman (Heidelberg) sah durch Michel die Existenz des Teufels bewiesen und verfasste eine seltsam anmutende Auseinandersetzung zu diesem Thema.

Obwohl manche der Berichte des Psychiaters Dr. Wickland interessant sind, bleibt das Thema der Besessenheit durch Geistwesen ungeklärt und die Behandlungsmethode der Austreibung von Geistwesen oder gar einer exorzistischen Teufelsaustreibung fragwürdig und hochproblematisch.

In vielen Kulturen gibt es allerdings seit alters her Kontaktformen zu Wesen aus einer anderen Dimension, die mithilfe von Medien über unterschiedliche Verfahren hergestellt werden. Beispielhaft sei hier, weil weniger bekannt, erwähnt, dass man in Japan über ein Medium (Japanisch: ***miko***) Kontakt zu Verstorbenen herstellen lässt. Das Medium hilft dann, noch offene Fragen zu beantworten. Auf diese Weise wird unter anderem auch Kontakt zu Selbstmördern hergestellt, um die Gründe zu beleuchten. Selbstmord wird in Japan nicht grundsätzlich abgelehnt, sondern kann auch als Läuterung ausgelegt werden. Auch die Einstellung der Samurai zum Tod bzw. zum Freitod wurde als Beweis ihrer Hingabe an ihren Feudalherren gesellschaftlich hoch geschätzt.[100]

Jenseitskontakte können nicht nur dem Versuch dienen, umherirrende Geister zu vertreiben, Trauer zu bewältigen und Erklärungen zu finden, sie können auch dazu dienen, Medien als Orakel zu nutzen oder Geistwesen in ihrer Funktion zu bestätigen. So bescheinigte der Dalai Lama einer Frau die regelmäßig wiederkehrende Besetzung durch ein Geistwesen als wahre Manifestation der Gottheit Lhamo Dolkar. Wöchentlich wurde die Frau von dieser Gottheit heimgesucht, die dann durch sie erstaunliche Heilungen vollzog. Laut Aussage des Mediums, in das die Gottheit eindringt, habe sie sich durch das Testat des Dalai Lama beruhigen lassen, heile weiterhin und dringe seitdem viel entspannter in sie ein.

In einem anderen Fall wird ein sogenanntes Orakel ebenfalls während der Trance von einem Geistwesen besetzt und erteilt Auskünfte zu verschiedensten Fragen der Dorfbewohner, zu deren Verhalten und zu den Absichten des Filmteams, das die Sitzung aufgezeichnet hat. Das Orakel hört danach zum ersten Mal die Aufzeichnung seiner völlig veränderten Stimme und der Sprache in einem anderen, antiquiert klingenden tibetischen Dialekt, den man in einer anderen Region vor 150 Jahren gesprochen haben soll.[101]

Über Erscheinungen

Neben solchen Kontakten mit Parallelwelten gibt es Berichte von der Erscheinung Verstorbener. Ein Beispiel dafür sind die Erscheinungen Jesu nach dessen Auferstehung, von denen die Evangelien berichten: die Erscheinung von Engeln, die Begegnung Maria Magdalenas mit Jesus am Grab, die Begegnung mit dem Auferstandenen auf dem Weg nach Emmaus und die Erscheinung des Auferstandenen in Jerusalem, wo zum Beweis der irdischen Erscheinung Jesu vor den Augen der Jünger Jesus einen gebratenen Fisch zu sich nahm. Diese Beispiele zeigen, dass der Umgang mit der jenseitigen Welt auch im Christentum Ausdruck gefunden hat und zu anderen Zeiten ein selbstverständlicher Umgang mit anderen Welten gepflegt wurde.[102]

Nicht selten findet man Berichte von Kontakten mit Verstorbenen in leiblicher Erscheinung. So wird von dem Begründer der Anthroposophie, Rudolph Steiner, berichtet, er habe als Kind seine Tante beim Spielen im Warteraum des Bahnhofs gesehen, so dass er schon vor seinem Vater, der Bahnhofsvorsteher war, gewusst habe, dass sie verstorben war.[103]

Ein anderes Beispiel liefert der Gröning-Autor Alfred Hosp, dem sein verstorbener Schwiegervater am Bett erschien, dem er erklären musste: „Aber Vater, ist dir denn nicht bewusst, dass du vor einiger Zeit in die geistige Sphäre hinübergewechselt bist? Du besitzt keinen irdischen Körper mehr und die Lebenden können dich überhaupt nicht wahrnehmen, weil du für diese Welt gestorben bist.“ Der Schwiegervater soll ihn erschrocken und ablehnend angeschaut und ausgerufen haben: „Gestorben? Was fällt dir ein? Du siehst doch, dass ich lebe! Ich kann mich frei bewegen, gehe dorthin, wohin ich gerade Lust habe; ich spreche mit dir und du gibst mir Antwort, also kann ich nicht gestorben sein!" Daraufhin habe er den Schwiegervater bei der Hand genommen und sich dessen Grabstein ins Gedächtnis geholt. Dem Schwiegervater sei es dadurch gelungen, seine Sterbedaten unter denen seiner Frau zu entziffern.[104]

Ich selbst habe einmal erlebt, dass ein Patient zusammen mit der Erscheinung einer alten Dame in meine Praxis kam. Diese Frau ging in gebückter Haltung, vermutlich an Morbus Bechterew leidend, nach ihm in den Praxisraum. Ihr Körper war lebensgroß, aber durchsichtig. Vollkommen gebannt schaute ich auf diese merkwürdige Begleitung und war fast außerstande, dem Patienten zuzuhören, geschweige denn zu berichten, was ich sah. Kurz nachdem er gegangen war, rief ich bei ihm zuhause an und beschrieb ihm die Erscheinung. Er erkannte darin seine vor zehn Jahren verstorbene Nachbarin, mit der ihn nicht aufgelöste Unstimmigkeiten verbanden. Sie hatte ihn in regelmäßigen Abständen zum Kaffee eingeladen, weil er unter anderem ihrem verstorbenen Sohn ähnelte. Seiner Ehefrau war dies nicht recht, so dass sie ihn drängte, nicht mehr hinzugehen. Er vermied es daraufhin, am Haus der Nachbarin vorbeizugehen, ohne offen zu sein und sich von ihr zu verabschieden. Stattdessen wählte er bis zu ihrem Tod einen Umweg. Wir vereinbarten, dass er sich nach dem Grab erkundigen und dort für sein Verhalten um Entschuldigung bitten sollte, um ihr den Weg in eine andere Welt zu ermöglichen. Der Patient kam danach weiterhin zu mir zur Behandlung, aber nie wieder in Begleitung.

Der geniale und zu Lebzeiten berühmte Naturforscher Emanuel Swedenborg, dessen geistiges Erbe heute noch vielerorts in Swedenborg-Gesellschaften gepflegt wird, wurde, wie er 1745 schreibt, in einer Gaststätte von einem Engel aufgesucht, der „alles Gewürm", das sich in seinem Körper durch übermäßiges Essen angesammelt hatte, aus seinem Körper sog und mit „lautem Getöse" verbrannte. Der Forscher verstand diesen Besuch als Ermahnung und Aufforderung, sich fortan geistigen Dingen zu widmen. Er zog sich in ein kleines Häuschen am

Stadtrand von Stockholm zurück, lebte nur noch von Gemüse, Milch und Brot, trug einen Fellrock für den Sommer und einen für den Winter und schrieb 25.000 Zeilen über das Jenseits, deren Inhalt er aus Visionen und Auditionen bezog. Er schreibt unter anderem: „Es gibt keine scharfe Trennung zwischen Leib und Seele. Alles bleibt in der Geisterwelt völlig gleich." In seinen Visionen geht es viel um die erfüllte Liebe zwischen Mann und Frau, die ihm selbst zu Lebzeiten nicht beschieden war. Nach seiner Vorstellung finden sich Liebende im Jenseits wieder und verbinden sich auf noch innigere Weise.

1771 schrieb Swedenborg seinem Freund John Wesley einen unerwarteten Brief, in dem er ihm erklärte, dass die Geisterwelt ihm die Absicht mitgeteilt habe, Wesley wolle ihn besuchen. Tatsächlich hatte Wesley geplant, Swedenborg nach seiner Italienreise aufzusuchen, und nannte ihm in seinem Antwortbrief das Datum. Wesley erhielt von Swedenborg die seltsame Antwort: „Das würde zu spät sein. Am 29. März gehe ich in die geistige Welt ein, um nie wieder von dort zurückzukehren." Tatsächlich starb Swedenborg am 29. März 1772 im Alter von 84 Jahren. Eine Dienstmagd, die bei ihm am Bett saß, berichtete, dass er um 17 Uhr heiter „in Erwartung einer Festlichkeit" aus der diesseitigen Welt verschied.[105]

Auch im Sterbeprozess können außersinnliche Wahrnehmungen, außerkörperliche Erfahrungen, Visionen oder Bilder auftauchen, die auf die Existenz einer geistigen Welt hindeuten. Die häufigsten Phänomene im Sterbeprozess sind:

- die Erscheinung Verstorbener
- die Anwesenheit von Geistwesen
- Jenseitsvisionen[106]

Der Psychoanalytiker C. G. Jung erlebte kurz vor seinem Tod im Jahr 1944 eine außerkörperlichen Wahrnehmung, in der er sich oben im Weltraum sah, und berichtet: „Ich wusste, dass ich im Begriff war, von der Erde wegzugehen. … In geringer Entfernung erblickte ich im Raume einen gewaltigen dunklen Steinklotz, wie ein Meteorit. … Im Weltall schwebte der Stein und ich selber schwebte im Weltall …, ich hatte das Gefühl, als ob alles Bisherige von mir abgestreift würde …, ein schmerzlicher Prozess. Aber etwas blieb, denn es war, als ob ich alles, was ich je gelebt oder getan hätte, alles, was um mich geschehen war, nun bei mir hätte …, es gab nichts mehr, das ich verlangte oder wünschte, sondern ich bestand sozusagen objektiv: ich war das, was ich gelebt hatte … Ich hatte die Gewissheit, dass ich in einen erhellten Raum kommen und alle diejenigen Menschen antreffen würde, zu denen ich in Wirklichkeit gehöre. Dort würde ich endlich verstehen, in was für einen geschichtlichen Zusammenhang ich oder mein Leben gehörten. Ich würde wissen, was vor mir war, warum ich geworden bin und wohin mein Leben weiter fließen würde. Mein gelebtes Leben war mir oft wie eine Geschichte vorgekommen, die keinen Anfang und kein Ende hat …“[107]

Über Nahtod

In den letzten Jahren sind zahlreiche Bücher über Nahtoderlebnisse erschienen. Menschen, die aus dem Koma zurückgeholt wurden, berichten von vergleichbaren Erfahrungen. Bekannt wurde dieses Thema auch durch den amerikanischen Arzt Raymond A. Moody (geb. 1944), US-amerikanischer Psychiater und Philosoph, der sich eingehend mit Forschungen um den Grenzbereich zwischen Leben und Tod auseinandersetzt. Bereits während seines Studiums wurde er durch den Arzt George Ritchie mit Nahtod-Erfahrungen konfrontiert und begann sich für die Hintergründe zu interessieren. Da seinerzeit noch keine Forschungen zu diesem Thema existierten, wagte er sich mit seinen systematischen Untersuchungen von Nahtod-Berichten auf wissenschaftliches Neuland. Seine ersten Untersuchungsergebnisse über 150 derartiger Fälle veröffentlichte er 1975 unter dem Titel „Life After Life“.[108] Hierin berichtet Moody von dem bekannten Fall des Dr. George G. Ritchie, der 1943 eine Nahtoderfahrung auf dem OP-Tisch hatte und neun Minuten lang für klinisch tot erklärt wurde.[109]

Abb. 9: Eintritt der Seele in das göttliche Licht, Hieronymus Bosch

Die Schulmedizin steht solchen Erfahrungen skeptisch gegenüber und bezeichnet solche Wahrnehmungen als akustische, optische oder haptische Halluzinationen, die sich aufgrund von Stoffwechselstörungen des Gehirns ereignen. Hierzu zählen sowohl außersinnliche Wahrnehmungen, wie das Sehen von Aliens, Engeln, Elfen etc., als auch außerkörperliche Wahrnehmungen. Es soll sich bei solchen Erfahrungen um eine höhere neurochemische Aktivität der Seitenlappen (Temporallappen) des Gehirns handeln. Die vermehrte Ausschüttung des Neurotransmitters Dopamin soll in ursächlichem Zusammenhang damit stehen. Verabreicht man Versuchspersonen Dopamin, so sind auch sie in der Lage, Dinge zu sehen, die sie sonst nicht wahrnehmen würden.[110] Solche Erfahrungen treten nach medizinischer Vorstellung sowohl im Traum als auch im Wachzustand auf, und zwar dann, wenn die Balance zwischen der gehirneigenen Körperkarte und dem physischen Körper gestört ist. Eine weitere Theorie geht davon aus, dass kleinste epileptische Anfälle in diesen Hirnarealen Wahrnehmungsverzerrungen auslösen können, die den beschriebenen Erfahrungen ähneln.

Von Menschen, die über längere Zeit hinweg (Stunden oder Tage) für klinisch tot erklärt wurden, gibt es keine Berichte über das Jenseits. Tatsächliche Nahtod-Erfahrungen (near-death experience, NDE) können in den unterschiedlichsten Situationen auftreten, wie z. B. bei einem Herzstillstand, im Koma, nach einem Suizidversuch, aber auch bei schweren psychischen und körperlichen Krankheiten (Depressionen, Psychosen, Krebs, Unfällen). Sie können sich positiv auf das Verhältnis zum Tod auswirken, allerdings in selteneren Fällen zu einer Negativerfahrung werden, wenn der/die Betroffene dabei von Zweifeln und Ängsten geplagt wurde. Zu Nahtod-Erfahrungen rechnet man ebenfalls auch sogenannte Nahtod-Kontakte zu Verstorbenen.

Nahtod-Erfahrungen sind nicht selten. Nach einer Untersuchung des Gallup-Poll-Instituts in den USA haben 5 % der Befragten eine NDE erlebt. Im Zentrum aller Untersuchungen stehen die sogenannten außerkörperlichen Erfahrungen, mit denen eine NDE häufig beginnt. Von einer außerkörperlichen Erfahrung (out-of-body experience, OBE) spricht man, wenn die Betroffenen glauben, dass sie sich aus ihrem Körper entfernt haben. Sie haben den Eindruck, bei klarem Bewusstsein ihren Körper von einem Punkt im Raum aus zu sehen, meist von oben aus der Draufsicht. Die Betroffenen merken, dass die Kommunikation zwischen ihnen und den anwesenden Personen nicht mehr möglich ist. Ihre Gemütslage beschreiben sie als wechselhaft; sie bewegt sich zwischen Freude mit dem Wunsch, die Reanimation möge nicht fortgesetzt werden, und der Sorge um Nahestehende, die zurückbleiben. In der Fachzeitschrift „Report Psychologie" zum Thema Nahtod-Erleben schildern Betroffene, dass sie sich von einer fernen Macht angezogen fühlten, während andere Berichte von eine Art Annäherung an ein Licht erzählen. Alle Betroffenen erlebten das Beschriebene als ganz real. Medizinische Untersuchungen stellten fest, dass Nahtod-Erfahrungen zu anhaltenden Veränderungen im Bewusstsein der Betroffenen führen, die sie selbst als positiv erleben. Ihr Interesse an Spiritualität nimmt im Allgemeinen zu, allerdings nicht das Interesse an Religion und Kirche, das eher zurückgeht. Menschen, die nach einem Selbstmordversuch überlebten und Nahtod-Erfahrungen machten, konnten erkennen, dass es die Möglichkeit, sich selbst zu töten, gar nicht gibt.

Beeindruckend ist, mit welcher Detailgenauigkeit Abläufe, wie zum Beispiel während der Reanimation im Operationssaal, beschrieben werden, die sich anhand der Reanimationsprotokolle exakt verifizieren lassen. Manche Menschen sehen Wesen, z. B. einen Schutzengel, oder hören Anweisungen wie z. B., es sei noch nicht Zeit zu gehen. Eine 16-Jährige schreibt über ihre Erfahrung nach einem Suizidversuch: „Ich bekam gezeigt, wie schön mein Körper war und überhaupt jeder Körper. Ich bekam gesagt, dass mein Körper ein Geschenk war und dass ich darauf aufpassen und ihn nicht umbringen sollte. Als ich das hörte, schämte ich mich sehr für das, was ich getan hatte, und hoffte, dass ich weiterleben würde."[111] Aufgrund einer eigenen Nahtod-Erfahrung kann ich die vorgestellten Berichte bestätigen.

Der Neurologe Oliver Sacks[112] ist der Ansicht, dass außerkörperliche Erfahrungen (out-of-body experiences) – anders als Nahtod-Erfahrungen

– eine komplexe Wahrnehmungstäuschung seien. Nahtod-Erfahrungen zeigten dagegen seiner Ansicht nach alle Kennzeichen einer mystischen Erfahrung. Sie seien Zeugnisse geistiger Zustände, die zeigen, dass Bewusstheit über die körperlichen Grenzen hinausreiche. Ich halte die Unterscheidung von außerkörperlichen Erfahrungen und Nahtod-Erfahrungen für fragwürdig, weil Nahtod-Erfahrungen mit außerkörperlichen Erfahrungen einhergehen können und sich die Erfahrungsbeschreibungen überlappen.

Zusammenfassend möchte ich die von Moody angegebenen Erscheinungen aufführen, die seiner Meinung nach Nahtod-Erfahrungen begleiten können. Es sind vor allem:

- Wahrnehmung eines unangenehmen Geräusches (Läuten, Brummen)
- Bewegung durch einen langen, kleinen, dunklen Tunnel
- Der Betroffene befindet sich plötzlich außerhalb seines Körpers und nimmt seine Umgebung wahr.
- Erkennen, dass er/sie weiterhin eine Art ‚Körper' besitzt, der sich jedoch vom menschlichen Körper unterscheidet
- Andere Wesen, oft bekannte Verstorbene, nähern sich, begrüßen ihn/sie.
- Erscheinung eines Lichtwesens, das gelegentlich mit Christus oder anderen religiösen Figuren gleichgesetzt wird
- Das Lichtwesen richtet ohne Worte eine Frage an den Sterbenden, die ihn zu einer Bewertung des eigenen Lebens führen soll.
- Zeitlose Rückschau über das eigene Leben
- Annäherung an eine ‚Schranke', die die Scheidelinie zwischen Leben und Tod symbolisiert
- Widerstand gegen die Erkenntnis, dass er/sie wieder ins Leben zurückkehren muss
- Gefühl umfassender Freude, Liebe und Friedens
- Mitteilungsversuche an die Ärzte und die Umstehenden
- Folgen im Leben (betroffene Personen nehmen das Leben tiefer und erweitert wahr, setzen sich mehr mit großen philosophischen Grundfragen auseinander)

- Neue Sicht des Todes (Personen, die immer Angst vor dem Tod hatten, sind nun entspannt und furchtlos)[113]

Über Wiedergeburt

Der Namen viele trug ich durch die Zeit,
von ihrer Last hat mich die Zeit befreit …
Von manchen bröckelt Ruhm wie Blattgold ab
und sinkt zu längst Vergessenem hinab …
In jedem Bild gemahnt ein Zug an mich,
ein Zug, nicht mehr, erst alle sind mein Ich![114]

In diesem Gedicht beschreibt das Geistwesen zahlreiche Wiedergeburten und sieht alle diese Inkarnationen als vergängliche Wesenszüge der einen Schöpfung, die ebenso alle sichtbaren und nicht sichtbaren Formen ***ist***.

Was und wie es nach dem Tod sein wird, weiß letztlich niemand. Umso vielfältiger sind die Vorstellungen davon, die sich in vielen Kulturen entwickelt haben. Sie stehen jedoch nicht als eine hermetische, nur die Existenz nach dem Tod betreffende Daseinsform da, sondern haben eine direkte Verbindung zum realen Leben. Oftmals bestimmen solche Vorstellungen das Verhalten einzelner Menschen und Glaubensgemeinschaften.

Ideen von Wiederverkörperung fanden in den letzten Jahrzehnten in der westlichen Welt immer mehr Verbreitung, nicht zuletzt auch deshalb, weil der Gedanke an eine Wiedergeburt für viele etwas Reizvolles hat. Mehrere Leben in der Vergangenheit und in der Zukunft können uns die Vorstellung geben, mehr Zeit zur Verfügung zu haben, um noch mehr auszuprobieren und uns besser verwirklichen zu können.

Innerhalb der christlichen Welt gibt es mit Blick auf das Leben nach dem Tod zwei Auffassungen oder ‚Schulen', die bis heute Gültigkeit haben. Die römisch-katholische Kirche vertritt die Auffassung, dass sich im Tod die Seele vom Körper trennt und zu Gott begibt. Für die Sünder findet zuvor eine Reinigung und Läuterung als Strafe im sogenannten Fegefeuer statt. In Abgrenzung dazu vertritt die protestantische Kirche den Ganz-Tod. Der Mensch stirbt mit Leib und Seele und wird von Gott erweckt und neu geschaffen. Einen unzerstörbaren Seelenkern gibt es nicht. Erst in der Auferstehung erhält der Mensch einen neuen Leib.

Das Alte Testament kennt, zumindest in seinen älteren Teilen, kein Weiterleben nach dem Tod. Der Tod wird manchmal als Strafe gesehen, meist als eine Mahnung, eine Erinnerung an die Vergänglichkeit alles Irdischen. Begriffe wie Verdammung und Allversöhnung sind theologisch umstritten.

Jedoch gab es auch im Christentum die Vorstellung einer Seelenwanderung, vertreten durch den einflussreichen christlichen Theologen und Philosophen Origenes (185-254).[115] Origenes lehrte die Präexistenz der menschlichen Seele. Sein Konzept der Seelenwanderung war umstritten und wurde im Jahr 553 auf dem Zweiten Konzil von Konstantinopel abgelehnt. Die Vorstellung einer Allversöhnung (Origenes: ***Anakephalaiosis***) wird heute aber immer wieder ins Gespräch gebracht: Kann denn ein Mensch wirklich glückselig sein, wenn er weiß, dass andere Menschen den Zustand der Glückseligkeit noch nicht erreicht haben, davon ausgeschlossen sind?

In östlichen Religionen ist die Idee der Wiedergeburt fest verankert und dient dazu, negatives ‚Karma' und damit fehlerhaftes, selbst- und fremdschädigendes Verhalten abzuarbeiten. Die Ursache schlechter Verhaltensweisen sehen Buddhisten – und hier gibt es Ähnlichkeiten zu den christlich-jüdischen und islamischen Vorstellungen und denen anderer Religionen – in Gier, Hass, Missgunst etc. und damit in der Verkennung der Wirklichkeit als einer einzigen Existenz und der rechten, gottergebenen Gesinnung. Wiedergeburt erfolgt nach buddhistischer Vorstellung so lange, bis ein reiner Bewusstseinszustand ohne Ich-Verhaftungen erreicht ist.

Buddha sagte: „Es gibt ein Ungeborenes, Ungewordenes, Unerschaffenes, Ungestaltetes. Wenn es dieses Ungeborene, Ungewordene, Unerschaffene, Ungestaltete nicht gäbe, so wäre hier ein Ausweg aus dem Geborenen, Gewordenen, Erschaffenen, Gestalteten nicht zu erkennen. Weil es nun aber ein Ungeborenes, Ungewordenes, Unerschaffenes, Ungestaltetes gibt, deshalb ist ein Ausweg aus dem Geborenen, Gewordenen, Erschaffenen, Gestalteten zu erkennen."[116]

Der Dalai Lama wurde allerdings auch zum Thema Wiedergeburt befragt und ob er sich an seine letzte Wiedergeburt erinnere. Seine Antwort war, er wisse oft nicht einmal mehr, wo er am Vorabend seine Schlüssel liegen gelassen habe, wie solle er sich also an seine Wiedergeburt erinnern? Auf die weitere Frage, ob er glaube, der soundsovielte Dalai Lama in Folge zu sein, sagte er fröhlich, er sei sich dessen nicht sicher, sondern eher skeptisch. Vielleicht führe sein Laster, gerne ab und zu Honig zu naschen, ja dazu, dass er im nächsten Leben als Honigbiene wiedergeboren werde. Diese Doppeldeutigkeit verwundert umso mehr durch die Tatsache, dass er dem neugeborenen Sohn der Spanierin Maria Torres die Wiedergeburt des Lamas Yeshe Rinpoche (1986) bescheinigte.[117] Es liegt die Vermutung nahe, dass selbst der Dalai Lama in seiner Haltung zum Thema Wiedergeburt noch keine eindeutige Einstellung gefunden hat.

Der indische Zen-Meister AMA Samy ist der Ansicht, dass in den Vorstellungen zur Wiedergeburt und in den Hoffnungen auf Wiedergeburt „zu viel Egoismus" stecke. AMA Samy lehnt, wie der deutsche Zen-Meister Michael von Brück, die Vorstellung von Reinkarnation ab, weil sie für ihn „kein Weg zu Befreiung und Erwachen"[118] ist. Brück widerlegt die allgemeinen Vorstellungen von Wiedergeburt und kommt zum Schluss, dass die „Wiedergeburtslehre kaum eine logische widerspruchsfreie Theodizee" präsentieren kann und es sich „um Aussagen des Glaubens" handele.[119]

Auch der als Heiliger verehrte Inder Ramana Maharshi sagt dazu: „Bist du denn geboren? Warum denkst du über andere Geburten nach? Tatsache ist, dass es weder Geburt noch Tod gibt … Was geboren wurde, muss ein Ende haben. Die Verblendung ist nur eine Begleiterscheinung des Egos. Sie erhebt sich und versinkt wieder. Aber die Wirklichkeit erhebt sich nicht und versinkt nicht. Sie bleibt ewig bestehen."[120]

Ich selbst lehne den Gedanken an Wiedergeburt nicht ab, teile aber die Befürchtung vor einer allzu großen Ich-Verhaftung durch die Beschäftigung damit, weil es meiner Ansicht nach – wie in dem Gedicht zu Beginn beschrieben – darum geht, alle ego-erhaltenden Anhaftungen aufzugeben. Dazu muss man die Erfahrung machen, dass man ***selbst*** diese eine Schöpfung ist, dass alle anderen Formen ***auch*** diese eine Schöpfung sind, ja, dass man selbst der andere ist und wie dieser auch nur diese eine Schöpfung ist. Selbst der Boden unter den Füßen, der Tisch vor Ihnen und der Stuhl, auf dem Sie sitzen, sind nichts anderes. Diese Ansicht ist physikalisch einleuchtend, wenn man bedenkt, dass alles aus mehr oder weniger verdichteten elektrochemischen Verbindungen besteht und Materie nur durch Verdichtung von mit hohen Geschwindigkeiten kreisenden Teilchen Festigkeit erhält.

Reinkarnation als fixe Vorstellung könnte die Entwicklung eines Menschen behindern. Wenn man nämlich in anderen Verkörperungen ein neues Leben beginnen könnte, müsste man sich in der aktuellen Verkörperung weniger Mühe geben, die eigene Entwicklung zu fördern. Man hätte dafür ja später noch Zeit.

Buddhisten gehen davon aus, dass bei einer Wiedergeburt bestimmte Eigenschaften aus einem früheren Dasein weitergegeben werden und die im leeren Raum schwebende Seele sich passend dazu eine genetische Struktur sucht, die diesen Eigenschaften mehr oder weniger gerecht wird. Höhere Lebewesen können sich nach buddhistischer Überzeugung sogar in den Eigenschaften aufteilen und in verschiedenen Lebewesen zur gleichen Zeit wiedergeboren werden. Vielleicht könnte man auch das Auftreten von Stigmata (Wundmale Jesu) als eine Teilwiedergeburt betrachten. Empfindungen und Erfahrungen, die sich in der Seele aus früheren Daseinsformen eingebrannt haben, werden in einem neuen Körper aktiviert und mit der Entstehung eines neuen Lebens zum Ausdruck gebracht. Einige Heiler, Psychologen und Ärzte sind der Ansicht, dass bestimmte Krankheiten oder psychische Störungen aus anderen Daseinsformen stammen, und setzen an diesem Punkt an, um die körperliche oder psychische Gesundheit wiederherzustellen.

Eine dieser Behandlungsmethoden ist die Reinkarnations-Hypnose. Nach Meinung mancher Autoren kann sie Szenen aus früheren Leben auftauchen lassen. Es finden sich zu diesem Thema Filmmaterial und Tonaufzeichnungen mit zumindest teilweise nachprüfbaren Angaben. So geben eine Vielzahl von Rückführungsberichten verschiedenster Reinkarnationstherapeuten Rätsel auf, besonders dann, wenn die in Trance versetzten Personen genaue Details aus früheren Lebenszeiten, deren Geburt, Verlauf und Sterben berichteten. Manchmal kommt es vor, dass die Betreffenden Wörter aus einer anderen Sprache gebrauchen oder zu Dialekten wechseln, die sie vorher nie gesprochen haben.

Ich selbst erinnere mich an die Rückführung eines 17-jährigen ‚Schlägers', der in der Pubertät durch sein aggressives Verhalten immer auffälliger wurde. Auf kleinste Spannungen begann er wild um sich zu schlagen. Ein Kollege führte bei diesem Patienten eine Reinkarnations-Hypnose durch, die aufgezeichnet wurde. In der Aufnahme sprach der schwäbische Patient einen norddeutschen Dialekt, schrie verzweifelt im Todeskampf. Er berichtete von russischen Soldaten, die seine Einheit im Jahr vor dem Ende des Zweiten Weltkriegs einkesselten, nannte russische Waffensysteme und beschrieb sein Sterben im Alter von ebenfalls 17 Jahren kurz vor Kriegsende. Der Kollege konnte dem Patienten in der Hypnose vermitteln, dass seine aggressiven Reaktionen aus einer anderen Zeit stammen und nur irrtümlicherweise wieder aufflackerten. Nach Ansicht des Kollegen war es so möglich, dessen aggressives Verhalten komplett aufzulösen.

Interessant ist auch die Rückführungshypnose, die der Komiker Hape Kerkeling in seinem Buch „Ich bin dann mal weg" beschreibt. In ihr sieht er sich in einem Franziskanerkloster, ebenfalls gegen Ende des Zweiten Weltkriegs, in der Nähe von Breslau. In diesem Kloster sei eine jüdische Familie mit zwei Kindern versteckt gehalten worden, die schließlich von Deutschen entdeckt und abtransportiert worden war. Weiter sieht er sich mit den Mitbrüdern vor der Klostermauer stehen, laut rufend ‚Ich will nicht sterben!', worauf einer der Mitbrüder ihn mit den Worten ‚Johannes, wir gehen den Weg des Herrn. Unser Weg ist zu Ende', angebrüllt habe. Er schreibt, dass es ihm bewusst war, wo er sich befand, er aber dennoch aus der Trance-Geschichte nicht habe ausbrechen können. Weiter schreibt er: „Es knallt. Ich bin erschossen worden. Es ging ganz schnell und nun bin ich tot. Und zittere als ein Licht irgendwo im Raum. Die anderen sieben Funken drehen sich immer schneller, entfernen sich von mir und verschwinden. Mir gelingt das nicht. Drei nicht beschreibbare, diffuse Lichtgestalten kommen mir entgegen und beruhigen mich und eine von ihnen sagt: ‚Ein ganzes Leben hast du ohne Zweifel geglaubt, warum nicht in diesem Moment? Warum nicht?'"[121]

In gleicher Weise schreibt Thorwald Detlefson über einen Rundfunkjournalisten, der nach Rückführung in ein „Vorleben als Tuchhändler im Jahre 1755 genau die Stoffmenge für einen Anzug in Ellen" angab, mit Talern rechnete und von einer Hungerkatastrophe im Jahre 1732 berichtete, „die schließlich später in einer Chronik verifiziert werden konnte."[122]

Bei den genannten und anderen Rückführungen wird der Augenblick des Todes als schön beschrieben. Auf die Frage des Hypnotiseurs nach dem Empfinden im Zustand des Todes gab die Klientin folgende Antwort: „Ich kann alles sehen und wahrnehmen, aber ich bin überall und nirgends … Alles ist ausgeglichen und ruhig und du kannst dir wünschen, wo du sein willst … einfach nur durch Gedanken – denn du hast ja keinen Körper mehr … Jetzt ist es zwar harmonisch und ausgeglichen …, aber es gibt keine Höhen und Tiefen mehr."[123]

Die Frage an die Versuchspersonen, ob sie sich eine Wiedergeburt wünschten, wird hingegen fast ausschließlich verneint, weil der Zwischenzustand als unbeschwert und befreit beschrieben wird. Der Grund für die Wiedergeburt wird dadurch erklärt, dass die Klienten nicht willig waren, „das Schicksal so zu nehmen, wie es eben ist", und das Beste daraus zu machen. Im Wortlaut einer Klientin: „„… wenn ich schlimm Durst hab, ja, und ich seh ein Glas, das ist noch halb voll mit Wasser, dann darf ich nicht sagen, ach, das ist ja nur noch halb voll, sondern ich muss sagen: Gott sei Dank, das ist noch halb voll."[124] [

Eine Patientin, die in der Kindheit mit Ratten gespielt hatte und im frühen Erwachsenenalter aus unerklärlichen Gründen eine Rattenphobie entwickelt hatte, änderte in der Therapie in Rückführungshypnose in ein anderes Leben im Gegensatz zu ihrem sonstigen Sprachduktus und Dialekt ihre Aussprache und begann ein breites Schwäbisch zu sprechen. Unter Hypnose gab sie an, aus der Nähe von Teinach zu sein, und berichtete, wie sie von einem Herzog eingesperrt wurde, weil ihr Mann seine Abgaben nicht entrichtet hätte. Unter Hypnose sah sie sich im Turm der Burg des Herzogs verhungern und wie Ratten an ihr nagten. Von ihrem Sterben sagt sie: „Die habet mi verhungere lasse – jetzt kommet se d' Trepp runter – einer tritt mi mit 'em Fuß – nei, net mi, aber – aber mein Körper, der da liegt – er tritt mit 'em Fuß in die Seite und sagt, i soll aufstehe und mitkomme, aber des geht ja überhaupt net – i bin ja tot – dann sagt einer: ‚I glaub, die isch verreckt'. Oder so was und die fette Ratte, die fresset an mei'm Körper rum."

Therapeut: „Wenn du dir das jetzt anschaust, wie diese Ratten da fressen, was empfindest du dabei?"

Patientin: „Nichts, das ist ja nur das Äußere – die fresset ja nur das Äußere – das macht mir ja nichts. Wenn die da immer unten sind – die müssen doch Hunger haben – die kriegen ja nichts zu fressen, und dann sollen die ruhig da rumfresse – ich spür das nicht mehr."[125]

Durch die Behandlung konnte die Patientin die Rattenphobie in den zeitlichen Rahmen eines anderen Daseins einordnen, so dass sich die Angst vor Ratten auflöste.

Passend auf den Punkt gebracht schreibt Hanns-Hermann Kersten in seinem Gedicht „Nach dem Tod":

Wenn ich mal tot bin, werd ich erst lebendig,
die Würmer rollen an mit viel Hallo,
ich bin zwar kalt, doch gut, und allen spend ich
ein schönes Fresschen samt Kompot.

Das Tischlein wäre reich gedeckt,
ich hoffe, dass es allen schmeckt.
Und dass kein Wurm beim Essen meckert
und keiner meinen Sarg bekleckert![126]

Abb. 10: Eine Versuchsperson nennt unter Hypnose ihr Geburtsdatum 1812 und schreibt ihren früheren Daseinsnamen Claudia Röder in einer Schreibschrift, ähnlich der in dieser Zeit üblichen deutschen Kurrentschrift, die sie vor der Hypnose nicht kannte.[127]

Neben der Beschreibung von Leichtigkeit im Zustand des Austritts der Seele aus dem Körper wird auch der Wiedereintritt in Materie wie ein Angesaugtwerden beschrieben. Die Klienten erklären, dass eine befruchtete Eizelle auf herumschwebende Seelenkörper eine Art Sogwirkung ausüben und die Seele zum Eintritt in die befruchtete Eizelle bewegen. Auf die Frage des Hypnotiseurs, wie sich der Eintritt denn anfühle, antwortet die Klientin: „Nee, schwierig nicht, aber – es tut auch nicht weh oder es ist auch nicht unangenehm … stell dir mal einen riesigen Staubsauger vor, ja, und der zieht dich da rein oder so was Ähnliches …, aber es tut nicht weh …" und nach dem Eintritt in eine Verbindung von Eizelle und Samenzelle: „… hm das Ding, wo ich drin bin, das wächst – aber es geht ziemlich langsam eigentlich – das ist, als wenn dir jemand ganz, ganz langsam alle Glieder langziehen würde, … man bekommt wieder Gestalt."[128]

Nach der Embryonalzeit wird in den Beschreibungen die Geburt zumeist als unangenehm, beengend, belastend bis traumatisch erlebt.[129] Nach diesen Beschreibungen könnte man sich fragen, ob man den Austritt der Seele im Sterben nicht feiern und die Geburt eines Kindes zur Trauerfeier erklären sollte.

Interpretiert man den christlichen Gedanken von Tod und Auferstehung – auch wenn dies nicht kirchlicher Lehrmeinung entspricht – als ein Kontinuum, so könnte man sich fragen, ob eine Seele nicht unzählige Male Tod und Auferstehung durchläuft, bis sie schließlich ganz auferstanden in Gott erlischt, wie dies in der Aussage Jesu „Ich und der Vater sind eins" (Joh.1030) zum Ausdruck kommt. In einem solchen Einheitszustand, könnte man vermuten, ist Sterben und Wiedergeborenwerden selbst in jedem Augenblick nichts anderes als der Ausdruck des einen schöpferischen Ganzen in seiner Vollkommenheit.

Ist dann die Zeit zwischen der Auferstehung Jesu (Ostern) und Christi Himmelfahrt (40 Tage danach) als ein Zeitraum zu verstehen, den selbst die in Gott vereinte Seele braucht, bis sie sich von der irdischen Sphäre löst, um ganz mit der einen Schöpfung zu verschmelzen? Kann sie sich aus einem solchen Einheitszustand wieder lösen und in eine fleischliche Form zurückkommen? Buddhisten sagen ja und gehen sogar davon aus, dass weitentwickelte Seelen sich in Notzeiten von selbst und durch Fürbitte wieder in fleischlicher Form zeigen können. Auch nach buddhistischer Auffassung gehen die Verstorbenen nicht unverzüglich in eine andere Welt hinüber, sondern der Geist des Verstorbenen bleibt ebenfalls noch für mindestens 49 Tage in der Welt der Lebenden. Danach könne es unmittelbar oder zu späteren Zeitpunkten zur Wiedergeburt kommen (in manchen buddhistischen Schulen nicht unbedingt als Mensch). Der Geist des Verstorbenen verweile gewissermaßen an den Rändern der Welt der Lebenden bis zum Augenblick seiner Materialisation.

Vorstellungen über ein Jenseits und die Wanderung von Seelen im Jenseits gibt es in vielen Kulturen. Detaillierte Beschreibungen finden sich bei vielen indianischen Stämmen ebenso wie im Ägyptischen Totenbuch. Auch in verschiedenen afrikanischen Kulturen glaubt man an eine höhere Form der Existenz, wie zum Beispiel das Eintreten in „Mahoka“, das Reich der lebenden Toten.[130]

Eine Legende aus dem Mittelalter erzählt die Geschichte zweier Mönche, die sich gemeinsam Vorstellungen über das Jenseits machten. Nachdem einer der beiden Mönche starb, soll er dem andern vom Jenseits aus übermittelt haben, dass es dort weder ***taliter*** ‚genauso wie hier’ noch ***aliter*** ‚anders’, sondern vielmehr ***totaliter aliter***, also ‚ganz anders’ sei.[131]

Bei vielen Jenseitsvorstellungen, die mit der Vorstellung von einem Weiterleben in einer anderen Sphäre verbunden sind, geht es um eine Bewertung der Taten zu Lebzeiten vor einer Art ‚Gericht’ mit entsprechenden Auflagen für den Betreffenden.

Hindus glauben an die Reinkarnation, Buddhisten an die Wiedergeburt. Unter Reinkarnation verstehen die Hindus, dass es eine Art Seelenkörper aus Bewusstseinsinhalten (Sanskrit: ***Klesha***; dt.: Plage, Beflekkung, Leidenschaft) gibt, der sich bei einer Zeugung an ein karmisch passendes Ei und eine Samenzelle heftet, über Zyklen von Wiedergeburt von Körper zu Körper wandert und sich dabei in der Abfolge vieler Leben immer mehr reinigt, bis er absolute Vollkommenheit erreicht hat und sich im Absoluten (Sanskrit: ***Dharmakaya***) auflöst. Die buddhistische

Idee der Wiedergeburt besagt dagegen, dass alle Formen vergänglich und einem steten Wandel unterworfen sind und als immer wieder neue Formen innerhalb eines geistigen Kontinuums hervortreten. Wenn sich der Körper nach dem Tod zersetzt, hört zwar das individuelle Bewusstsein auf zu existieren, nicht aber das Kontinuum des subtilen Bewusstseins, das ohne Anfang und ohne Ende ist. In diesem Geist, dem allwissenden Buddha-Geist oder der Buddha-Natur, dem Speicherbewusstsein (Sanskrit: ***Ālāya***-Bewusstsein), löst sich das Ich-Bewusstsein auf, wenn es vollständig von allen Geistesgiften (Verhaftungen) gereinigt ist.

Nach buddhistischer und hinduistischer Vorstellung handelt es sich um eine Weiterentwicklung des Bewusstseins, um einen Reinigungsprozess, an dessen Ende die Auflösung im ewigen Bewusstseinsstrom steht. Jede Form entsteht nach buddhistischer Vorstellung durch kosmische Verdichtung aus einem nicht sichtbaren, energetischen Substrat und wandelt sich ständig auf der Ebene der phänomenalen Welt der Formen, die dem Prozess der Vergänglichkeit unterworfen sind, von der Geburt bis zum Tod der jeweiligen Form. Geburt und Tod sind konzeptuelle Bezeichnungen für Vorgänge in der phänomenalen Welt; das Absolute bleibt immer das, was es ist. Die Kontinuität des Daseins (Pali: ***dhamma-santati***) bleibt unwandelbar, obwohl es in der manifesten Welt in den verschiedenen Formen eines Wandlungsprozesses erscheint.

Menandros, ein indo-griechischer König, der sich im 1. Jahrhundert vor unserer Zeitrechnung mit dem buddhistischen Mönch Nāgasena zum Thema Wiedergeburt austauscht, erhält dazu die folgende Antwort:

„Man werde weder als derselbe noch als ein anderer wiedergeboren. … Da ein Zustand gewissermaßen den nächsten nur anstößt, der Anstoß selbst aber nur als Wirkung fortbesteht, bleibt nichts bestehen, weil der ursprüngliche Zustand in demselben Moment vergeht, in dem der folgende entsteht. … ‚Erinnerst du dich vielleicht, oh König, dass du als Knabe von deinem Lehrer ein Gedicht gelernt hast?' ‚Gewiss, o Herr.' ‚Wie nun aber, o König, ist etwa jenes Gedicht von deinem Lehrer zu dir hinübergewandert? … Ebenso … wird man wiedergeboren, ohne dass dabei irgendetwas hinüberwandert."[132]

Der Inder Ramana Maharshi (1879-1950) hatte mit 17 Jahren eine außerkörperliche Erfahrung (out-of-body experience). Dabei löste sich seine Angst vor dem Tod gänzlich auf. Anschließend ließ er sich mit 18 Jahren in einer Höhle des heiligen Bergs Arunachala nieder und blieb dort bis zu seinem Lebensende. Als er den außerkörperlichen Zustand erlebte, sagte er zu sich: „‚Jetzt ist der Tod gekommen, was bedeutet das? Was ist es, das stirbt? Es ist der Körper, der stirbt.' … Ich hielt den Atem an und presste meine Lippen zusammen, so dass ich weder das Wort ‚ich' noch irgendein anderes Wort äußern konnte. ‚Nun', sagte ich zu mir selbst, ‚dieser Körper ist also tot. Er wird erstarren und man wird ihn zur Verbrennungsstätte tragen und dort wird er verbrannt werden und zu Asche zerfallen. Doch sterbe ich mit dem Tod meines Körpers ebenfalls? Bin ich der Körper? Er ist stumm und leblos, aber seiner ungeachtet spüre ich in mir die ganze Kraft meiner Persönlichkeit und sogar die Stimme des ‚Ichs'. Also bin ich Geist, der über den Körper erhaben ist. Der Körper stirbt, aber der Geist, der ihn übersteigt, kann nicht vom Tod berührt werden. Das bedeutet, dass ich der unsterbliche Geist bin.' Dies alles war nicht das Ergebnis eines langen Denkprozesses, sondern blitzte deutlich in mir auf wie eine lebendige Wahrheit, die ich fast ohne jedes Denken unmittelbar erkannte. Mein ‚Ich' war etwas sehr Reales und alle mit meinem Körper in Verbindung stehende bewusste Aktivität war in diesem ‚Ich' [gemeint ist das universelle Selbst, das Sein, die eine Existenz, Schöpfung, Anm. d. Verf.] zentralisiert.'"

Als er schon lange in der Höhle lebte, fragte ihn später einmal ein vornehmer Inder, wie man die Angst vor dem Tod überwinden könne. Ramana gab zur Antwort: „Bevor du über den Tod nachdenkst, solltest du dich fragen, ob du überhaupt geboren wurdest. Nur wer geboren wurde, kann auch sterben. Auch wenn du schläfst, bist du so gut wie tot. Verspürst du dann etwa Todesangst? Wenn ein Mensch meint, dass er geboren wurde, kann er der Angst vor dem Tod nicht ausweichen. Lass ihn ergründen, ob er geboren wurde oder ob das Selbst jemals ins Leben trat. Er wird herausfinden, dass das Selbst immer existiert, dass der Körper, der geboren wurde, sich selbst im Denken auflöst. Dann wirst du im stets gegenwärtigen innersten Selbst verweilen und frei von der Idee der Geburt oder der Angst vor dem Tod sein. … Wer bin ich? Allein das Selbst. Dies ist innere Einkehr. So ist es bei mir gewesen. Durch diesen Prozess wird die Verhaftung am Körper zerstört. Das Ego löst sich auf. Nur das Selbst erstrahlt."[133]

In einem Dialog zwischen Ramana Maharshi und Rangnaatha Ayyar, einem Anhänger Ramanas, fragte dieser seinen Lehrer nach dem Zeitraum zwischen Tod und Wiedergeburt. Der sich entspinnende Dialog ist charakteristisch für die Perspektive der indischen Philosophie des ***Advaita-Vedanta*** (Nicht-Zweiheit).

Jünger: „Wie lange dauert die Zeit zwischen dem Tod und der Wiedergeburt?"

Ramana: „Sie kann lang oder kurz sein. Aber ein befreites Wesen unterliegt diesen ganzen Wandlungen nicht; es verschmilzt mit dem allumfassenden Sein, so wie es in der Bribadaranyaka Upanishad geschrieben steht."

Jünger: „Ist es möglich, Kenntnis vom Zustand eines Menschen nach seinem Tod zu erlangen?"

Ramana: „Es ist möglich. Aber warum sollte man versuchen, Kenntnis darüber zu erlangen? Alle Tatsachen sind nur so wahr wie der Suchende selbst."

Jünger: „Die Geburt eines Menschen, seine Existenz und sein Tod sind aber für uns Wirklichkeit."

Ramana: „Weil du dein Selbst fälschlicherweise mit dem Körper gleichgesetzt hast, siehst du den anderen als Körper. Keiner von euch beiden ist der Körper."

Jünger: „Aber aus der Sicht meiner eigenen Stufe des Verständnisses betrachte ich mich selbst und meinen Sohn als wirklich."

Ramana: „Die Geburt des ‚Ich'-Gedankens ist die eigene Geburt, sein Tod ist der Tod der Person. Sobald der ‚Ich'-Gedanke entstanden ist, entsteht die falsche Identifikation mit dem Körper. Wenn du dich selbst für den Körper hältst, schätzt du die anderen falsch ein und identifizierst sie mit den Körpern. … Wenn du aufhörst, dich selbst mit dem Körper zu identifizieren, und wenn du das wirkliche Selbst erkennst, wird sich diese Verwirrung verlieren. Du bist ewig. Und du wirst entdecken, dass auch die anderen ewig sind. Solange diese Wahrheit nicht erkannt wird, wird es stets diesen Kummer geben, der von verfehlten Einschätzungen herrührt, die falschem Wissen und falscher Identität entspringen."

Jünger: „Sind der Intellekt und die Emotionen Entwicklungsstufen, die mit der Geburt des Menschen einhergehen? Lösen sie sich nach dem Tod auf oder bestehen sie darüber hinaus weiter?"

Ramana: „Bevor du darüber nachdenkst, was nach dem Tod geschieht, solltest du einfach überlegen, was in deinem Schlaf geschieht. Der Schlaf ist nur das Intervall zwischen zwei Wachzuständen. Überdauern sie dieses Intervall?"

Jünger: „Ja, das tun sie."

Ramana: „Dasselbe gilt auch für den Tod. Die Wachzustände stellen Körperbewusstsein dar, mehr nicht. Wenn du der Körper bist, lassen sie dich nicht los. Wenn du nicht der Körper bist, üben sie keine Wirkung auf dich aus. Derjenige, der geschlafen hat, befindet sich jetzt im Wachzustand und spricht gerade. Du warst im Schlaf nicht der Körper. Bist du jetzt der Körper? Finde es heraus. Dann ist das ganze Problem gelöst. Gleichermaßen muss das, was geboren wurde, sterben. Wer wurde geboren? Wurdest du geboren? Wenn du das bejahst – von wessen Geburt sprichst du dann? Es ist der Körper, der geboren wurde, und er ist auch das, was sterben wird. Wie sollen Geburt und Tod auf das ewige Selbst einwirken? Frage dich: ‚Wer stellte sich diese Fragen?' Dann wirst du verstehen. … Das Selbst ist nur Sein, es ist nicht dies oder das. Es ist einfach nur Sein. Sei – und die Unwissenheit hat ein Ende. Finde heraus, wessen Unwissenheit es ist. Das Ego erscheint, wenn du aus dem Schlaf erwachst. Im tiefen Schlaf sagst du nicht, dass du schläfst oder dass du aufwachen wirst oder dass du schon so lange geschlafen hast. Und trotzdem bist du da. Nur wenn du wach bist, sagst du, dass du geschlafen hast. Deine Wachheit schließt auch den Schlaf in sich ein. Erkenne dein bloßes Sein. Lass keine Verwirrung über den Körper entstehen. Dein Körper ist das Resultat von Gedanken. Die Gedanken werden wie gewöhnlich ablaufen, aber sie werden dich nicht berühren. Du hast dich nicht um den Körper gekümmert, als du geschlafen hast. In diesem Zustand kannst du immer bleiben."[134]

Auch nach tibetischer Auffassung hinterlässt jede Handlung, die wir ausführen, in unserem subtilen Geist eine Prägung. Der Geist ist wie ein Acker, auf den wir säen. Tugendhafte Handlungen streuen Samen für eine gute zukünftige Entwicklung, nicht-tugendhafte Samen bringen zukünftiges Leid hervor.[135]

Nach tibetischer Vorstellung ist die stärkste Kraft, die Wiedergeburt erzeugt, die Angst vor dem Tod selbst. Der Gedanke an Wiedergeburt und die in der Rückführungshypnose beschriebenen Erfahrungen können die Angst vor dem Tod nehmen und helfen, dem Ganzen mit mehr Gelassenheit entgegenzutreten.

Wenn wir wie die am 23.03.2011 an Krebs verstorbene Zen-Meisterin Sylvia Ostertag sagen könnten: „Der Krebs, das bin ich selbst"[136], wären jede Trennung von der Ganzheit der Schöpfung aufgehoben und Geburt und Wiedergeburt überschritten.

14 Sterben und Sterbebegleitung aus tibetisch-buddhistischer Sicht

Nach buddhistischer Vorstellung existieren drei Wirklichkeitsebenen:

1. ***Nirmanakāya***: die Ebene des manifestierten irdischen (vergänglichen) Körpers und der sich wandelnden Materie
2. ***Sambhogakāya***: die Ebene des Körpers des Entzückens im Reinen Land, des feinstofflichen Energiekörpers, der alles durchdringt, einschließlich der Materie
3. ***Dharmakāya***: die Ebene der Körper der großen Ordnung, das Wahre Wesen, das mit der transzendenten Wirklichkeit identisch ist, die Essenz des Universums, die grenzenlose Urintelligenz.

Die drei Körper werden vereinfacht als Welle und Meer, die Welle als Bild für die vielen sichtbaren zu Materie verdichteten Daseinsformen (***Nirmanakāya***), das gesamte Meer als den feinstofflichen Bereich (***Sambhogakāya***) und das Gefäß, eine Art ‚Urintelligenz', als (***Dharmakāya***) beschrieben. Nach buddhistischen Vorstellungen durchdringen alle drei Bereiche einander. Materie als Verdichtung kosmischer Energie – das entspricht auch den Erkenntnissen der modernen Physik. Aus den feinstofflichen Bereichen treten unaufhörlich Formen an die Oberfläche der materiellen Welt als getrennte Formen und lösen sich wieder im Gesamten auf. Abtreibung, Töten und Sterbehilfe in der relativen Welt der Formen sind aus buddhistischer Sicht verblendete Handlungen von Menschen, denen der Blick auf das Ganze fehlt.

Abb. 11: Wasserglas mit Luftbläschen als ein mögliches Bild für inkarnationsbereite Seelenkörper, die sich an der Oberfläche in sichtbare Wellenformen verwandeln.

Ähnlich könnte man auch die Heilige Dreifaltigkeit als Symbol dieser drei Bereiche interpretieren, wenngleich das aus christlich-theologischer Sicht so vermutlich nicht möglich ist: ***Gottvater*** als grenzenlose Urintelligenz, als das schöpferische Gefäß, darin der ***Heilige Geist*** als die feinstoffliche Energie und ***Jesus*** als körperliche Form. In der feinstofflichen Energie befinden sich ‚befleckte Bewusstseinseinheiten' (Sanskrit: ***Kleshas***; dt.: Staubfluse), die wiedergeboren werden, und unbefleckte, die dem Zwang zur Wiedergeburt nicht mehr unterliegen.

Sind die Bewusstseinsinhalte dieser ***Kleshas*** annähernd passend zu einer entstehenden materiellen Lebensform, geht der feinstoffliche Seelenkörper, die ***Klesha***, hinein, wenn Ei und Samenzelle verschmelzen. Passt die zur Einnistung strebende ***Klesha*** nicht oder nicht gut zu den Eltern, kommt keine Empfängnis zustande oder es kommt während des Schwangerschaftsverlaufs zum Abbruch der Schwangerschaft.

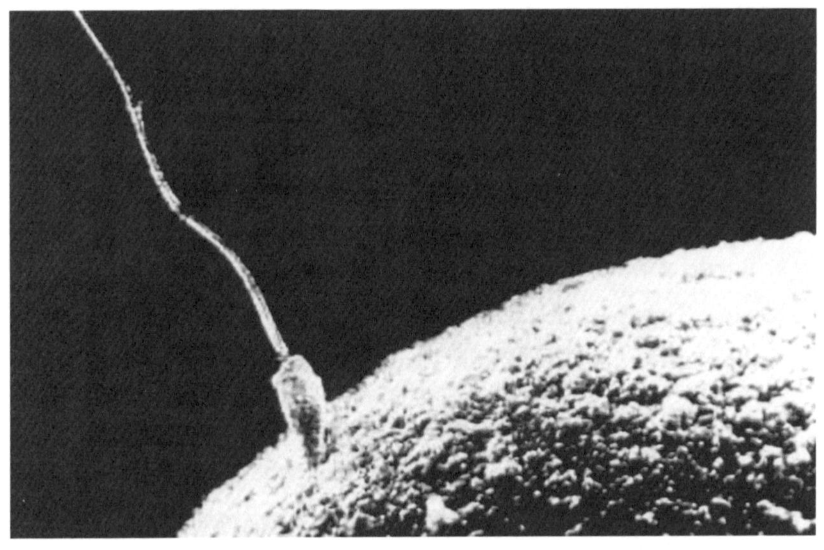

Abb. 12: Bewusstsein ist im Buddhismus eine eigene Entität unabhängig von materieller Form. Es tritt erst zu lebenden Formen hinzu, wenn Ei- und Samenzelle sich vereinigen. (Entn. aus Wikipedia)

Nach buddhistischer Vorstellung ist die Atmosphäre also permanent mit inkarnationsbereiten Bewusstseinseinheiten angefüllt, die auch als Zwischenzustandsformen oder ‚Bardo-Wesen' bezeichnet werden. Höhere Lebewesen können sich auch teilinkarnieren. Nach tibetischer Auffassung wären z. B. die Wundmale Jesu eine Art Teilinkarnation, so wie auch andere Merkmale wie Stimme, Eigenschaften, Aussehen etc. ebenfalls Teilmerkmale sein können und in verschiedenen Lebewesen wiedergeboren werden können.

Alle Lebewesen, geboren oder ungeboren, leben in sogenannten Zwischenzuständen oder ***Bardos***. Zwischenzustände sind nicht nur die Perioden zwischen der einen und der anderen Wiedergeburt, sondern auch Wachzustand, Traumzustand und Zustände tiefer Meditation.

Unterschieden werden insgesamt sechs Bardos. Für Tibeter sind besonders das vierte, fünfte und sechste wichtig.

1. Bardo des normalen Tagesbewusstseins
2. Bardo des Traumes
3. Bardo der tieferen Meditation mit meditativer Stabilität
4. Bardo des Sterbens und des Todes
5. Bardo des Wiedererwachens im Zwischenzustand vor der Wiedergeburt; Dauer nach tibetischer Vorstellung: 49 Tage
6. Bardo der Wiedergeburt

Während des vierten Bardos (des Sterbens) wird versucht, den Sterbenden von noch ungelösten Verhaftungen an die materielle Existenz seiner augenblicklichen sowie früherer Existenzen und von der Identifikation mit seinem Ego zu befreien. Während des Sterbeprozesses spricht man den Sterbenden an und begleitet ihn somit durch diesen Zeitraum, um ihm den Weg in die Dimension der absoluten Wirklichkeit, des ‚fundamentalen ursprünglichen Geistes des klaren Lichts', zu weisen.

So wie beim Erwachen aus dem Schlaf die Traumwelt verschwindet und wir die Welt des Wachzustandes wahrnehmen, so enden mit der Wiedergeburt die Erscheinungen des Zwischenzustandes. Im Tod zeigen sich nach tibetischer Vorstellung albtraumhafte oder angenehme Visionen. Je nach ‚karmischer Grundlage' der vorherigen Leben verweisen sie auf die Wiedergeburt in bestimmten psychischen Seins-Bereichen.[137] Der indisch-buddhistische Gelehrte Padmasambhava soll einmal gesagt haben:

„Wenn du wissen willst, wie dein vorheriges Leben war, betrachte deine heutigen Lebensumstände. Wenn du wissen willst, wie dein zukünftiges Leben aussehen wird, betrachte deine heutigen Taten."[138]

Alle Bardos sind Teil der Wirklichkeit. Die Wirklichkeit in ihrer reinsten Form (Tibetisch: ***Kun-zhi***, Sanskrit: ***Ālāya***-Bewusstsein, dt.: Speicherbewusstsein) ist jedoch grenzenlos, klar leuchtend und leer. Haftet der Geist nicht mehr an materiellen oder psychischen Dingen, dann löst er sich vollständig im Strom des reinen ***Ālāya***-Bewusstseins, dem ***Dharmakāya***, der grenzenlosen Urintelligenz, auf. Damit gibt es kein Ego mehr und der Zwang zur Wiedergeburt in der Welt der Formen ist aufgelöst.

Ein eindrucksvolles Beispiel für das leichte Sterben und damit das Eingehen in den Bereich der willkürlichen Wiedergeburt ist der Heimgang des berühmten tibetischen Meditationsmeisters Geshe Rapten Rinpoche (1920-1986), der von seinem Schüler Gonsar Rinpoche beschrieben wurde:

„Er schlief gut, wie gewöhnlich auf seiner rechten Seite [im Buddhismus die bevorzugte Sterbeseite, die sogenannte Löwenhaltung, in der die Seele im Tod besser entweichen könne; Anmerk d. Verf.] … Plötzlich, am nächsten Morgen, öffnete er seine Augen und schaute uns alle an. … Er schaute einfach geradewegs auf uns drei, mit einem Lächeln. Dann schloss er die Augen … und versank wieder in eine Art vollkommen glücklichen Schlafes. … Sofort hatte ich die Ahnung, dass das wahrscheinlich das Ende seines Atems war, aber es war so schwer zu glauben, weil der Ausdruck auf seinem Gesicht so strahlend und so glückserfüllt war. … Es war vollständige Stille, keine Bewegungen mehr, keinerlei Laut. Dieser Ausdruck, dieser friedliche, erfreuliche und vollkommen glückliche Ausdruck blieb die ganze Zeit. … Der einzige Gedanke, der mir in den Sinn kam, war: Genauso muss es gewesen sein, als vor 2.500 Jahren der voll erleuchtete Buddha Shakyamuni in Kushinagar zwischen den Sala-Bäumen gestorben ist. … Es war ganz offensichtlich und klar, dass Geshe noch auf seiner tiefsten Ebene der Meditation war, im Zustand des Klaren Lichts. … Während des ganzen Tages blieb dieser eigenartig lebendige, glückliche, unaussprechliche Ausdruck auf Geshe Rinpoches Gesicht. … Am fünften Tag äscherten wir den Körper ein. … Während dieser ganzen Zeit blieb Geshe Rinpoches Körper frisch und flexibel wie bei einer lebendigen Person.[139]

Nach buddhistischen Vorstellungen können weit entwickelte Menschen sich in wenigen Wochen nach dem Tod mitsamt den Knochen selbst auflösen oder ohne Verwesung mumifizieren. Werden sie verbrannt, wird im Verbrennungsofen, der ***Stupa***, nach Reliquien gesucht. Das sind zusammengezogene Körperteile wie Augen, Zunge, Herz oder kleine, erbsengroße, wohlgeformte Knochenstücke, sogenannte Ringsel, oder Knochenstücke mit besonderen Verformungen, die Heiligen ähneln.

Nach der Verbrennung der Jungfrau von Orléans sollen ebenfalls derartige Knochenkügelchen gefunden worden sein.

Diese Reliquien sind für Buddhisten der Beweis dafür, dass es sich um große Meditationsmeister gehandelt hat, die die freiwillige Wiedergeburtsstufe erreicht haben und nicht mehr dem Zwang der Wiedergeburt unterliegen. Man bittet oder betet um deren Wiedergeburt zum Wohl aller. Solche Gebete wurden auch in dem oben beschriebenen Fall durchgeführt, mit dem Ergebnis, „dass nach vier Jahren gründlicher Untersuchung, der Prüfung von 253 Kandidaten und den Voraussagen eines lebenden Orakels Seine Heiligkeit der Dalai Lama ein Kind als vollständige, fehlerfreie Wiedergeburt von Geshe Rinpoche bestätigte."[140]

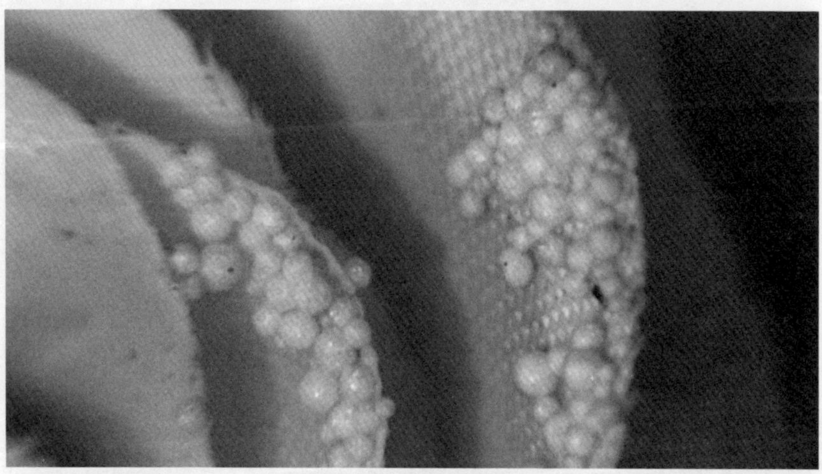

Abb. 13: Die Knochenperlen an den Plastikblüten um die Stupa nach Verbrennung eines hohen Lamas werden als Abschiedsgeschenk des Lamas an seine Schüler gedeutet. Schnappschuss aus dem Film: Auf der Suche nach dem alten Tibet. Eine Reise zu Buddhas Erben, 31 Min.ff

Abb. 14: Augen, Herz und (auf der Rückseite, auf dem Foto nicht sichtbar) Zunge, ebenfalls Reliquien aus der Asche des Verstorbenen. Schnappschuss aus dem Film: Auf der Suche nach dem alten Tibet. Eine Reise zu Buddhas Erben, 31 Min.ff

Die acht Stadien des Sterbeprozesses im vierten Bardo und tibetische Empfehlungen für Begleiter

Im Sterbeprozess, so Geshe Thubten Ngawang[141], lösen sich alle materiellen Bestandteile des Körpers auf. Der Sterbeprozess (viertes Bardo) besteht nach tibetischer Vorstellung aus acht Stadien der Auflösung. Die westliche Medizin definiert den Todeszeitpunkt nach dem vierten, die tibetische Medizin nach dem achten Stadium. Er dauert für Tibeter ca. 3,5 Tage. In diesen Tagen zieht sich das Bewusstsein im Zentralkanal (Sanskit: ***Shushumnâ***), der entlang der Wirbelsäule läuft, zusammen. Es kommt zum Absterben des Körpers. Tibetische Buddhisten sind der Ansicht, dass Wiedergeburt in niederen Formen durch Wut, Trauer, Angst vor dem Tod, Wiedergeburt in höheren Formen durch Freude und Liebe ausgelöst wird.

1. Stadium: Auflösung des Erdelements

Mit diesem Stadium beginnt die aktive Sterbephase. Sie kann mehrere

Tage dauern, aber auch schnell durchlaufen werden. In dieser Phase kommt es zur Erlahmung des Bewegungsapparates und seiner Stoffwechselvorgänge. Dem Erdelement sind auch Lippen und Milz mit blutbildendem System zugeordnet. Sterbende sehen gelbliche Lichtfärbungen wie Nebel. Die Konturen verschwimmen. Der Sterbende zwinkert möglicherweise öfter mit den Augen, kneift sie zusammen, schneidet Grimassen, weil er nicht richtig sehen kann. Es entsteht Unruhe. Er hat das Gefühl, als laste ein tonnenschweres Gewicht auf ihm. Das Gefühl der körperlichen Last kann die Angst, erdrückt zu werden, auslösen und sich in Bewegungsdrang ausdrücken. Bis zu 300-mal pro Tag, also ca. alle fünf Minuten, kann der Impuls entstehen, aufzustehen und weggehen zu wollen. Manche reißen sich medizinische Schläuche heraus, verlangen nach Socken, Schuhen, Jacken, wollen weggehen oder den Koffer packen.

Diese Phase endet mit der körperlichen Ermüdung, so dass der Sterbende Kopf und Beine nicht mehr heben kann. Es fällt ihm danach schwer, sich zu drehen oder aufzurichten. Die Muskulatur erschlafft mehr und mehr. Der Sterbende liegt bewegungslos da und hat die Kontrolle über den Körper verloren. Sein Gesicht wird grau und blass, der Augenglanz wird matt. Die Stimme wird rau.

Tibetische Empfehlungen für Begleiter, Pfleger, Angehörige:[142]
In dieser Phase ist es ratsam, sich mit anderen Sterbebegleitern häufig abzuwechseln, weil der Bewegungsdrang und die große Unruhe von den Begleitenden mitunter große Geduld und Mühe erfordern. Nicht empfehlenswert sind beruhigende Floskeln[143]. Sätze wie z. B. „Sei ganz ruhig, alles ist in Ordnung", „Bleib ruhig", „Entspann dich", „Sei beruhigt, wir kümmern uns um dich", „Lass einfach los" usw. können Sterbende verärgern, weil sie sich damit unverstanden fühlen. Stattdessen sollten Sie Folgendes tun:

a) Erklären Sie dem Sterbenden[144], dass er in die Sterbephase eingetreten ist.
b) Sprechen Sie ggf. Vermutungen darüber aus, was er fühlen könnte, z. B.: „Es kann sein, dass du das Gefühl hast, von einer schweren

Last nach unten gedrückt zu werden. Dass es sich anfühlt, als ob viel Druck auf der Brust lastet und das Atmen schwerer fällt." Sie können das Gefühl benennen, das diesen Prozess begleitet, und sagen, dass die Schwere große Angst auslösen kann. Sie können erklären, dass das Schweregefühl bald wieder nachlässt und der Sterbende unter dem Druck nicht erstickt, selbst wenn er diesen Eindruck haben könnte. Da der Sterbende schnell müde und kraftlos ist und sich kaum konzentrieren kann, vergisst er schnell, was Sie gesagt haben. Daher ist es sinnvoll, alles langsam und deutlich auszusprechen und ggf. mehrfach zu wiederholen.

c) Sollte der Sterbende die Bettdecke wegschieben wollen oder versuchen, den Pyjama aufzumachen, können Sie ggf. die Heizung hochdrehen und ihn das tun lassen. Achten Sie wegen der austrocknenden Schleimhäute auch auf eine ausreichende Luftbefeuchtung.

d) Sollte der Sterbende aufstehen wollen, helfen Sie ihm, sich aufzusetzen. Beruhigende Medikamente[145] werden bei der tibetisch-buddhistischen Sterbebegleitung ebenso wenig wie eine Fixierung empfohlen. Eine Fixierung würde einen hohen Stressfaktor für den Sterbenden darstellen. Schmerzmedikamente sollten weiter gegeben werden, wenn der Sterbende über Schmerzen klagt. Die Schmerzstärke kann über eine Schmerzskala von 0-10 über Sprechen (wenn noch möglich), Stirnrunzeln, Augenzwinkern, Fingerheben ermittelt werden.

e) Sie können den Sterbenden oder Angehörige fragen, ob es eine Art Kraftquelle gibt, die ihm helfen könnte. Das können Gebete, Psalmen, Lieder, Gedichte und Erinnerungen oder wiederholt ausgesprochene Mantras (heilige Silben, Wörter oder Verse, die als eine Art ‚Klangkörper' mit spiritueller Kraft gelten) sein. Im östlichen Christentum (Jesusgebet, Ruhegebet), Buddhismus, Hinduismus, Islam und anderen Glaubensgemeinschaften gibt es derartige Klangkörper als eine Form des Gebets. Das Wecken von Bildern und Erinnerungen oder das Sprechen von Gebeten wird für und mit dem Sterbenden häufig wiederholt. Aber auch andere Quellen der Beruhigung wie Musik,

Reden, Berühren, bei dem Sterbenden sein können je nach Wunsch des Sterbenden gute Hilfen sein. Selbst Radio oder Fernsehen sollte nicht ausgeklammert werden, wenn er es wünscht.

f) Wenn Sie sich in der Nähe aufhalten, sich neben den Sterbenden auf den Bettrand oder einen Stuhl setzen, werden oft weniger Stresshormone ausgeschüttet. Allein die Gegenwart eines vertrauten Menschen mindert die Belastung und kann das Schmerzempfinden günstig beeinflussen. Auch Berührungen können Schmerzen reduzieren. Fragen Sie, wenn möglich, wo der Sterbende berührt werden möchte, oder fragen Sie dies Freunde, Bekannte, Angehörige. Ich erinnere mich an einen Fall eines Jungen mit Glioblastom, den das Streicheln über die künstlichen Fingernägel einer Sterbebegleiterin am besten entspannte, was den Schmerzmittelbedarf senkte. Nachdem er seine Finger nicht mehr bewegen konnte, übernahm die Begleiterin dies für ihn. In einem Fall aus meiner eigenen Verwandtschaft brauchte der Sterbende die Maximaldosis an Schmerzmitteln, bis der Enkel erschien. Er wurde sofort ruhiger und verstarb bald danach friedlich. In einem anderen Fall half bei der Begleitung seiner sterbenden Frau das Zitterspiel des Mannes, die Medikamente zu reduzieren. Ich selbst konnte eine Sterbende durch Klavierspiel, um das sie mich bat, unterstützen, den Schmerzmittelbedarf zu senken.

2. Stadium: Auflösung des Wasserelements

Der Sterbende ist nun ruhiger. Alles erscheint ihm bläulich-weiß wie in Wasser oder wie in weißes Licht getaucht. Er meint, es läge Schnee, Tau, Eis auf den Blättern vor dem Fenster. Das Gefühl des Ertrinkens kann entstehen. Die Muskeln sind erschlafft. Die Haut fühlt sich weich oder teigig an und sieht auch so aus. Die Falten zwischen Nase und Mundwinkeln vertiefen sich. Daher erscheint die Nase spitzer und höher. Das Mund-Nase-Dreieck wird blass. Es kann aus Nase und Mund unkontrolliert Wasser oder Schleim tropfen. Die Augen können tränen. In der Lunge sammelt sich vermehrt Flüssigkeit. Es handelt sich um ein schaumiges, zähes Sekret in den Bronchien. Es führt dazu, dass der Atem röchelnd klingt, man nennt dieses Atemgeräusch auch ‚Todesrasseln'. Als Außenstehender hat man das Gefühl, das Wasser stehe ihm bis zum Hals. (Das ‚Todesrasseln' kommt in der Regel nicht beim sog. trockenen Tod vor, wenn der Kranke nichts isst und trinkt. Das ‚Sterbefasten' ist eine legale Form der Sterbebegleitung.) Die Hautporen öffnen sich. Es entströmt ein säuerlich-scharfer Geruch, der Ekel auslösen kann. Durch die Muskelerschlaffung kann es zu unwillkürlichem Urin- und Stuhlabgang kommen. Das Bewusstsein trübt sich ein, das Denken wird unklar, verwirrt. Der Sterbende weiß nicht mehr genau, was um ihn passiert. Eventuell hört er Stimmen oder sieht Dinge, die nicht da sind (Halluzinationen). Er kann auch Erscheinungen von Verstorbenen sehen. Manchmal werden Namen schwach ausgesprochen.

Tibetische Empfehlungen für Begleiter, Pfleger, Angehörige:

a) Wenn es geht, bleiben Sie am Bett sitzen, sprechen Sie beruhigend und erklären Sie dem Sterbenden, dass er das Gefühl haben kann, von Wassermassen eingeschlossen zu sein. Sagen Sie, dass das nicht wirklich so ist und er nicht ertrinken kann. Sie können auch darauf eingehen, dass bläulich-weißes Licht den Eindruck von Schnee oder Eis erwecken kann, weil die Sehkraft nachlässt und die Farben anders gesehen werden.
b) Es empfiehlt sich, den Schleim nicht abzusaugen, da der Schaum in den Bronchien nicht gut absaugbar ist. Ein Absaugschlauch könnte unnötig Schmerzen verursachen und könnte ihn verletzen. Zudem verursacht dies ggf. einen Husten- und Würgereiz, der besonders quälend ist, weil der Sterbende keine Kraft mehr hat, Schleim oder Sekret abzuhusten.
c) Besser ist die seitliche Lagerung in Sekretabflusslage, z. B. rechts (= buddhistische Position des ‚schlafenden Löwen') bis fast auf den Bauch, die Beine können leicht angewinkelt sein. Der Kopf sollte gut gepolstert sein. Es ist ratsam, unter die Mundpartie aufsaugendes Material zu legen. Die rechte Hand wird unter die rechte Wange gelegt, die linke auf die linke Hüfte (= Sterbehaltung Buddhas; Bud-

dhisten glauben, dass der Geist so besser aus dem Körper austreten kann.). Der Sterbende kann in dieser Position bis zum letzten Atemzug bleiben.

d) Druckgeschwüre, die durch langes Verharren in dieser oder einer anderen Position entstehen können, sind nach tibetischer Auffassung weniger bedeutsam, da der Tod in Kürze eintreten wird und die Schmerzempfindungen bereits nachgelassen haben sollten.

e) Sie können den Sterbenden ermutigen, nicht länger am Körper festzuhalten, weil er diesen jetzt nicht mehr gebrauchen kann und der Körper nur noch eine Last darstellt. Bedenken Sie, dass wir uns alle im Laufe unseres Lebens aus dem Urzustand des Neugeborenen in ein Ich-Gefühl hineinentwickelt haben. Über viele Jahre haben wir viel Zeit dafür verwendet, dieses Ich-Gefühl zu pflegen und an ihm festzuhalten. Daher ist es empfehlenswert, mehrfach darauf hinzuweisen, dass das Ich den Körper in dieser Phase loslassen kann. Es ist gut zu wissen, wie schwer es dem Sterbenden fallen kann, die Identifikation mit dem Körper aufzugeben. Daher kann in dieser Phase noch einmal mehr Unruhe aufkommen.

f) Beachten Sie Ihre Wortwahl. Der Sterbende bekommt vieles mit. Zwischen Ohnmachtsphasen kann er wieder für kurze Zeit wach und bewusst da sein. Gebete, Gedichte, Psalmen, Mantras, Gesang können Sie wiederholen und den Sterbenden ermutigen, sich seiner Kraftquelle zuzuwenden.

3. Stadium: Auflösung des Feuerelements

Der Sterbende glaubt, er sähe ein Flammenmeer, alles ist für ihn wie in rote Farbtöne getaucht. Er kann den Eindruck haben, es brenne überall lichterloh. Lichterscheinungen, wie z. B. aufsteigende Glühwürmchen, können hinzukommen. Angst und Panik können fast unbemerkt bei scheinbar äußerer Ruhe da sein. Diese Phase dauert einige Minuten bis Stunden. Danach breitet sich Kälte aus, von den Füßen und Händen ausgehend und weiter in die Arme und Beine. Lila Flecken erscheinen zuerst an Unter- und Oberschenkeln, dann an den Armen und schließlich am Rumpf. In dieser Phase kann der Sterbende schwitzen, Schweißperlen können sich auf der Stirn bilden, der ganze Körper kann trotz kalter Extremitäten schwitzen. Er spürt innerlich Hitze und will eventuell die Decke von sich streifen.

Empfehlung für Begleiter, Pfleger, Angehörige:

a) Sie können den Sterbenden nur mit einem Laken bedecken. Die Schweißperlen nicht abwaschen, sondern besser abtupfen oder eine kühle Kompresse auf die Stirn legen.
b) Erklären Sie ihm, dass er möglicherweise Sorge hat zu verbrennen und viele Rottöne sehen kann, dass dies aber nur Trugbilder seien, die wieder vergehen.
c) Unterstützen Sie den Sterbenden mit dem, was ihm gutgetan hat. Wenn noch möglich, bitten Sie um das vorher vereinbarte Augenzwinkern, um zu erfragen, was er braucht.
d) Bedenken Sie, dass der Sterbende zwischen längeren Schlafphasen noch alles wahrnehmen kann.

4. Stadium: Auflösung des Luftelements

Der Sterbende sieht grünliches, flackerndes Licht oder Lichtreflexe. Er kann den Eindruck von Wind haben und Angst empfinden, umgeweht zu werden. Der Atem wird deutlich schwächer, langsamer, arrhythmisch. Es kommt zu kürzeren Ein- und längeren Ausatmungen mit langen Atempausen, weil die Atemhilfsmuskulatur zu schwach geworden ist und das Atmen anstrengend ist. Der Körper kühlt ab, bis auf die Herzgegend, die Augen sind nach oben verdreht. Jede Bewegung erstirbt in dieser Phase, so dass nicht einmal der kleine Finger sich heben kann. Der Kontakt zur Außenwelt bricht ab. Personen und der eigene Name werden nicht mehr erkannt. Der Sterbende hat kein Hungergefühl und kann keine Nahrung mehr aufnehmen.

Tibetische Empfehlungen für Begleiter, Pfleger, Angehörige:

Erklären Sie ihm beruhigend, dass die Windgefühle nur vorübergehend sind und er nicht umgeweht werden kann. Ermutigen Sie ihn, das Festhalten am Körper aufzugeben, weil er zu nichts mehr zu gebrauchen ist und nur noch eine Hülle für Seele und Geist darstellt.

5.-8. Stadium: Auflösung des Raumelements

Die Lebensenergie schwindet. Sterbende können Erscheinungen von Lichtwesen, Farbvisionen oder auch erschreckende Bilder vom Tod sehen. Das Bewusstsein löst sich auf. Es erscheint schließlich weißliches Licht. Die Restenergie des Körpers zieht sich im Herzbereich zusammen. Die Tibeter sind der Ansicht, dass ein weißlicher Energietropfen vom Scheitelpunkt des Kopfes, vom sogenannten Kronenchakra (Sanskrit: ***Sadasrâra chakra***), in den Herzbereich (Herzchakra; Sanskrit: ***Anāhata chakra***) absteigt. Vom unteren Beckenbereich (Sanskrit: ***Mulâdhara chakra***) steigt ein rötlicher Energietropfen auf. Beide vereinigen sich im Herzbereich. Nach kurzer Bewusstlosigkeit soll sich dann das Bewusstsein in die subtile Bewusstheit des klaren Lichts wandeln.

Jetzt wird die Atmung ganz schwach, der Sterbende schnappt nach Luft und macht am Ende noch ein paar tiefe Atemzüge, danach hört das Herz auf zu schlagen.

Tibetische Empfehlungen für Begleiter, Pfleger, Angehörige:
Angehörige können sich darauf einstellen, dass der Seelenkörper nach dem letzten Atemzug austreten wird. Tibetische Buddhisten versuchen nach dem letzten Atemzug, das Bewusstsein des Verstorbenen aus dem Körper herauszuschleudern. Dazu wird vor dem Toten ein spezielles Mantra gerufen (tib. ***Phowa***, dt. Wechsel des Ortes, gemeint ist das Austreten des Bewusstseins). In der Vorstellung visualisiert der Begleiter den Weg der Seele in das Reine Land höchster Freude.

Die gesprochenen Mantras sollen helfen, das Bewusstsein vom Körper zu trennen und über den Zentralkanal nach oben hin durch das Schädeldach im Scheitelpunkt auszustoßen. Dabei kann es passieren, dass sich nach wenigen Tagen der Schädelknochen für kurze Zeit am Scheitelpunkt an einer kleinen Stelle kreisrund und weich anfühlt und öffnet, so dass etwas Blut austreten kann. Tibetern wird nach bestandener Übung ein Strohhalm durch das entstandene Loch in der Schädeldecke geschoben. Aus eigener Erfahrung weiß ich, dass der Druck auf die Wunde sehr schmerzhaft sein kann und es sich anfühlt, als ob ein elektrischer Stromschlag von oben bis zum Damm durchschlägt.

Phowa wird heute in vielen Teilen der Welt als Meditationsübung angeboten, um sich selbst gut auf den Tod vorzubereiten und anderen beistehen zu können. Das Tagesbewusstsein als das materiellste und am weitesten von der subtilen Wirklichkeit entfernte Bewusstsein soll durch diese Übung für subtile Bewusstseinsbereiche geöffnet werden.[147]

Wer sich dafür interessiert, kann ***Phowa*** u. a. im Europazentrum der Karmakagyu-Linie, Lama Tönsang, Mont Jardin, Frankreich und in Deutschland bei Lama Ole Nydahl üben. Gute Hinweise finden sich in Nydahls Buch „Tod und Wiedergeburt".[148]

Sogyal Rinpoche empfiehlt Menschen, die die Übung noch nicht beherrschen, dass sowohl der Sterbende als auch der Begleiter sich ein hohes geistiges Wesen seiner Religion vorstellen, so dass sich beispielsweise für Christen eine im Herzen gefühlte, unmittelbare Verbindung und Gegenwart Christi, des Heiligen Geistes oder der Jungfrau Maria aufbaut. Für Buddhisten werden enge Verbindungen zu verschiedenen Buddhaformen praktiziert. Man solle sich ganz auf diesen Geist ausrichten und um Gnade und Führung bitten, so dass durch die Kraft des Lichts, das von dem Wesen ausströmt, alle Verdunklungen weichen, sich die Seele gereinigt fühlt und in Frieden in das Licht als reiner Lichtkörper aufsteigt. Dabei soll der Begleiter oder der Sterbende, solange er noch kann, zu sich sagen und von sich annehmen, dass der eigene Geist und der Geist Christi oder Buddhas eins sind.[149]

Nach tibetischer Vorstellung bleiben die psychischen Kräfte noch drei bis vier Tage im Körper, daher wird der Tote noch so lange aufbewahrt. Für Tibeter ist es normal, wenn durch die Energie des Seelenkörpers in dieser Zeit in der näheren Umgebung seltsame Zeichen auftreten, wie z. B. Lichter, die ausgehen, Glühbirnen, die kaputt gehen, oder wenn Bilder von der Wand fallen und kleine Gegenstände sich bewegen. Sie rechnen auch damit, dass der Verstorbene sie z. B. an den Schultern berührt. Tibetische Buddhisten hoffen, dass der Geist im Tod erkennt, dass alle Erscheinungen im Diesseits nur Projektionen des einen fundamentalen Bewusstseins sind, und er den Geist des klaren Lichts (Tibetisch: ***Od gsal***) erkennt.

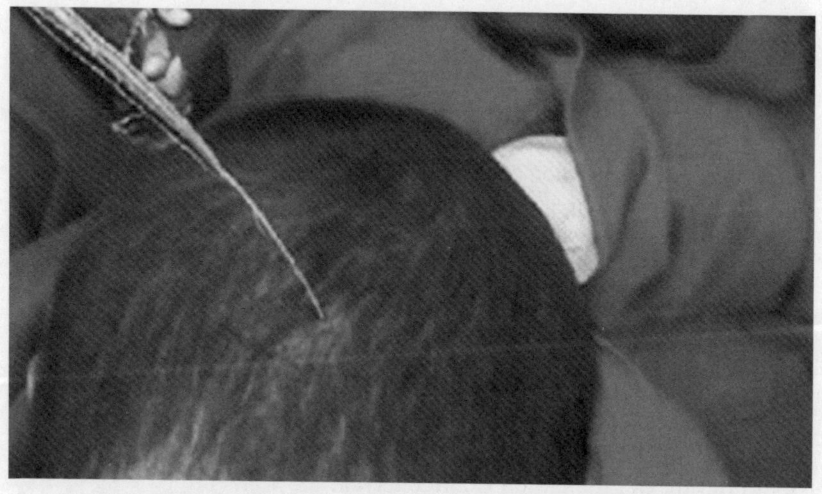

Abb. 15: Durchschieben eines Strohhalms durch die Schädeldecke nach bestandenem Phowa-Kurs. Schnappschuss aus dem Film: Auf der Suche nach dem alten Tibet. Eine Reise zu Buddhas Erben. 13 Min.

15 Visualisierung der eigenen Sterblichkeit – Vier Übungen

Geführte Visualisierungen dienen der Vorbereitung für das eigene Sterben. Sie können aber auch am Sterbebett durchgeführt werden. Die vier Übungen sollen nicht auf einmal, sondern zu verschiedenen Zeiten gemacht werden. Man kann die Übungen wiederholen, auch mehrfach. Sie können emotionale Erlebnisse aller Art zum Vorschein bringen. Bieten Sie im Anschluss unbedingt ein Gespräch an, damit diese Erlebnisse verarbeitet werden können.

Der große Zen-Lehrer Dainin Katagiri Roshi sagte: „Ich weiß nicht, wie ich sterben werde. Vielleicht sterbe ich in Angst oder Schmerz. Denkt daran, es gibt keinen richtigen Weg.“[150]

Er sagte einem Schüler, der sich gewundert hatte, warum sein Zen-Lehrer in Todesangst schrie, als er überfallen und niedergeschlagen wurde: „Es ist nur natürlich zu schreien, wenn man totgeschlagen wird.“[151] Alle Gefühle – Wut, Angst, Trauer, Verzweiflung und Verwirrung – können Teil des Sterbeprozesses sein. Auch wenn der biologische Sterbeprozess nach bestimmten Gesetzmäßigkeiten abläuft, gleicht kein Sterben dem andern.

Der Tod hat seinen eigenen ‚Zeitplan‘. Ärzte geben manchmal auf Bitten der Angehörigen und Freunde die verbleibende Lebenszeit des Sterbenden an, doch diese Schätzwerte sind nicht immer zutreffend. Trotzdem spricht nichts dagegen, eine Prognose zu geben, solange sie möglichst offen bleibt. Eine Voraussage bietet dem Sterbenden und seinen Angehörigen die Chance, die kostbare Zeit sinnvoll zu nutzen, auch wenn sich die Dinge womöglich anders entwickeln.

Wir wollen nun mit Vorstellungsübungen versuchen, den Sterbeprozess genauer kennenzulernen und damit vertrauter zu werden.

Sterben ist leicht,
glaub mir, es gleicht
glückhaftem Traum.
Weit wird der Raum –
du schenkst dich im
uferlos strömenden Glück
dem Urmeer zurück …

Ephides, Dichter des Transzendenten[152]

Die folgenden Anleitungen, in die vor allem medizinische und tibetische, aber auch Vorstellungen anderer Traditionen zum Sterbeprozess eingeflossen sind, kann man zur eigenen Übung verwenden und sie einem Sterbenden vorlesen, wenn er es möchte oder man sicher sein kann, dass solch ein Text eine Hilfe für ihn ist. Wer sich genauer mit tibetischen[153] oder anderen Vorstellungen beschäftigen möchte, findet in der Literaturliste Anregungen.

Bitte prüfen Sie, was Sie aus den folgenden Beschreibungen für sich übernehmen wollen. Sie können den Text so verändern, dass er für Sie passt. Nachdem Sie damit fertig sind, können Sie ihn vertrauten Menschen, Sterbenden oder auch einer Gruppe vorlesen oder ihn mit einem Rekorder aufnehmen und für sich abspielen.

Diese bewusste Annäherung an den Tod und das Sterben kann die Vergänglichkeit unseres Körpers, unserer Person und jeder anderen Form auf besondere Weise präsent machen. Sie kann eine Hilfe sein, sich besser einfühlen zu können, wenn ein Freund, Verwandter oder Bekannter stirbt. Durch die eigene Erfahrung können Sie sensibler Möglichkeiten einschätzen und Hilfestellungen leisten, um den Sterbeprozess anderer gut zu begleiten.

1. Übung: Loslassen und Vergebung

(Text in der Sie-Form[154])

„Ich möchte mit Ihnen eine kleine Phantasiereise machen, die Ihnen helfen und Erleichterung bringen kann.

Schließen Sie die Augen und versuchen Sie, im eigenen Körperinnenraum Ruhe zu finden ... Spüren Sie Ihren Atem ... Folgen Sie den Bewegungen, die Ihr Atem im Körper bewirkt ... der Atemwelle, die wie die Meereswelle den Strand hinaufläuft und wieder zurück ... lockere, entspannte Einatmung, kurze Pause, das Ausatmen kommt von selbst ... lassen Sie den Atem ganz herausfließen, alles loslassen, alles herschenken ... versuchen Sie, in die Stille im Innern hineinzuspüren und Ihr Bewusstsein im Körperinnenraum zu verorten.

Stellen Sie sich nun vor, vor Ihnen stünde ein Koffer, der geöffnet ist ... Versuchen Sie alle Ängste und alle Sorgen, die Ihnen überflüssig erscheinen, in Form von Gedanken und Gefühlen in diesen Koffer hineinzulegen. Sie können auch Symbole für Ihre Sorgen verwenden oder die Bilder, die dabei vor Ihrem inneren Auge auftauchen ... Legen Sie auch alle unbeantworteten Fragen hinein, auf die Sie gerne eine Antwort wüssten ...

Nun lassen Sie einzelnen Szenen Ihres Leben Revue passieren: die erfüllten Momente, die schönsten Ereignisse in Ihrem Leben ... und die unerfüllten, die verpassten Gelegenheiten mit den Wünschen und Sehnsüchten, denen Sie noch nachhängen ... Sagen Sie sich, dass Sie auch diese nun aufgeben und loslassen wollen. Sagen Sie sich, dass Sie das Leiden an der Unerfülltheit Ihrer Träume nun beenden wollen, wenigstens erst einmal für diese Übung ...

Gehen Sie nun auch zu ungelösten Konflikten, die Sie gerne ablegen möchten. Schauen Sie sich die ungeklärten Erlebnisse aus der Vogelperspektive an, ohne sich ganz in den unguten Gefühlen zu verlieren, damit Sie sich nicht im Sog des Leidens verirren. Legen Sie auch diese Szenen nacheinander in den Koffer hinein als Szenen, Bilder, Überschriften, mit denen Sie die Erlebnisse benannt haben, oder als Symbole, die dazu passen …

Haben Sie alles, was Sie beunruhigt und Ihnen die Lebensfreude nimmt, nach und nach in den Koffer hineingelegt? Prüfen Sie jetzt noch einmal, ob Sie nichts vergessen haben …

Vielleicht hilft es Ihnen, sich Fehler, die Sie bei sich selbst erkannt haben, zu verzeihen, und da, wo Sie Fehler ausräumen konnten, sich für Ihre Lösungen wertzuschätzen … Prüfen Sie, ob es Ihnen hilft, auch den Menschen zu verzeihen, die Ihnen viel Leid angetan haben, weil denen vielleicht das Verständnis für gute Lösungen fehlte … Vielleicht hilft dazu der Gedanke, dass möglicherweise gerade durch diese Verletzungen neue Entwicklungen oder neue Wege für Sie entstanden sind. Vielleicht sind Sie durch den Schmerz reifer und freier geworden … Lassen Sie nun Bilder von Menschen, die Sie vielleicht verletzt haben, vor Ihrem inneren Auge vorbeiziehen …, versuchen Sie, ihnen vielleicht auch zu vergeben.

Versuchen Sie, Ihre leidvollen Erfahrungen und Menschen, die Sie verletzt haben, als Bilder oder Symbole in den Koffer zu packen …

Dann schließen Sie den Koffer …

Nun sehen Sie, wie ein Gepäckträger zur Tür hereinkommt, den Koffer ergreift und ihn hinausträgt.

Vielleicht haben Sie schon mit dem Schließen des Koffers Erleichterung gespürt, vielleicht spüren Sie jetzt noch mehr Erleichterung, wenn Sie beobachten, wie der Koffer aus dem Zimmer getragen wird. Vielleicht ist das Gefühl, frei und unbelastet zu sein, losgelassen zu haben, ganz losgelöst zu sein, für Sie nun gut spürbar. Wenn ja, dann genießen Sie das neue, befreite, leichte Gefühl, als ob eine schwere Last von Ihnen gefallen wäre …

Lassen Sie Ihren Geist nun in Gedanken unbeschwert im Raum auf und ab gehen.

Gehen Sie in der Vorstellung zu Menschen, die Ihnen nahestehen … zu Ihrer Familie, zum Partner oder der Partnerin, zu den Kindern oder Freunden … Was ist jetzt anders, wenn Sie losgelöst von allen Belastungen und innerlich frei diesen Menschen gegenübertreten? … Gehen Sie nun auch zu den Menschen, mit denen Sie Schwierigkeiten hatten, und betrachten Sie sie mit derselben losgelösten Haltung. Hat sich Ihre Einstellung verändert? … Fühlen sich die alten Verletzungen und Kränkungen jetzt anders an? …

Lassen Sie den befreiten Zustand und die Freude, die daraus erwachsen darf, noch einen Moment nachwirken. Möglicherweise haben sich ein wenig mehr Ruhe und Dankbarkeit eingestellt, ist mehr innerer Friede entstanden …

Sie können nun, wenn Sie wollen, Mitgefühl und Liebe dorthin schicken, wo Sie fühlen, dass es notwendig ist … Vielleicht gerade da, wo Ihre Verletzungen am größten waren. [155]

Lassen Sie noch ein paar Momente Raum für die Möglichkeit, Bilder, Gedanken, Gefühle aufsteigen und nochmals nachwirken zu lassen, und kommen Sie dann langsam, ganz, wie es Ihrem Rhythmus entspricht, wieder in diesen Raum zurück … Strecken Sie sich, gähnen Sie und öffnen Sie zuletzt Ihre Augen.

Ende der Übung

Wenn Sie wollen, können Sie nun ein Gespräch über das Erlebte mit einer Ihnen vertrauten Person führen.

2. Übung: Begegnung mit dem Tod

Drei Wochen vor ihrem Tod sagte eine sterbende Patientin zu mir, sie sehe eine dunkle Gestalt in der Ecke des Zimmers. Auf meine Frage, wer das sei, antwortete sie mit Bestimmtheit: „Das ist der Todesengel. Er wartet und kommt, um mich abzuholen." Der Heiler Bruno Gröning gab einmal einem Anwesenden, der sich neben ihn setzen wollte und, von Eiseskälte überkommen, wieder aufschreckte, zur Antwort: „Aber Sie haben nicht bemerkt, dass dieser Platz schon besetzt ist, da sitzt nämlich … mein Freund, der Tod! Aber erschrecken Sie doch nicht so …, denn der Tod gehört genauso zum Leben wie die Geburt. Das sind nur zwei

Übergänge, die ohne einander nicht existieren könnten … Die Geburt ist im geistigen Reich ebenso ein Abschied wie der körperliche Tod im Irdischen. Daher ist mein für Sie unsichtbarer Freund immer dabei, wenn es darum geht, bei Menschen jene Entscheidung zu treffen, die für ihre geistige Entwicklung die beste ist."[156]

Weiter erklärt Bruno Gröning: „Und wenn Gott ihn schickt …, dann darf ich nicht im Wege stehen. … Der Mensch soll keine Angst vor dem Hinübergehen haben, denn es ist das Natürlichste und Schönste, wenn wir uns nicht dagegen sträuben … Daher soll jeder immer so leben, planen und handeln, als wäre heute sein letzter Tag. … Jeder Mensch sollte sich daher rechtzeitig mit dem Gedanken vertraut machen, dass sein irdisches Leben begrenzt ist, auch wenn sich das fast keiner vorzustellen vermag. Das Wissen um die zeitliche Begrenztheit des eigenen Körpers ist aber ein notwendiger Teil der Selbsterkenntnis und Wahrheitsfindung, ohne die es keinen geistigen Fortschritt gibt. … Wer sich dessen bewusst ist, wird in Bezug auf seinen früher oder später erfolgenden Heimgang nach der geistigen Sinnhaftigkeit seines Lebens zu fragen beginnen. Aus diesem Blickwinkel aber wird vieles, was man bisher so energisch angestrebt und verteidigt hat, fast völlig unwichtig, ja sogar nicht mehr erstrebenswert. Die Sinnlosigkeit, nur nach irdischen Gütern oder gar nach Ruhm zu streben, steht plötzlich sonnenklar im Raum des gläubig gewordenen Menschen. Und diese tiefe innere Wandlung hat eine friedvolle und ausgeglichene Zukunft zur Folge."[157]

Beginnen Sie nun mit der Übung:

Legen oder setzen Sie sich bequem hin, schließen Sie Ihre Augen. Nehmen Sie vom Kopf ausgehend den ganzen Körperinnenraum bewusst wahr. Der ganze Körperinnenraum wird von Ihrem Bewusstsein ausgefüllt, vielleicht mit dem Eindruck eines dunklen Raumes, begrenzt durch Ihre körperliche Hülle.

Atmen Sie einige Male ruhig ein und aus … Mit jeder Ausatmung lassen Sie ein wenig mehr los, gehen tiefer in die Entspannung … Einatmen, lockere, entspannte Ausatmung. Alles herauslassen, nichts drinnen behalten … Einatmen, lockere, entspannte Ausatmung. … Noch ein Stück tiefer in die innere Ruhe und Entspannung einsinken … Beobachten Sie, wie sich Ihre Bauchdecke beim Einatmen hebt und beim Ausatmen senkt …

Im Atemholen sind zweierlei Gnaden:
Die Luft einziehen, sich ihrer entladen;
Jenes bedrängt, dieses erfrischt;
So wunderbar ist das Leben gemischt.
Du danke Gott, wenn er dich presst,
Und dank ihm, wenn er dich wieder entlässt.[158]

Und nun machen Sie sich bereit, der Begegnung mit dem Tod Aufmerksamkeit zu schenken. Vielleicht kennen Sie auch eine Art Todessehnsucht, die im Wunsch nach Stille, nach Frieden, nach Ruhe spürbar wird. Bedenken Sie, dass Sie jederzeit die Übung anhalten können, wenn Sie sich jetzt gerade nicht in der Lage dazu fühlen, sich all das genauer anzuschauen.

Stellen Sie sich vor, Sie stünden inmitten einer weiten Landschaft. Schauen Sie sich um. Wie sieht es aus? In welcher Jahreszeit sehen Sie sich da stehen? … Was entdecken Sie um sich herum? … Können Sie die Landschaft riechen, den Wind und die Temperatur fühlen? …

Stellen Sie sich nun vor, Sie würden am Horizont eine Gestalt auftauchen sehen. … Während sie näher kommt, wird sie größer, sichtbarer. … Langsam kommt sie auf Sie zu …

Nennen wir die Gestalt den Engel des Todes …, der Begleiter oder die Begleiterin auf dem Weg in eine andere Daseinsform. Vielleicht ist es sogar ein bereits verstorbener Bekannter.

Das Wesen ist aus der geistigen Welt, das Sie hinüberbegleiten möchte. Wie sieht es aus, wenn es jetzt mit wenig Abstand vor Ihnen steht? Groß? Klein? Hell? Dunkel? Was trägt die Gestalt? Hat sie ein deutlich erkennbares Gesicht? … Lassen Sie es noch näher kommen. Betrachten Sie es jetzt ganz aus der Nähe. Vielleicht sehen Sie noch ein paar mehr Einzelheiten. …

Wie wirkt die Gestalt auf Sie? Freundlich? Bedrohlich? Zu- oder abgewandt? Erlauben Sie nun dem Wesen, noch etwas näher zu kommen. Spüren Sie, wie sich das für Sie anfühlt? Schaut es Sie nun direkt an? Vielleicht sagt es Ihnen etwas oder nimmt auf andere Weise mit Ihnen Kontakt auf … Vielleicht möchten Sie ihm etwas sagen. Vielleicht wollen Sie sich erlauben, Ihre stille Todessehnsucht in Worte zu kleiden, zum Beispiel könnten Sie denken oder sagen: „Tod, ich hatte Sehnsucht nach dir und will mit dir in Kontakt treten, will mich dir anvertrauen."

Bekommen Sie eine Antwort?

Versuchen Sie dem Wesen noch näher zu kommen … Können Sie mit Ihren Händen Kontakt aufnehmen oder werden Ihnen die Hände gereicht? Wie fühlt sich die Gestalt an: warm, kalt, weich, hart? …

Lassen Sie sich Zeit für diese Wahrnehmung … Könnten Sie sich eine Umarmung vorstellen? Ein Sicheinlassen auf den Tod?

Versuchen Sie nun, sich in die Richtung zu bewegen, aus der das geistige Wesen gekommen ist … Wie erleben Sie die Begleitung? Den Weggang?

Wohin schauen Sie jetzt? Möglicherweise entsteht der Eindruck, in eine unbegrenzte Weite zu schauen, verbunden mit dem Gefühl der Offenheit, Leichtigkeit, der Erleichterung und der Sicherheit. Ist es ein Gang in eine lichte Welt? Fühlen Sie sich geführt und gehalten zugleich?

Spüren Sie nach, ob Sie weiter mit dem Tod gehen möchten, noch ein Stück weiter in die große Stille hinein. Wenn ja, gehen Sie mit dem Todesengel noch ein Stück weiter und nehmen Sie wahr, wie sich das anfühlt. Ist da trotz allem Unbekannten ein Gefühl von Vertrautheit, von Heimkommen spürbar? …

Sie können sich nun entscheiden, ob Sie den Tod für dieses Mal wieder wegschicken wollen oder ihn fragen, ob er bereit ist, für heute wieder wegzugehen. Sie können aber auch noch etwas weiter gehen, die Gestalt begleiten und darum bitten, Ihnen mitzuteilen, wann es für Sie Zeit ist zu gehen … Sie können auch darum bitten, dass er in Ihrer Nähe bleibt und sich bereithält für den Augenblick, an dem es für Sie Zeit ist zu gehen. Vielleicht fällt Ihnen oder der Gestalt ein Abschiedswort ein …

Bedenken Sie, dass Sie jederzeit wieder Kontakt mit Ihrem Begleiter oder Ihrer Begleiterin aufnehmen können. Sie können ihm oder ihr auch einen Namen geben, wenn Sie ihn oder sie nicht schon kennen oder erfahren haben …

Sie können sich auch im Wachzustand jederzeit für kurze Momente die Begegnung mit dem Tod vor Augen halten und spüren, wie es sich anfühlt. Wie oft warten wir irgendwo auf etwas! Solche Zeiten sind wunderbare Momente, sich das eigene Sterben bewusstzumachen und sich zu fragen, ob die Zeit dafür schon reif ist …

Kommen Sie nun allmählich aus der weiten Landschaft wieder zurück in den Raum, in dem Sie sich gerade befinden … Spüren Sie jetzt wieder den Raum um sich herum, die Sitz- oder Liegehaltung, die Sie eingenommen haben, machen Sie sich Ihre Unterlage bewusst, atmen Sie einige Male tiefer ein und aus … strecken und rekeln Sie sich nun, wenn Sie möchten, und öffnen Sie dann wieder Ihre Augen.

Wenn die Übung Sie ruhiger gemacht hat, genießen Sie noch einige Augenblicke das angenehme Gefühl der Ruhe, des Gleichmuts und der Gelassenheit …, wenn nicht, fragen Sie sich, ob Sie sich zu weit vorgewagt haben und zu große Angstgefühle entstanden sind. Sie können sich für das nächste Mal sagen, dass Sie die Übung früher beenden wollen, so lange, bis es Ihnen besser gelingt, dem Unausweichlichen zu begegnen, und Sie eines Tages die Übung sogar mit dem Gefühl der stillen Heiterkeit und Zuversicht erleben.[159]

Ende der Übung

Wenn Sie wollen, können Sie nun ein Gespräch über das Erlebte mit einer Ihnen vertrauten Person führen.

3. Übung: Reinigung – Distanzierung: „Aufstieg“

(Text in der Sie-Form)
Wenn Sie diese Übung mit einer anderen Person machen, sollten Sie sie zuerst fragen, ob sie Höhenangst hat. Falls dies zutrifft, können Sie eine andere Möglichkeit des Sichentfernens wählen, wie z. B. mit einem Zug abreisen, mit einem Schiff fahren, einen Weg gehen usw. Für Sterbende können Sie den Text nach Belieben verändern, so dass er der jeweiligen Sterbephase besser entspricht (s. Kapitel 14, die acht Stadien des Sterbeprozesses).

Beginnen Sie nun mit der Übung:

Machen Sie es sich bequem. Legen Sie sich hin oder setzen Sie sich entspannt in einen Sessel. Legen Sie Schmuck und Brille ab. Schließen Sie die Augen. … Stellen Sie sich darauf ein, dass Sie sich nun für alles, was kommen wird, in Entspannung öffnen wollen. Gehen Sie mit Ihrem Bewusstsein in den ganzen Körperinnenraum. Nehmen Sie sich wie von innen wahr und verorten Sie sich in Ihrem Innern. … Achten Sie nun ohne Anstrengung auf den Atemrhythmus. Nehmen Sie wahr, wie mit der Einatmung die Luft nach innen strömt und sich das Zwerchfell nach unten bewegt, … wie die Eingeweide im Bauch nach unten, vorne, in die Seite und nach hinten geschoben werden und sich mit der Ausatmung wieder zurückbewegen. … Bleiben Sie für ein paar Atemzüge bei Ihrer Wahrnehmung. Auf diese Weise kann sich Ihr Geist in der Betrachtung einer Sache sammeln.

Stellen Sie sich vor, Sie stünden mitten auf einer Wiese in einer weiten Hügellandschaft, umsäumt von einzelnen Baumgruppen … Es ist ein schöner, warmer Sommertag, die Luft ist mild und freundlich … und während Sie in die Landschaft schauen, entdecken Sie unweit von Ihnen einen Heißluftballon, gerade gefüllt und bereit zum Losfliegen.

Sie nähern sich diesem Ballon, wo ein Fahrer etwas warme Luft in den Ballon bläst, um ihn in die Lüfte zu heben … Die Tür am Korb wird geöffnet … Sie steigen hinein … Die Tür schließt sich wie von selbst. … Allmählich hebt der Ballon langsam ab und steigt stetig immer höher …, die Häuser, die Bäume und die Landschaft unter Ihnen werden immer kleiner … und die Luft wirkt, je höher Sie steigen, immer frischer und reiner.

Jeder Atemzug, den Sie einnehmen, bringt Ihnen mehr Frische und Wohlgefühl und durchströmt den ganzen Körper, öffnet die Lungen und den Geist … Sie fühlen sich freier, gelöster, gelassener, ganz von Weite durchströmt und unbekümmert schweben Sie dahin. … Alles unter Ihnen ist unwichtig geworden … ganz leicht und luftig … ganz entspannt und losgelöst … wie ein Vogel in der Luft still dahinschwebend … Ein gutes Gefühl stellt sich ein und die feine Luft scheint Sie selbst durchlässiger, feiner und weiter zu machen.… In der himmlischen Klarheit kann sich der Geist klären, ordnen und ausgleichen. … Alles ist weit weg … über den Wolken scheinen die Freiheit grenzenlos, Ängste und Sorgen aufgelöst zu sein. … Ruhen Sie nun in der Unbegrenztheit des Daseins noch für einige Augenblicke lang ganz für sich allein …

Allmählich neigt sich die Fahrt dem Abstieg zu … Der Ballonführer heizt den Ballon nicht mehr auf und er beginnt nun langsam und stetig abzusinken … die irdische Welt rückt wieder näher … immer näher rükken die Wiesen und Felder, die Waldflecken und Häuser unter Ihnen … noch sind sie weit entfernt und klein … kommen aber mit dem Absinken dem Boden näher und näher … immer klarer können Sie Büsche, Gräser, Bäume und Felder erkennen … nur noch wenige Meter hoch schweben Sie über dem Boden … alles erscheint jetzt ganz deutlich vor Ihnen …, aber es mag scheinen, als ob sich etwas verändert hat …, das, was vor Ihnen ist, erstrahlt in neuem Glanz … Sie kommen noch näher … der Ballon sinkt in ruhiger Gleichmäßigkeit genau zu der Stelle zurück, von der aus Sie gestartet sind … Freude kommt auf, bald wieder festen Boden unter den Füßen zu haben und sich in der ganzen Daseinssphäre bewegt zu haben … Der Ballon setzt ganz langsam und sacht auf … wie bei einer kaum merklichen Landung eines großen Flugzeugs auf dem Boden … Die Tür öffnet sich, Sie steigen aus und gehen zurück in die Richtung, aus der Sie gekommen sind.

Und wenn Sie dort angekommen sind, wo die Reise ihren Ausgang genommen hat, machen Sie sich wieder Ihren Körperinnenraum und dann den Raum um Sie herum bewusst, atmen noch ein paarmal tief ein und aus, strecken und dehnen sich ein wenig, ganz so, wie es für Sie gut erscheint, gähnen, wenn es nötig ist, und öffnen dann, wenn es für Sie Zeit ist, die Augen.

Ende der Übung

Wenn Sie wollen, können Sie nun ein Gespräch über das Erlebte mit einer Ihnen vertrauten Person führen.

4. Übung: Begegnung mit dem eigenen Sterben

Setzen oder legen Sie sich locker und bequem hin. Machen Sie es sich so bequem wie möglich. Legen Sie Schmuck und Brille auf die Seite. Schließen Sie die Augen. Prüfen Sie noch einmal Ihre Haltung oder Lage, bis Sie ganz bequem liegen oder sitzen. Alles um Sie herum ist jetzt ganz unwichtig. Sie müssen überhaupt nichts mehr leisten. Prüfen Sie noch einmal Ihre Haltung, bis Sie sich ganz wohlfühlen. Der Atem fließt ruhig und sacht. …

Wo haben Sie Kontakt zur Unterlage? Fühlen Sie liebevoll in Ihre Verspannungen hinein, besonders im Schulter-Nacken-Bereich, in Gesicht, Kiefer, Stirn und atmen Sie einige Male achtsam ein und aus. Sie können auch einige Male in Richtung verspannter Stellen atmen und sich vorstellen, dass der Atem dehnt, weitet und entspannt.

Und während der Atemstrom kommt und geht, sagen Sie sich, dass sie loslassen und entspannen wollen. … Achten Sie jetzt noch einmal auf die Muskeln und auf die An- bzw. Entspannung und Ihre Lage. Rücken Sie sich noch etwas zurecht, damit Sie sich wohlfühlen. … Wenn Sie ganz entspannt sind, können Ihre inneren Organe in Ruhe arbeiten … Kopf, Nacken, Schultern und der Rumpf ruhen ruhig und sanft … und die Entspannung breitet sich auch in Ihre Arme aus … und vom Becken ausgehend in die Oberschenkel, Knie und Unterschenkel bis in die

Sprunggelenke hinein. Ihre Beine sind bis in die Zehen hinein locker und gelöst.

Lassen Sie den Atem weiter kommen und gehen. … So wie die Atemwelle kommt und geht, kommt und geht die Meereswelle den Strand hinauf und löst sich im Meer wieder auf. Genauso lösen Sie sich irgendwann im Meer des Seins ganz auf. …

Stellen Sie sich nun vor, wie Sie in das Alter kommen, in dem Sie bald sterben werden. Vielleicht können Sie das Alter Ihres Körpers in jeder Zelle spüren. Wie alt fühlen Sie sich? … So wie ein Räucherstäbchen abbrennt, sobald man es angezündet hat, brennt auch Ihr Körper ab. Das ist ganz natürlich. Nichts in der Natur bleibt stabil, alles wandelt sich. … Versuchen Sie Angst und Widerstand gegenüber dem eigenen Sterben frei von jeder Bewertung vorbeiziehen zu lassen.

1. Szene:

(Die Fragen im Verlauf des Textes sind als Anregung gedacht, mit sich in Kontakt zu kommen. Sie sollten nicht zu schnell aufeinanderfolgen, damit genügend Zeit zum Nachspüren bleibt. Es geht nicht darum, sich aktiv etwas vorzustellen, sondern innezuhalten und zu beobachten, was vor dem inneren Auge vorbeizieht.)

Wie ist es um Ihre Gesundheit heute bestellt? … Können Sie fühlen, wann Sie etwa sterben werden? …. Morgen schon könnte es vorbei sein. Was wäre, wenn Sie nie sterben würden? Wäre das furchtbar für Sie oder vorstellbar? … Vielleicht macht die Endlichkeit Ihr Leben erst zu dem, was es ist? …. Ist es wertvoll für Sie? … Stellen Sie sich die Zeit fünf Jahre vor Ihrem Tod vor. Wie alt sind Sie wohl? … Was tun Sie gerade? …

2. Szene:

Gehen Sie in das letzte Jahr vor Ihrem Tod. Sie ahnen, dass es etwa noch ein Jahr sein wird. Sind Sie bereit zu sterben? … Wenn nicht, was soll in diesem Jahr noch geschehen, damit Sie sich bereit fühlen? … Wie verbringen Sie dieses letzte Jahr? … Mit wem? … Was werden Sie noch tun? … Was wollen Sie wem noch sagen? … Wie sehen Sie aus? …

Welche Krankheiten haben Sie? … Woran leiden Sie? … Sind Sie bereit zu sterben?

3. Szene:

Ihr ganzes Leben in der Rückschau. Wie war es? … Womit waren Sie einverstanden? … Womit nicht? … Wo haben Sie etwas falsch gemacht? … Wo haben Sie etwas verpasst? … Vielleicht aus Zurückhaltung oder Scham? … Was war Ihnen peinlich? … Was war schön? … Was würden Sie wieder tun? … Wo haben Sie andere mehr geachtet und geliebt als sich selbst? … Wo haben Sie mehr für sich gesorgt als für andere? … Können sich alle Ihre Wunden jetzt schließen? … Wenn nicht, brauchen Sie noch etwas, um mit den leidvollen Stunden abschließen zu können? … Können Sie verzeihen, sich selbst und anderen, die Sie verletzt haben? … Können Sie für den Schaden, den Sie angerichtet oder anderen zugefügt haben, jetzt um Verzeihung bitten? … Können Sie sich mit Ihrer Geschichte und all Ihren Stärken und Schwächen versöhnen? Können Sie sich so ,wie Sie sind, annehmen? Können Sie in Frieden mit der Welt gehen, loslassen? …

4. Szene (in Anlehnung an das Tibetische Totenbuch):

Sie sind kurz vor dem Tod, vielleicht auf dem Sterbebett, vielleicht krank, müde, erschöpft. Es kann aber auch sein, dass Ihre Arme hektische, unkontrollierte Bewegungen machen und Sie noch Bewegungsdrang verspüren. Es kann Ihnen heiß sein, Schweißperlen können sich auf der Stirn bilden, obwohl die Hände und Füße kalt sind. Es bleibt Ihnen nur noch wenig Zeit. Vielleicht zieht Ihr ganzes Leben im Zeitraffer noch einmal an Ihnen vorbei … In welcher Umgebung sterben Sie? … Ist die Atmosphäre still, gedämpft, angenehm? … Fehlt etwas? … Wer ist bei Ihnen? … Was wird gesagt? … Was sagen Sie? … Was fällt Ihnen noch ein? Wie verständigen Sie sich in diesen Stunden? … Welche Gefühle sind da? … Wut, Scham, Schuld, Hilflosigkeit, Schmerz, Angst … oder Freude, Sanftheit, Erleichterung, Zufriedenheit, Frieden, Glück? … Hören Sie Musik, singt jemand für Sie Lieder oder Mantras? … Wird gebetet? … Können Sie noch alles sehen? … Wahrscheinlich ist Ihr Körper schon zu einer Last geworden, hat Ihr Augenlicht schon nachgelassen … Gibt es noch etwas, das Sie belastet? … Sind Sie bereit zu sterben?

Abb. 16: Buddhas Tod und Eintritt ins Nirvana, Japan

5. Szene:
Der Tod kommt gerade. In der ersten Sterbephase wird die Atmung langsam und flacher. Das Atemholen fällt zunehmend schwerer. Wenige Stunden bleiben noch. Vielleicht brauchen Sie viel Schlaf und sind dazwischen nur für kurze Zeit wach. Das Gefühl für Tag und Nacht sowie überhaupt jedes Zeitgefühl verschwinden.

Vielleicht erkennen Sie die Umgebung nicht mehr oder empfinden sie als fremd. Es kann sein, dass Sie verwirrt sind und dass Bilder wirr im Kopf erscheinen mit Fratzen, Farben, Erinnerungsfetzen … Vielleicht wollten Sie schon seit einigen Tagen nichts mehr essen und trinken. Möglicherweise sind Ihre inneren Organe gar nicht mehr in der Lage, viel Nahrung zu verdauen und Flüssigkeit aufzunehmen. Ihr Herz wird schwach, der Puls flach. Die Atmung langsamer, flacher.

Wie fühlen Sie sich? Welche Bilder erscheinen vor Ihrem inneren Auge, welche Gedanken gehen Ihnen durch den Kopf? Wie könnte sich Sterben für Sie anfühlen?

Können Sie sich ruhig mit allen körperlichen Zuständen, die da sind, arrangieren? … Fühlen Sie sich schmerzfrei? … Liegen Sie auf dem Rücken? … Auf einer Körperseite? … Sitzen Sie in Ihrem Sessel? Wer ist jetzt noch im Raum?

Der Tod kommt noch näher, Ihre Zirbeldrüse schüttet nun einen Stoff aus, der verwandt mit LSD ist und den Bewusstseinszustand verändert. Ihr Alltagsbewusstsein trübt ein. Sie können Ihre Körperfunktionen nicht mehr kontrollieren, den Körper nicht mehr selbstständig bewegen, nicht mehr bewusst reden, atmen, schlucken, husten, spucken, urinieren, ausscheiden.

Es kann sein, dass Sie sich plötzlich für kurze Zeit noch einmal aufrichten und Ihre Umgebung klar erkennen. Vielleicht sehen Sie das Jenseits ganz real und nah. Vielleicht sagen oder denken Sie, wie es häufiger vorkommt, Worte wie: „Ich komme“, „Ich schwebe“, „Ich gehe“. Vielleicht erscheinen verschiedene Farbtöne vor den Augen.

Der Blutdruck schwankt und sinkt, der Plusschlag wir noch flacher und unregelmäßiger. Sie werden blasser. Vielleicht spüren Sie Ihre kalten Hände und Füße. Möglicherweise wärmt Sie jemand oder zieht Ihnen Strümpfe an. Die Atembewegung wird schleppend, langsam, die Pausen werden länger. Manchmal kommen auch schnellere Atemphasen vor. Schleim in der Lunge führt zu seltsamen rasselnden Geräuschen beim Atmen. Der Mund fühlt sich trocken an. Vielleicht können Sie den zähen Schleim nicht mehr abhusten. … Haben Sie Angst, zu ersticken? … Sind die, die nun Ihrem Tod beiwohnen, beunruhigt? … Werden Sie aufgerichtet? … Wird Ihr Mund gereinigt, befeuchtet? … Vielleicht atmet jemand mit Ihnen zusammen, um Ihren unruhigen Atemrhythmus zu beruhigen. Vielleicht merken Sie, dass Ihr Atem und Sie selbst dabei ruhiger werden?

Kurz vor dem Eintreten des Todes werden Sie ohnmächtig. Es ist der erste Sinn, der sich bildet, und der letzte, der geht, falls Ihre Ohren nicht selbst im Leben schon schwach geworden sind, können Sie noch hören, was geredet wird. Sprechen die Menschen, die bei Ihnen sind, noch zu Ihnen? Begleiten sie Ihre Handlungen mit Worten?

Jetzt beginnen sich die Füße von den Zehen her und die Hände von den Fingerspitzen aus zu verfärben. So auch die Seite, auf der Sie gerade liegen. Die Augen blicken offen oder halboffen in die Ferne, ohne etwas in Ihrer Umgebung genau wahrzunehmen. Die Pupillen reagieren nicht mehr auf Licht. Ihre Reaktionen auf die Umgebung haben abgenommen. Sie erkennen die Menschen um Sie herum nicht mehr, nehmen kaum noch ihre Anwesenheit wahr. Vielleicht sind Sie in einem verwirrten Geisteszustand und sehen alles wie in Dunst oder Nebel gehüllt. Vielleicht spricht jemand eine Bitte um Vergebung oder einen letzten Dank aus. Versuchen Sie, sich von Ihren Ängsten zu lösen, den Widerstand aufzugeben. Der letzte ‚Todeskampf' tritt ein, weil zu wenig Sauerstoff im Körper ist. Vielleicht werden Sie nun noch einmal sehr unruhig und hektisch. Vielleicht keuchen Sie oder schnappen noch einige Male nach Luft. … Vielleicht treten Krämpfe auf. Es kann sein, dass Sie von all dem kaum noch etwas wahrnehmen, weil Ihre Wahrnehmung zu stark getrübt ist. … Noch ein paar Augenblicke … Sie entschlafen sanft. Kurz nach dem Tod, wenn die Muskulatur des Körpers, des Darms und der Blase erschlafft, entleeren sich Blase und Darm. Die Gesichtsmuskeln erschlaffen und glätten sich. …

Zwanzig Minuten sind schon vergangen nach dem letzten Atemzug, das Herz schlägt nicht mehr. Der Körper ist in den biologischen Tod getreten, die Zersetzung beginnt. Alle Organe arbeiten nicht mehr. Es treten bläuliche Leichenflecke auf, weil das Blut im Körper nach unten absinkt. … Zwei Stunden später setzt nun die Totenstarre ein. Der Körper erkaltet langsam, etwa ein Grad Celsius je Stunde. Zuletzt schwindet die Wärme aus dem Halsbereich.[160]

Ihr Ich-Bewusstsein zieht sich zusammen und tritt aus dem Körper über den Scheitelpunkt oder durch Augen, Mund, Nase oder die Ohren aus. … Wer weiß, was Sie davon noch erleben … Das Lebensband, ähnlich einem Silberfaden, ist gerissen, der Körper bleibt zurück. In der Schwerelosigkeit entfernen Sie sich von Ihrem Körper. Vielleicht erfahren Sie, wie sich Ihr Bewusstsein im grenzenlosen Geist-Bewusstsein auflöst. Vielleicht treffen Sie verstorbene Bekannte, Verwandte oder andere Wesenheiten, die Sie durch eine Art Tunnel in ein helles, gleißendes Licht begleiten. Gehen Sie mit, ohne sich zurück- oder abzuwenden. …

6. Szene:

Ihr Körper – ein paar Stunden später. Die Leichenstarre besteht seit einigen Stunden. Der Zersetzungsprozess des Körpers geht voran. Durch die Fäulnis der Körperzellen kann sich Leichengeruch ausbreiten. Ein paar Tage später …

Vielleicht sind Sie nun erst in einem anderen Zwischenzustand. Ist es die Zeit zwischen dem vierten und vierzehnten Tag nach dem Sterbeprozess? … Sehen Sie in dieser Zeit Ihr Begräbnis stattfinden? Das Verbrennen Ihres Körpers? … Was immer Sie sich vorgestellt haben, wird es so sein? … Der Sarg wird getragen, die Urne – wer weiß? In ein Grab werden die körperlichen Reste hinuntergelassen, auf einem Friedhof, im Wald, irgendwo. Leute schütten Erde auf Ihren Sarg. Von oben beobachten Sie das alles.

Durchwandern Sie weiter die Zwischenzustände hin zum Licht oder bereiten Sie sich auf eine neue Wiedergeburt vor? Wie lange wird es dauern, bis es zu einer Wiedergeburt kommt? Können Sie Ihre Hinterbliebenen erkennen? Manche sind traurig, manche vielleicht auch erleichtert. Hören Sie noch, was gesprochen wird? Wie werden die Wochen nach Ihrem Begräbnis sein? Wird man Sie bald vergessen?

Wenn Ihr Körper nicht verbrannt wird, können Sie mit den neun Leichenfeldbetrachtungen (modifiziert)[161] fortfahren, wenn nicht, überspringen Sie die Betrachtungen und gehen zum Abschluss.

Abb. 17: Sonnengott Ra in der Unterwelt

Die neun Leichenfeldbetrachtungen Buddhas:

1. Ich sehe meinen Körper tot seit ein paar Tagen, aufgebläht, blau und verfaulend. …
2. Ich sehe meinen toten Körper von Würmern, Maden oder Fliegen zerfressen. …

3. Ich sehe, dass von meinem Körper nur das Skelett übriggeblieben ist. Etwas Fleisch und Blut hängen noch daran. …
4. Ich sehe nur noch mein Skelett, von Sehnen und Bändern zusammengehalten.
5. Ich sehe verstreut einzelne Knochen meines Körpers. Fuß- und Handknöchelchen sind vom Skelett gelöst und verstreut. …
6. Hüftknochen, Becken, Wirbel, Kiefer, Zähne, Schädel haben sich auch gelöst und liegen verstreut herum. …
7. Ausgebleichte Knochenüberreste liegen verstreut herum. …
8. Nach einem Jahr sind nur noch wenige Knochen da.
9. Nach Jahren sind die Knochen zu Staub geworden.[162]

Spüren Sie noch einmal dem Gefühl nach, das jetzt mit der Übung entstanden ist … Wie erleben sie alles? Weit? Leer? Alle Gefühle, die aufkommen, unangenehme und angenehme, dürfen da sein …

Kehren Sie jetzt wieder in den Raum zurück, wo Sie die Übung begonnen haben. Spüren Sie Ihre Unterlage, auf der Sie sitzen oder liegen … Nehmen Sie den Raum um sich herum wahr. … Strecken und rekeln Sie sich nun, gähnen Sie, wenn Sie möchten, und öffnen Sie dann wieder Ihre Augen. Wenn die Übung Sie ruhiger gemacht hat, genießen Sie noch einige Augenblicke das angenehme Gefühl der Ruhe, des Gleichmuts und der Gelassenheit. Wenn nicht, dann prüfen Sie, ob Sie sich für den Anfang zu viel zugemutet haben. Lassen Sie sich Zeit und bleiben Sie bei den vorangegangenen Übungen, bis Sie sich angstfrei erleben. Vielleicht kann sich im Laufe der Übungen ein Gefühl der stillen Heiterkeit und Zuversicht einstellen.

Ende der Übung

Wenn Sie wollen, können Sie nun ein Gespräch über das Erlebte mit einer Ihnen vertrauten Person führen.

Abb. 18: Verblühter Löwenzahn, Wiese in Leipzig

So außergewöhnlich der Moment des Todes auch sein mag, es wird auch nur ein weiterer Moment sein. Es gelten die gleichen Bedingungen wie auch im Leben: mit allem zu sein, was geschieht, im Körper und Geist. Ein Moment, dem Sie so begegnen sollten, wie wenn etwas ganz Neues auf Sie zukommt: mit Offenheit und mit ‚Anfängergeist' (***Shunryo Suzuki***) oder einem ‚Weiß-nicht-Geist' (***Dae Seung Se Nim***), dem Geist, der weiß, dass er letztlich nichts weiß, und der bereit ist, im Raum des Nichtwissens zu verweilen. … „Der Geist zieht sich zurück in die Geistigkeit."[163]

Wenige Tage vor ihrem Tod schreibt die junge Jüdin Etty Hillesum im Konzentrationslager Auschwitz-Birkenau: „Plötzlich war es so, als ob das Leben in seinen tausend Einzelheiten, Windungen und Krümmungen vollständig klar und durchsichtig geworden wäre. Wie ein kristallklarer See …, du sitzt am Ufer eines gewaltigen Ozeans, der so durchsichtig ist, dass du bis auf den Grund blicken kannst … und dieser Teil von mir, der tiefste und reichste, in dem ich ruhe, ist das, was ich Gott nenne … Alle äußeren Erscheinungen sind eine vorbeiziehende Jahrmarktsschau, sind wie ein Nichts neben der Pracht in unserem Inneren."[164]

Wir nehmen unser Leben als horizontale Zeitachse wahr, die von der Geburt bis zum Tod reicht. Eingebunden darin sind angenehme Momente, oft nur von kurzer Dauer, und unangenehme, Leiden. Buddha soll die angenehmen Momente als ***Sukkha*** (Süße), die schmerzhaften als ***Dukkha*** (Leid) bezeichnet und drei Arten des Leidens postuliert haben:

- das direkte Leid am Körper
- das Leid durch die Vergänglichkeit des Lebens
- das Leid durch Veränderung

Tatsächlich ist Leid auf der horizontalen Zeitachse unseres Lebens unumgänglich. Es sind die Zeiten, in denen wir gezwungen sind, mit Widerständen zurechtzukommen. In gewisser Weise sind es unsere Entwicklungszeiten, zwischen denen sich die kurzen, guten Momente sozusagen wie Bonbons, wie Ruhezeiten vor dem nächsten Sturm eingestreut finden. Das ist die horizontale Achse des christlichen Kreuzes, es ist das Kreuz, das wir zusammen wie Jesus mit Milliarden von Menschen mehr oder weniger schwer auf den Schultern tragen. Wenn wir die Gegenwart dieses Urgrundes, der sich in jedem Augenblick in der Vertikalen offenbaren kann, nicht fühlen, kann uns das in tiefe Verzweiflung stürzen. Auf dem Weg dahin sind wir uns selbst das größte Hindernis.

Die Horizontale ist das eine Wesen, leidend wie Jesus am Kreuz: „Vater, warum hast du mich verlassen?" Die vertikale Dimension ist gegründet im Sein, voller Akzeptanz und Frieden wie der Ausruf von Jesu: „Vater, vergib ihnen, denn sie wissen nicht, was sie tun." Kreuzungspunkt zwischen diesen beiden Linien ist unser Leben im Augenblick. Inmitten von Leid kann es plötzlich erscheinen, uns zur Gegenwärtigkeit rufen und uns zeigen, dass in jedem Augenblick das unfassbare Mysterium des Seins aufleuchten kann. Dieses Aufleuchten bringt Gleichmut, Gelassenheit und Freude in die letzten Minuten unseres Hierseins.

Eine Zen-Geschichte verdeutlicht, wie dieser Kreuzungspunkt in tiefster Freude berührt werden kann:

„Ein alter Mönch fühlt seinen Tod nahen. Er legt sich nieder und verkündet, dass er in den nächsten Stunden sterben werde. Alle seine Schüler versammelten sich an seinem Sterbelager. Nur ein einziger, der ergebenste aber, eilt nicht zu seinem Meister, sondern auf den Markt, um einen Kuchen zu holen, von dem er weiß, dass der sterbende Mönch ihn besonders liebt. Aber er bekommt ihn nicht und muss ihn erst wieder backen lassen, was einen ganzen Tag in Anspruch nimmt. Endlich ist es so weit und er läuft zurück, in der Hoffnung, doch noch rechtzeitig zu kommen, und kaum steht er in der Zellentür, schlägt der Mönch die Augen auf und murmelt: ‚Endlich! Und wo ist der Kuchen?' Er lässt sich ein Stück reichen und verzehrt es mit großem Genuss. Seine Schüler schauen sich verwirrt an. Einer fragt: ‚Meister, wie lautet deine letzte Lehre? Verkünde uns etwas, was wir nie vergessen werden.' Der Meister lächelt und spricht dann, langsam, jedes Wort betonend: ‚Dieser Kuchen schmeckt vorzüglich.'“[165]

Eine ganze Reihe von Sterbeberichten früherer christlicher Nonnen und Mönche lassen ebenfalls hoffen, dass das Sterben Erlösung und Ruhe bedeutet. So lachte ein Mönch in der Sketis dreimal auf dem Sterbebett, als die Mitbrüder sein Lager umstanden. Die Brüder fragten ihn: „Aber sag doch, Abbas, warum lachst du denn, während wir weinen?“ Er aber gab ihnen zur Antwort: „Das erste Mal habe ich gelacht, weil ihr euch alle vor dem Tod fürchtet; das zweite Mal habe ich gelacht, weil ihr nicht bereit seid; das dritte Mal aber habe ich gelacht, weil ich aus der Mühsal in die Ruhe hinübergehe.“ Sogleich darauf entschlief der Bruder.“[166]

16 Wer bin ich?

Nach heutigen Schätzungen besteht das menschliche Gehirn aus etwa 100 Milliarden Nervenzellen. Der Anatom Heinrich Wilhelm Waldeyer, der im Jahre 1881 als Professor für Anatomie an der Universität Straßburg lehrte, prägte dafür den Begriff Neuron.

Der Dendritenbaum einer einzigen (menschlichen) Nervenzelle kann mit 100.000 bis 200.000 Fasern anderer Neuronen in Verbindung stehen. Eine menschliche Nervenzelle kann bis zu einem Meter lang werden und sieht im Prinzip aus wie die eines Regenwurms mit Strickleiter-Nervensystem. Schneidet man das Gehirn einer Ratte in Scheiben und vergleicht es mit dem eines Menschen, kann selbst ein Wissenschaftler nur schwer erkennen, ob es sich um menschliche oder tierische Nervenzellen handelt. Weil nun die Nervenzellen hinter der Stirn, im sogenannten präfrontalen Cortex, ‚beobachten' können, wie sich der Körper bewegt, wie das Gefühl sich anfühlt, wie Gedanken und Bilder vor seinem inneren Auge aufleuchten, glaubt der Mensch an ein unabhängiges Ich. Es sind aber nur Nervenzellen, vergleichbar denen eines Regenwurmes.

Im Laufe der ersten drei Lebensjahre vernetzen sich die Neuronen unserer Stirnregion in einer Weise, die es dem Kind ermöglicht, sich als eigenständige Person wahrzunehmen: Das Kind entwickelt seine Selbstwahrnehmung, ein inneres Bild von einer Person entsteht. Am Ende des zweiten Lebensjahres erfährt die Selbstwahrnehmung eine tiefgreifende Erweiterung: Das Kind wird sich seiner selbst bewusst. Mit dem so genannten Rouge-Test lässt sich das Alter erfassen, in dem die erste Selbstwahrnehmung stattfindet. Während das Kind spielt, wird ihm unbemerkt ein roter Farbtupfer im Gesicht angebracht. Dann setzt man das Kind vor einen Spiegel und beobachtet sein Verhalten. Vor dem 18. Lebensmonat greift das Kind nach seinem Spiegelbild, sucht nach dem Spielgefährten im Spiegel, dreht den Spiegel um und wundert sich, dass es nur die leblose Rückseite des Spiegels vorfindet. Den roten Fleck in seinem Gesicht bemerkt es nicht. In der Zeit zwischen dem 18. und 20. Monat verändert sich das Verhalten. Das Kind ist beim Anblick des Spiegelbildes irritiert. Es bemerkt den Farbfleck und lokalisiert ihn in seinem eigenen Gesicht. Es erkennt sich im Spiegel.

Dieser Test wurde erstmals an Menschenaffen durchgeführt. Schimpansen und Orang-Utans bemerkten den Fleck in ihrem Gesicht, nicht aber Gorillas und andere Menschenaffen. Wuchsen Schimpansen isoliert auf, blieb die Selbstwahrnehmung gänzlich aus. Sie scheint also an soziale Erfahrungen gebunden zu sein. Mit anderen Worten: Nur in der Umgebung anderer und im Umgang mit anderen entwickelt sich ein Ich-Gefühl.[167]

Dieses Ich reift – neurobiologisch – bis etwa zum 35. Lebensjahr zu einer Persönlichkeit heran. Diese Persönlichkeit nimmt sich getrennt von anderen wahr, lebt in Bildern, Gefühlen und Gedanken, die aus der Erfahrungswelt des Ichs entstanden sind, entstehen und neuronal abgelegt werden. Persönlichkeit ist also nichts anderes als eine Art Gedankengebäude, das Bilder und Gefühle mit einbezieht. Mit dem Entstehen des Ich-Bewusstseins identifiziert sich das Kind mit seinem Namen und entdeckt Objekte um sich herum als von ihm getrennt. Kommt es zur Identifikation mit einem Objekt, zum Beispiel mit einem Teddybären, wird die Identifikation auf das Objekt ausgedehnt. Es wird zu ‚meinem Teddybären'. Die Ausdehnung der Identifikation auf Objekte machen sie zu unserem Besitz, den wir ungern loslassen. Im Grunde geht es aber nicht um ein bestimmtes Objekt, denn das ist, zumindest noch für das kleine Kind, austauschbar. Wenn Sie zum Beispiel einem Kind den Teddy wegnehmen, wird es furchtbar schreien. Geben Sie ihm aber etwas anderes, Gleichwertiges, wird es sich diesem Objekt zuwenden und der Teddy ist vergessen. Es war also nicht das Objekt an sich, das Leid verursacht hat, sondern nur die Zuschreibung „mein", die Ausdehnung des Ichs auf das Objekt des Begehrens. Alles, was wir in Besitz nehmen, bringt Freude, es zu verlieren, bringt Leid mit sich.

Wenn da aber kein ‚Ich' ist, sondern nur neuronale Verknüpfungen: Wer war ich dann, bevor sich mein Ich-Gefühl entwickelte? Wer wird geboren und wer stirbt?

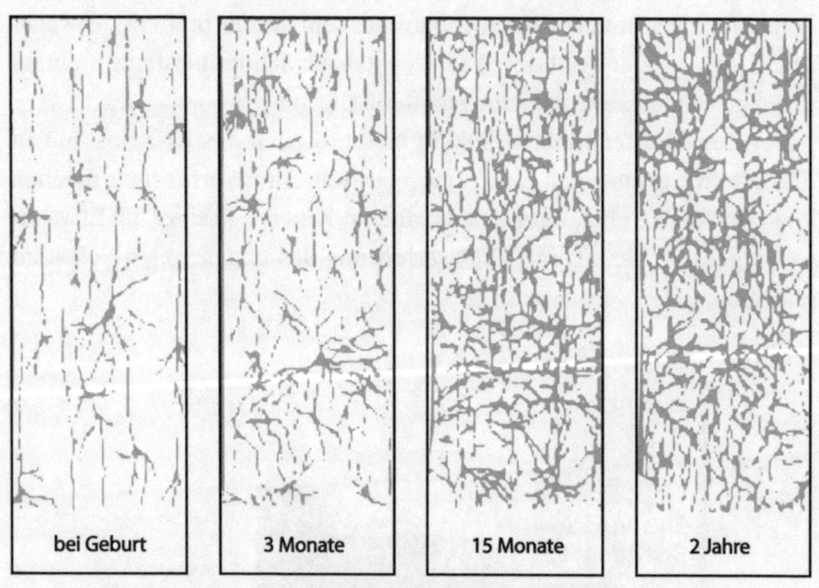

Abb. 19: Neuronale Vernetzung in den ersten Lebensjahren. Es entsteht ein ‚Ich-Gebäude' aus Gedanken, Bildern, Erfahrungen, Gefühlen.

Gerne verwende ich für die praktische Vorstellung zwei Stühle und ein schwarzes Meditationskissen (Sie können einmal versuchen, das als Übung nachzustellen). Ich stelle alles in eine Reihe und erkläre: Nehmen wir einmal an, der hintere Stuhl sei Ihr noch frei von Ich-Gefühl und Anhaftung existierendes Ur-Selbst, unbefleckt, nackt, erst für kurze Zeit in der Welt angekommen. Das Kissen in der Mitte ist der erste Ich-Zustand im zweiten bis dritten Lebensjahr, wenn Sie erstmals wahrnehmen, dass Sie ein eigenständiges Wesen sind. Der Stuhl vor dem

Kissen schließlich ist der erwachsene Ich-Zustand. Jetzt setzen Sie sich auf diesen Stuhl und versuchen, ihr jetziges Ich in seiner Persönlichkeit zu erfühlen. Dann gehen Sie einen Schritt zurück und fühlen das kleine Kinds-Ich auf dem Kissen, das gerade einmal verstanden hat, dass es ein eigenständiges Wesen ist. Zuletzt setzen Sie sich dann auf den hinteren Stuhl, der den Zustand, bevor Ihr Ich geboren wurde, darstellt. Eigentlich könnte der hintere Stuhl noch größer sein als der Stuhl des erwachsenen Ichs, weil er symbolisch für den ganzen Schöpfungsraum steht, in den das Neugeborene noch eingebettet ist.

Der Zen-Meister Katsuki Sekida meint, dass dieses Ur-Selbst nur in den ersten Lebenstagen eine reine, ich-freie Sinneserfahrung machen kann. Ich denke aber, dass es auch älteren Kindern leichter als Erwachsenen gelingt, diese reine Sinneserfahrung des unbefleckten Selbst zu erleben.

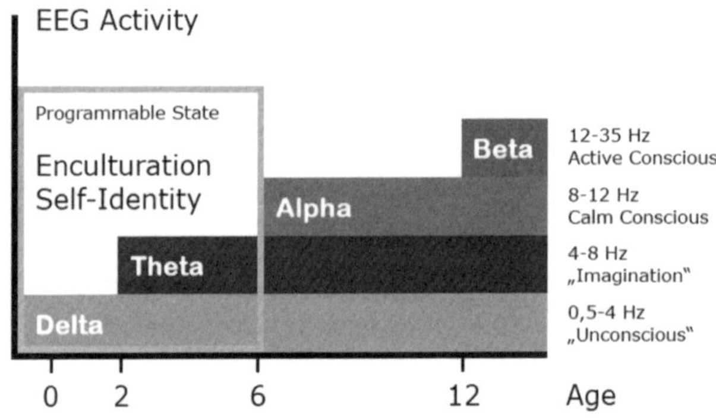

Abb. 20: Die ersten sechs Jahre befinden wir uns in einem ‚programmierbaren' Zustand und nehmen wie ein Recorder auf, was wir erleben. Jugendliche können mit Hilfe von Beta-Wellen erst in der Pubertät das eigenständige Ich-Erleben voll entfalten, weil in dieser Zeit die Ich-Bildung im präfrontalen Kortex voranschreitet. Sie wachsen körperlich, strecken die Glieder in die Welt hinaus und fallen mental aus der Einheit heraus. Vor der Pubertät befinden sie sich in ihrer eigenen Welt und erleben die Welt wie hinter einer Glasscheibe. Entn. aus dem Film: Bruce Lipton: Intelligent Cells. DVD und Buch, Koha Verlag 2008

Nachdem sich das Ich-Gefühl ausgeformt hat, bleibt uns die reine Seins-Erfahrung oft verborgen. Wir suchen die Rückbindung im Glauben, der aber aus unseren Konzepten geformt ist, anstatt sie in der reinen Anschauung des Seins zu erfahren. Wenn wir durch Mediation erkennen, dass die Erfahrung des Daseins als nicht von uns getrennt gepflegt werden kann, tritt allmählich der Zustand vor der Geburt eines Ich-Bewusstseins wieder hervor. Eine Erfahrung, die sich jederzeit, allerdings seltener, auch ohne ungegenständliche Meditation einstellen kann. So lässt Dostojewski beispielsweise einen Epileptiker, der in diesen Zustand geraten ist, diese Worte sagen: „Einige Augenblicke vor dem Anfall überkommt mich ein derartiges Glücksgefühl, wie das im Normalzustand unvorstellbar ist … Ich fühle mich in völliger Harmonie mit mir selbst und mit der ganzen Welt, und dieses Gefühl ist so stark und so köstlich, dass man freudig zehn Jahre seines Lebens, wenn nicht gar sein ganzes Leben, für wenige Sekunden eines solchen Glücks hergeben würde."[168] Solche Einheitserfahrungen werden als kurzes Erleuchtungserlebnis beschrieben (jap. ***Kensho***). Neugeborene befinden sich permanent in solchen Zuständen, ohne sie bewusst erfassen zu können, nicht nur, wenn sie friedlich in ihren Bettchen um sich schauen. Sie werden durch das kosmische Leben gelebt, so wie es sich unmittelbar in ihnen ausdrückt. Und es ist ja gerade dieser unbefleckte Anblick reinen Seins, an dem wir uns so entzücken können. Ja selbst zu älteren Kindern können wir uns hingezogen fühlen, weil die naive Natürlichkeit noch Ausdruck dieser unbewussten Einheit ist.

Beides, das schwarze Kissen und den Stuhl unserer gegenwärtigen Ich-Persönlichkeit, müssen wir spätestens im Sterben wieder loslassen, damit die Essenz des geistigen Substrates in unserer unbefleckten Wesensnatur aufleuchten kann. Religion (lat. ***re-ligere***; dt. rück-verbinden) soll uns im eigentlichen Sinne des Wortes helfen, dieses nackte ***Nun***, wie Meister Eckhart es nennt, wieder zu berühren. Stilles Verweilen in Meditation ist sozusagen die Essenz der Religion, die uns helfen kann, diesen Geisteszustand wieder zu berühren.

Dazu eine Übung:
Bewerten Sie den Grad Ihrer Unruhe im Augenblick von 0 bis 10. Spüren Sie genau in diesen Zustand hinein, so dass Sie einen guten Eindruck Ihrer momentanen Stimmung erhalten.

Benennen Sie jetzt nacheinander fünf Gegenstände, die Sie um sich und an sich sehen, und lassen Sie kurz den Blick auf jedem dieser Gegenstände ruhen, um ihn noch besser erfühlen zu können. Benennen Sie dann fünf Geräusche, die Sie in, an und um sich hören können, wobei Sie auch versuchen sollen, sich in die einzelnen Geräusche hineinzufühlen, indem Sie im Geräusch kurz verweilen. Nun versuchen Sie fünf Dinge, die Sie spüren können (z. B. den Fuß im Schuh, die Hand auf dem Bein, die Zunge am Gaumen, etc.) zu fühlen und ebenfalls kurz in das Gefühle einzudringen, damit die Erfahrung des Gegenstandes spürbar wird. Machen Sie dann genauso weiter mit vier anderen Gegenständen, die Sie sehen, dann vier Dinge, die Sie hören, und vier, die Sie spüren können. Dann weiter mit drei Gegenständen, dann zwei und zuletzt ein Gegenstand, den Sie sehen, hören und fühlen.

Nachdem Sie die Übung durchlaufen haben, bewerten Sie wieder den Grad ihrer Unruhe (wie vor der Übung).

Sie werden feststellen, dass Sie viel mehr in der Gegenwart angekommen sind, viel ruhiger geworden sind, ein wenig mehr in Ihrem ‚Ur-Selbst' angekommen sind. Sie haben sich sozusagen in einen meditativen Zustand gebracht, indem Sie von weiter außen (sehen) mehr und mehr in Ihre Mitte (hören und fühlen) gelangt sind. Genauso wirkt bei der Meditation die schlichte, ruhige Betrachtung des Atmens. Sie ist nichts anderes als ein Mittel, Sie in Ihr ‚Ur-Selbst', in Ihre Mitte, zurückzubringen, damit sich ein stiller, gesammelter Geisteszustand (Sanskrit: ***Samadhi***) entwickeln kann, in dem Ihr Denken zur Ruhe kommt.

Im Herz-Sutra, einem für Buddhisten wichtigen Leittext, heißt es, dass die sogenannten fünf Seins-Zustände (Sanskrit: ***Skandas***) leer sind. Gemeint sind die Empfindungen des materiellen Körpers mit seinen Sinnesorganen, die Gefühle, die Wahrnehmung, das Denken und schließlich das Bewusstsein. Das Ich-Bewusstsein (Sanskrit: ***Vijnana***) kann sich selbst nur unscharf wahrnehmen und heftet sich nach buddhistischer Vorstellung an den Verstand. Es wird daher auch als Klammerbewusstsein bezeichnet. Der Verstand wiederum speist sich aus der eigenen Gedanken- und Bilderwelt sowie durch die einfachen Sinne wie Hören, Sehen, Tasten, Schmecken. Mit dem Anklammern an den Verstand identifiziert sich das Ich-Bewusstsein mit dem Verstand. „Ich denke, also bin ich“, meinte Decartes. Er glaubte, dass das Ich-Bewusstsein nur der Verstand sei, ohne zu merken, dass es mehr als der Verstand ist. Den Verstand bezeichnen Buddhisten als den inneren Räuber, der das Ich-Bewusstsein in seinen Bann zieht, die einfachen Sinne als die äußeren Räuber, die über die Verarbeitung der Eindrücke durch den Verstand das Ich-Bewusstsein binden. Auf diese Weise erlebt sich der Mensch als eine sich zwischen Sinneseindrücken und dem Verstand bewegende, von anderen getrennt existierende Einheit mit dem Gefühl der Kontrolle über sich. Vor allem der Neurotransmitter Serotonin macht es überhaupt möglich, dass sich das Ich-Gefühl (besonders hinter der Stirn in Höhe der inneren Augenbrauen) bildet und von dort die kognitive Kontrolle über Sinne und Körperfunktionen ausüben kann.

Nach hinduistisch-buddhistischer Vorstellung kann das entstandene Subjekt nur dann aus sich selbst und der Bindung an Verstand, Gefühle und Sinneseindrücke heraustreten, wenn ich-bezogene Denkprozesse und Gefühlszustände zur Ruhe kommen. Die Trennung des Ichs und die Erfahrung des Getrenntseins von Gott wird in der christlichen Mystik als Abgesondertsein verstanden. Im Begriff „Abgesondertsein“ ist die ursprüngliche Bedeutung des Wortes ‚Sünde‘ als ‚sich von der Schöpfung getrennt erleben‘ enthalten.[169]

Die Aufhebung des Getrenntseins kann selbst im allerletzten Moment unseres Lebens stattfinden. Buddhisten glauben, dass der so befreite Geist aus dem Rad der Wiedergeburten austritt. Larry Rosenbergs Vater, der an Morbus Alzheimer erkrankte, sagte kurz vor seinem Lebensende sinngemäß, dass er den eigentlichen Sinn des Im-Jetzt-Lebens erst durch die Krankheit erfahren habe, die ihm die Erinnerungsfähigkeit genommen habe. Denn auch wenn unser Denken und Erinnern durch eine Demenz beeinträchtigt ist, bedeutet das nicht, dass wir nicht in die Erfahrung der Einheit mit allem eintreten können.

Zur Frage nach der Natur dieses ‚Ichs' berichtet Philip Kapleau in seinem Buch „Die drei Pfeiler des Zen" über den Zen-Meister Yasutani Roshi (Japanisch: ***Roshi***, Lehrer, Meister), der einen westlichen Schüler während einer Meditationswoche fragte:

Yasutani Roshi (scharf): „Wer sind Sie?" – (keine Antwort), „Wer sind Sie?!"

Schüler (nach einer Pause): „Ich weiß es nicht."

Roshi: „Gut! Wissen Sie, was Sie mit ‚Ich weiß nicht' meinen?"

Schüler: „Nein."

Roshi: „Sie sind Sie! Sie sind nur Sie – das ist alles."

Schüler: „Was haben Sie mit ‚gut' gemeint, als ich antwortete: ‚Ich weiß es nicht'?"

Roshi: „Im eigentlichen Sinne können wir nichts wissen."

Als der Schüler im Verlauf des Gesprächs meinte, dass er während der Meditation keinen einzigen Gedanken fassen konnte, sagte Yasutani Roshi: „Ausgezeichnet! Das zeigt, dass Ihr Geist von allen Vorstellungen entleert ist. Jetzt können Sie mit Ihrem ganzen Wesen antworten, nicht nur mit Ihrem Kopf. Als ich sagte, ich würde Sie fragen, wer Sie sind, wollte ich nicht, dass Sie sich eine Antwort ausdenken, sondern dass Sie mit der Frage ‚Wer bin ich?' immer tiefer und tiefer in sich selbst eindringen. Wenn Sie zur plötzlichen Erkenntnis Ihrer wahren Natur kommen, werden Sie in der Lage sein, ohne Nachdenken augenblicklich zu antworten."

Schüler: „In der Frage ‚Wer bin ich?' bin ich zu der Schlussfolgerung gekommen, dass ich dieser Körper bin, das heißt, diese Augen, diese Beine und so weiter. Gleichzeitig ist mir klar, dass diese Organe nicht unabhängig existieren. Wenn ich zum Beispiel mein Auge herausnehmen und es vor mir hinlegen würde, könnte es nicht als Auge funktionieren. Auch mein Bein könnte nicht als Bein funktionieren, wenn es vom Körper getrennt werden würde. Zum Gehen brauchen meine Beine nicht nur den Körper, sondern den Boden, genau wie meine Augen Objekte der Wahrnehmung brauchen, um den Akt des Sehens vollziehen zu können. Außerdem ist das, was meine Augen sehen und worauf meine Beine gehen, ein Teil des Universums. Deshalb bin ich das Universum. Ist das richtig?"

Das ist natürlich schön geantwortet und konzeptuell beschrieben. Dennoch ist Yasutani Roshi hier wohlmeinend und gütig und weist ihn darauf hin, dass die Antwort zwar richtig, aber eine Abstraktion sei, „eine bloße Rekonstruktion der Realität, nicht die Realität selbst." Er sagt ihm: „Sie müssen die Realität direkt begreifen." Der Schüler weiß natürlich nicht, wie er die Wirklichkeit direkt begreifen soll, und bittet um Hilfe.

Roshi: „Einfach, indem Sie so lange fragen: ‚Wer bin ich?', bis Sie Ihre wahre Natur plötzlich in völliger Klarheit und Gewissheit wahrnehmen. Denken Sie daran, Sie sind weder Ihr Körper noch Ihr Geist. Und Sie sind auch nicht die Kombination aus Ihrem Geist und Ihrem Körper. Wer sind Sie dann? Wenn Sie das wirkliche Ich begreifen wollen und nicht bloß eine reine Einbildung, dann müssen Sie sich die Frage ‚Wer bin ich?' mit völliger Hingabe stellen."

An dieser Stelle ist der Schüler immer noch nicht zufrieden, will sich nicht der Übung hingeben und versucht zu insistieren: „Das letzte Mal sagten Sie, ich sei nicht mein Geist und nicht mein Körper. Das verstehe ich nicht. Wenn ich keines von beiden bin und auch keine Kombination von beiden, was bin ich dann?"

Yasutani Roshi gibt dennoch eine abschließende Antwort.

Roshi: „Würden Sie einen Durchschnittsmenschen fragen, wer er sei, dann würde er sagen ‚mein Geist' oder ‚mein Körper' oder ‚mein Geist und mein Körper'. Aber nichts von all dem trifft zu. Wir sind mehr als unser Geist oder unser Körper oder als beides zusammen. Unser wahres Wesen befindet sich jenseits aller Kategorien. Was auch immer Sie sich denken oder vorstellen können, ist bloß ein Fragment Ihrer selbst. Folglich kann man das wirkliche Ich durch logische Schlussfolgerung oder intellektuelle Analyse oder endloses Nachdenken nicht finden. Wenn ich meine Hand oder mein Bein abtrennte, würde sich das wirkliche Ich um keinen Deut vermindern. Genau genommen sind Ihr Körper und Ihr Geist ebenfalls Sie, aber es ist nur ein Fragment."

Entscheidend ist an dieser Stelle die Erweiterung des Ich-Begriffs über Körper und Geist hinaus. Schöpfung ist eben alles und allumfassend. Buddhisten bezeichnen Formen als verdichtete Leerheit und Leerheit als entdichtete Form. Entsprechend führt Yasutani Roshi bei seinen weiteren Ausführungen die Erweiterung aus, indem er sagt:

„Die Essenz Ihres wahren Wesens unterscheidet sich nicht von der dieses Stabes, der hier vor mir liegt, oder dieses Tisches oder dieser Uhr – eigentlich jedes einzelnen Objektes im Universum. Wenn Sie diese Wahrheit direkt erfahren, wird diese Erfahrung so überzeugend sein, dass Sie ausrufen werden: ‚Wie wahr!' Denn nicht nur Ihr Gehirn, sondern Ihr ganzes Wesen wird an diesem Wissen teilhaben. … Vertiefen Sie Ihr Fragen einfach immer weiter, bis sich all Ihre vorgefassten Meinungen darüber, wer und was Sie sind, verlieren, und Sie werden sofort erkennen, dass es keinen Unterschied zwischen Ihnen und dem gesamten Universum gibt. Sie sind in einer kritischen Phase. Weichen Sie nicht zurück – gehen Sie weiter!"[170]

Ist die Angst vor dem Verlust des Ichs verloren, ist es unwichtig, dass der Körper im Sterben seine Funktionen aufgibt.

Eine krebskranke Frau sagte, nachdem man 30 neue Tumore in ihrem Körper entdeckt hatte: „Die Heilung ist geglückt. Ich erkenne jetzt, dass die vollkommene Heilung für mich darin besteht, dass ich mich allem Kommenden in Liebe und Gewahrsein öffne. Es bleibt für mich nichts anderes zu tun, als zuzuhören, mich zu öffnen und zu sein."[171]

Ein bekanntes Bild der Beschreibung mystischer Einheit ist die Geschichte einer Welle, die sich auf das steinige Ufer zubewegt und der hinter ihr kommenden zuruft: „Wir werden am Ufer zerschellen! Was sollen wir tun? Ich habe solche Angst." Worauf die hintere Welle antwortete: „Sieh doch, wir sind nicht nur Welle, wir sind auch das Meer! Wir zerschellen und zerschellen doch nicht. Wir werden das, was wir immer schon sind, nichts sonst. Wir sind nur das Meer." [172]

Die Erfahrung, dass wir nicht nur Welle, sondern auch das Meer sind oder, wie Paulus sagte, uns in ihm bewegen, in ihm leben, in ihm sind, weist darauf hin, dass diese Einheit immer da ist, auch wenn die Erfahrung des Eins-Seins noch fehlt. Sie kann sich allmählich entwickeln oder auch plötzlich vollziehen. Ein gutes Beispiel dafür ist das folgende Koan über die Erfahrung mit ganzem Herzen. Es macht deutlich, dass es nicht ausreicht, das Gesagte nur intellektuell zu begreifen. Erst mit der Erfahrung der Einheit lösen sich alle Zweifel auf.

„Im Glauben, etwas im Zen erreicht zu haben, verließ Tsu'ui-yen, als er noch ein junger Mönch war, das Kloster Tzu'u-mings, um ganz China zu durchreisen. Viele Jahre später, als er zurückkehrte, um das Kloster zu besuchen, sagte sein Lehrer: ‚Lege mir den Grundgedanken der Lehre Buddhas dar.' Tsu'ui-yen antwortete: ‚Wenn keine Wolke über dem Berg hängt, durchdringt das Mondlicht die Wellen des Sees.' Tzu'u-ming schaute seinen ehemaligen Schüler zornig an: ‚Du wirst alt, dein Haar ist grau, du hast nur noch wenige Zähne und immer noch hast du eine solche Auffassung von Zen. Wie kannst du Geburt und Tod entrinnen?' Tsu'ui-yen neigte das Haupt, Tränen strömten über sein Gesicht. Nach einigen Minuten fragte er: ‚Bitte, nenne du mir den Grundgedanken des Buddhismus.' ‚Wenn keine Wolke über dem Berg hängt', erwiderte der Lehrer, ‚durchdringt das Mondlicht die Wellen des Sees.' Noch ehe der Meister zu Ende gesprochen hatte, war Tsu'ui-yen erleuchtet."[173]

Erleuchtung heißt, zum selbstlosen Selbst zu erwachen. Es ist wie ein Perspektivenwechsel. Betrachtet man ein Vexierbild, sieht man einmal eine Vase, dann wiederum zwei Gesichter. Die Wirklichkeit umfasst das Ganze. Auch wenn der Blick auf eine Form die andere verdeckt, so weiß man, dass sie trotzdem existiert.

Abb. 21: Vexierbild mit Vase und Gesichtern

Der bekannte Zen-Meister Hakuin sagte nach seiner letzten Einheitserfahrung im Jahr 1726 im Alter von 41 Jahren, dass alle seine früheren, als ‚Große Erleuchtung' deklarierten Erfahrungen letztlich nur Täuschungen und keine wahre Einsicht gewesen seien. Seine endgültige Erfahrung – ein einfacher Wechsel der Perspektive – entfaltete sich, während er ein Sutra über die wahre Aufgabe des Bodhisattvas las:

„Am Fundament des Tempels ertönte das wiederholte Zirpen einer Grille. Kaum hatten diese Geräusche das Ohr des Meisters erreicht, war er ganz Erleuchtung. Zweifel und Unsicherheiten, die ihn seit Anfang seiner religiösen Suche belastet hatten, lösten sich plötzlich auf und waren verschwunden. Von diesem Augenblick an lebte er in einem Zustand großer Befreiung. Das erleuchtete Tun der Buddhas und Patriarchen, das Dharma-Auge, das die Sutras durchschaut – sie waren jetzt sein, ohne den geringsten Zweifel, ohne dass irgendetwas fehlte."[174]

Toreis Biographie über Meister Hakuin hebt diese Erfahrung als das zentrale Ereignis in Hakuins religiösem Leben hervor. Bis zu diesem Punkt war Hakuins Übung immer auf die Suche nach der eigenen Erleuchtung ausgerichtet. Von diesem Moment an zielte sie nur noch darauf ab, anderen zu helfen, gleichfalls Befreiung durch eine Einheitserfahrung zu erlangen. Dabei machte er vollständigen und rückhaltlosen Gebrauch von der außerordentlichen Fähigkeit, die ihm jetzt zugewachsen war, „mit der anstrengungslosen Freiheit der Buddhas zu predigen".[175]

Der alte, gebrechliche Laienmönch Nakulapita fragte Sariputta, wie er mit dem Absterben seines Körpers umgehen sollte. Dieser antwortete: ‚Wer den Körper als sein Selbst (Ich) bezeichnet und behauptet: ‚Ich bin der Körper! Mein ist der Körper!', der leidet an der Veränderung und Vergänglichkeit des Körpers. Dessen Geist könnte man als altersschwach und krank bezeichnen! So, Hausvater, ist der Körper altersschwach und krank und auch der Geist. Wer auch die anderen vier Gruppen der Anhaftung – Empfindung, Wahrnehmung, Geistesprozesse und Bewusstsein – als sein Selbst (Ich) bezeichnet und behauptet: ‚Ich bin das Gefühl, mein ist das Gefühl, ich bin die Wahrnehmung, mein ist die Wahrnehmung; ich bin der Gedanke, mein ist der Gedanke; ich bin das Bewusstsein, mein ist das Bewusstsein', der leidet an der Veränderung und Vergänglichkeit von Empfindung, Wahrnehmung, Geistesprozesse und Bewusstsein. Dessen Geist könnte man als altersschwach und krank bezeichnen! So, Hausvater, ist der Körper altersschwach und krank und auch der Geist. Wer aber Körper, Empfindung, Wahrnehmung, Geistesprozesse und Bewusstsein nicht als Selbst (Ich) bezeichnet und wer nicht behauptet: ‚Ich bin der Körper, mein ist der Körper; ich bin das Gefühl, mein ist das Gefühl; ich bin die Wahrnehmung, mein ist die Wahrnehmung; ich bin der Gedanke, mein ist der Gedanke; ich bin das Bewusstsein, mein ist das Bewusstsein!', der leidet nicht an der Veränderung von Körper, Empfindung, Wahrnehmung, Geistesprozessen und Bewusstsein. Dessen ***Körper*** ist altersschwach und krank, nicht aber sein ***Geist***.' So sprach der ehrwürdige Sariputta. Der Laienmönch Nakulapita war hocherfreut über diese Worte."[176]

Auf dem Friedhof von Los Arcos, einem Städtchen am spanischen Jakobsweg, heißt es: „Yo que fui, lo que tue eres – tu seras lo que yo soi." (Ich war das, was du bist – du wirst sein, was ich bin)[177]

Koko, ein im kalifornischen Woodside lebendes Gorillaweibchen, erreichte nach 25 Jahren Training der Gebärdensprache einen Wortschatz von ca. 2.000 Wörtern. In Sätzen zwischen drei und sechs Wörtern gelang es ihr, Zeitbezüge herzustellen. In einem IQ-Test erreichte sie zwischen 70 und 95 Punkte. 100 Punkte gelten beim Menschen als normale Intelligenz, 140 und darüber als Hochbegabung. Koko antwortete auf die Frage ihrer Betreuerin Francine Patterson, was sie über den Tod denke, mit den drei Zeichen: „Gemütlich – Höhle – Auf Wiedersehen."[178]

17 Hilfen für Sterbende und Trauernde, Umgang mit Sterbenden und Trauernden

Hinweise für den Sterbenden

Für den formalen Umgang mit der eigenen Sterblichkeit waren Patientenverfügungen eine gute Voraussetzung, die Art und Weise des Sterbenwollens schriftlich festzuhalten. Patientenverfügungen haben in den letzten 40 Jahren jedoch den Praxistest nicht bestanden. Sie scheitern an der Sicherheit der Einschätzung des Patientenwillens. Trotz gesetzlicher Verankerung 2009 hat sich daran nichts geändert. Seit 1990 gibt es das ACP (Advance Care Planning) in zunehmendem Maß auch bei uns. ACP ist die ärztliche Gesundheitsvorausplanung durch professionelle Gespräche mit höherer Validität als die Patientenverfügung.

Grund dafür ist, dass Patientenverfügungen oft nicht greifbar sind. Zudem sind sie meist zu alt (man sollte sie mindestens einmal pro Monat mit Unterschrift verifizieren), nicht ausreichend aussagekräftig und werden vom medizinischen Personal oft missachtet. Notariell festgehaltene Willenserklärungen machen es schwer, einmal festgehaltene Wünsche für die Sterbephase zu ändern.

Bei der gesundheitlichen Vorausplanung mit dem Arzt oder geschultem medizinischem Personal (20-stündige Schulung), bei der auch Angehörige oder andere vertraute Personen mit einbezogen werden sollen, wird ein einheitliches Formular für die medizinische Versorgung am Lebensende erstellt (POLST = Physician Order for Life-Sustaining Treatment, Hausärztlicher Notfallbogen HanNo).[179]

Das Formular enthält die Unterschrift des Patienten, des Arztes, des

Vertrauten und die medizinische Vorgehensweise. Eine Kopie befindet sich beim Arzt und eine zuhause.

Der Sterbende kann sich noch bei guter Verfassung und am Sterbebett unter den folgenden Kategorien entscheiden:

1. Lebensverlängernde Therapie ohne Einschränkung.
   - A: Notfall- und Intensivtherapie einschließlich Herz-Lungen-Wiederbelebung
   - B: Lebensverlängernde Therapie mit folgenden Einschränkungen:
     - B1: Keine Herz-Lungen-Wiederbelebung
     - B2: Keine Herz-Lungen-Wiederbelebung, keine invasive Tubus-Beatmung
     - B3: Keine Herz-Lungen-Wiederbelebung, keine invasive Tubus-Beatmung, keine Behandlung auf der Intensivstation
     - B0: Keine Herz-Lungen-Wiederbelebung, keine invasive Tubus-Beatmung, keine Behandlung auf der Intensivstation, keine Mitnahme ins Krankenhaus, aber ambulante Therapie
2. Keine Therapie mit dem Ziel der Lebensverlängerung, auch nicht ambulant
   - C: Ausschließlich palliative (lindernde) Maßnahmen

Der hausärztliche Notfallplan ist über das Internet und bei den Hausärzten erhältlich.

Abgesehen vom formalen Ausdruck des Patientenwillens, der allein schon Entscheidungszeit benötigt, kommt es auch darauf an, welche innere Haltung man selbst und Angehörige zu Sterben und Tod haben.

Eine Geschichte über den indischen Mystiker und Gelehrten Eknath Easwaran, der 1999 verstarb, verdeutlicht dies: Seine Großmutter war für ihn eine Art spirituelle Leitfigur. Als er einmal mit dem Tod eines Verwandten nicht zurechtkam, forderte sie ihn auf, sich mit aller Kraft an einem Lehnstuhl festzuhalten. Er hielt sich fest, bis die Großmutter es mit Gewalt schaffte, ihn wegzureißen. Sie bat ihn anschließend, sich noch einmal hinzusetzen, diesmal aber ohne Widerstand zu leisten. Daraufhin hob sie ihn sanft vom Stuhl, nahm ihn in die Arme und sagte:

„So ist es auch mit dem Tod. Du kannst wählen, wie du aus dem Leben scheiden willst. Denk immer daran.“[180]

„Darum, willst du vollen Trost und Freude haben in Gott, so trachte, dich von den Kreaturen und ihren Tröstungen frei zu machen. Solange dir daran gelegen ist, glaub mir, so lange findest du nimmermehr wahren Trost.“[181]

Es ist die bewusste und unbewusste Einstellung des Sterbenden und der Angehörigen zu Leiden und Tod, seine und deren Angst, sein Lebenswille, seine Bereitschaft zu sterben und wo er/sie Trost findet, für den Sterbeverlauf von großer Bedeutung. Sich dieser Einstellung in aller Klarheit zu nähern, braucht Zeit und bedachte Exploration.

Darüber hinaus trägt die Umgebung viel dazu bei, wie das Sterben abläuft: Unruhe, Streitigkeiten, angstgetriebene Hektik und große Unsicherheit im Umgang mit dem/der Sterbenden können für diese/n belastend sein. Wie es ihm/ihr geht, kann letztlich nie ganz genau objektiviert werden. Der medizinische Zustand eines/einer Sterbenden ist nur eine Annäherungsgröße, weil Menschen, die sich subjektiv am Ende ihres Lebens fühlen, obwohl sie medizinisch noch längere Zeit leben könnten, den Sterbeverlauf durch ihre Einstellung mit beeinflussen.[182] Mein eigener Großvater, obgleich medizinisch auf dem Wege der Besserung, teilte mir mit, dass er nicht mehr leben wolle und in einer Woche 1,80m unter der Erde liegen würde. Ich war so überrascht über die Äußerung, dass ich nur erwidern konnte: „Wenn du meinst, dass es so ist, dann ist es so.“ Tatsächlich starb er fünf Tage später aus medizinisch nicht nachvollziehbaren Gründen und lag eine Woche später, wie vorausgesagt, tief unter der Erde.

Sterben ist nicht immer friedlich und spirituell, sondern kann auch eine existenzielle Konfrontation mit der hässlichen Seite des Lebens sein. Es ist wichtig, geduldig und verständnisvoll mit dem Widerstand des Pflegebedürftigen umzugehen, der leise oder laut, verbal oder nonverbal ausdrückt, dass er anderen nicht zur Last fallen will, vielleicht auch schreit, weil sich alles auf seine körperliche Befindlichkeit reduziert hat und die Kontrolle seiner Körperfunktionen ihm immer mehr entgleitet. Egozentrisches und unleidiges Verhalten Sterbender ist besser verkraftbar, wenn man, wie es E. Engelke ausdrückt, den Aufschrei des Sterbenden als ein „Ich bin noch da! Übersehst mich nicht!" versteht und sich nicht persönlich davon angegriffen fühlt.

Obwohl die Palliativmedizin wächst und die Zahl der Krankenhäuser mit Palliativstationen und Hospizen stetig zunehmen, sterben nur etwa 3,5 % der Menschen in derartigen Einrichtungen. Die überwiegende Zahl der Patienten stirbt als chronisch Erkrankte in den Akut- oder Intensivstationen der Krankenhäuser, und nur ein geringer Prozentsatz beendet sein Leben zuhause.

Stirbt der Kranke zuhause, wird meist die Wohnung zum Krankenhaus umfunktioniert. Mit dem Übergang in eine häusliche Pflegesituation verändert sich die Lage im innerfamiliären Umfeld einschneidend: Es riecht nach medizinischen Utensilien, Gegenstände zur Pflege stehen und liegen umher und selbst die gewohnte Geräuschkulisse verändert sich (schweres Atmen, Stöhnen, Rufen, medizinische Geräte, vielleicht ein Fernseher, der dauernd läuft). Der Rückzugsraum für Mitwohnende ist stark reduziert.

Die Beziehungen untereinander haben sich meist schon im Verlauf der Erkrankung verändert. So können sich zum Beispiel jahrzehntelange Machtverhältnisse umkehren, was positive, aber auch negative Folgen für Pflegende und Kranke hat. Die zeitliche Beanspruchung der Betreuungspersonen ist enorm, sämtliche Tages- und Wochenabläufe richten sich nun nach dem Sterbenden. Die möglicherweise lang anhaltenden seelischen und körperlichen Belastungen können die Pflegenden in die Überforderung bis zur Erschöpfungsdepression bringen. Finanzieller Druck kann die Situation noch erheblich verschärfen, ebenso Scham und Gefühle von Hilflosigkeit. Manches Leid vollzieht sich im Verborgenen, weil es den Angehörigen unangenehm ist, wenn plötzlich ‚fremde Menschen' in Gestalt des Pflegedienstes ihre Wohnung betreten wollen.[183]

Wir alle sind Sterbende, in jedem Augenblick. In jedem Augenblick sterben Zellen in uns, andere entstehen. Sterben ist überall um uns herum in der Natur zu sehen. Solange es uns nicht unmittelbar betrifft, bleibt es abstrakt und schwer nachvollziehbar. Gerade deshalb ist die wiederholte

Vergegenwärtigung eine gute Möglichkeit, den Blick dafür nicht aus den Augen zu verlieren. Der Schweizer Maler Ferdinand Hodler (1853-1918) hat diesen Blick auf das Sterben seiner Lebensgefährtin Valentine Godé-Darel mit Bildern begleitet. Ein Kunstkritiker kommentierte die Bilder. Eines davon möchte ich exemplarisch herausgreifen:

„Nun ist der Körper schon beinahe ganz in die Horizontale des Todes zurückgelegt. ... Zwischen dem mächtigen, doppelten Kurvenschwung des Kopfkissens aber wird dieses Haupt noch einmal im ganzen Adel seiner Form sichtbar, sobald man das Grauen überwunden hat, dem Sterben so nackt ins Antlitz zu sehen. Der nun vollständig fallengelassene Kiefer spannt die ledrige, grün-olivbraune Haut über den mächtigen Nasenrücken und öffnet darunter den Mund wie einen Abgrund. Man hört förmlich das Röcheln des Sterbens durch Nase und Mund. Zwischen den tief eingefallenen Wangen- und Schläfenhöhlen tritt der Backenknochen wie der Henkel eines Tongefäßes hervor."

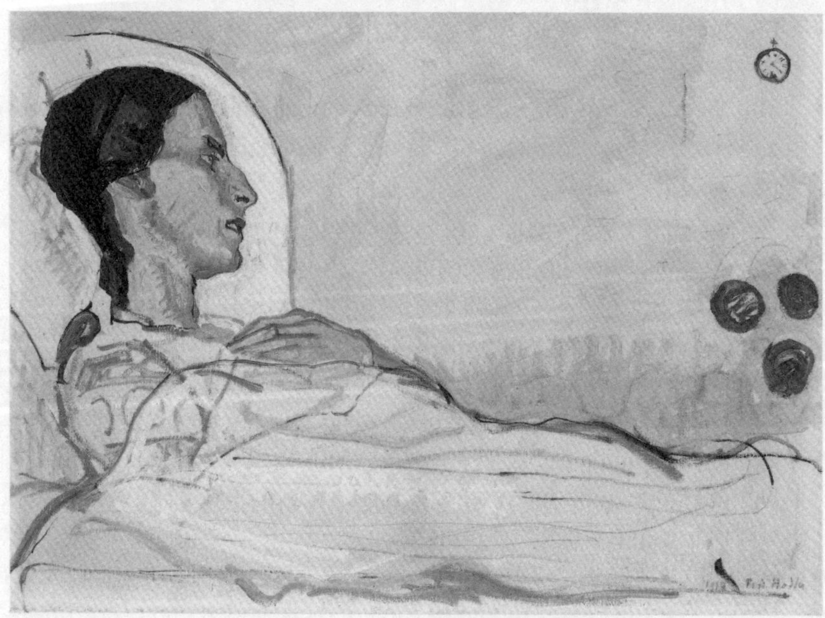

Abb. 22: Ferdinand Hodler, Sterben und Tod der Valentine Godé-Darel

„Hodler kann sich kaum genug tun, mit Linien, Lichtern und Schatten den Extrakt der Form zu fassen, eh auch sie zerfallen wird. Die letzten Farben des Lebens im Antlitz und das kreidige Weiß des Bettzeugs werden herausgetrieben durch das nüchterne Grau der kahlen Wand hinten." (H. M. Holstein / G. Schmidt, 1942)[184]

Abschließend ein paar Vorschläge für Sterbende:[185]

- „Fürchtet euch nicht!", um mit den Worten Jesu zu sprechen. Vertrauen Sie auf die Worte Jesu und haben Sie keine Angst. Beobachten Sie Ihren Atem, versuchen Sie in den Atem einzutauchen und im Schweigen Gottes Ihr Ruhegebet zu finden. Wenn Sie ein Gebet haben, versuchen Sie darin einzutauchen.
- „Vergesst die Liebe nicht!", um mit den Worten Jesu zu sprechen. Lieben Sie, was da auf Sie zukommt, lieben Sie sich und die Schöpfung in all ihren Formen, in jedem, der bei Ihnen ist, in allem, was ist. Öffnen Sie sich hin zum ‚Licht'.
- Freuen Sie sich, erlauben Sie sich, Spaß zu haben bis zum Schluss, so gut wie möglich.
- Tun Sie alles, was Ihnen hilft, zu entspannen und sich Erleichterung zu verschaffen. Vermitteln Sie das auch anderen beistehenden Personen, so gut es geht.
- Verabreden Sie Zeichen (Fingerheben, Augenzwinkern, Brauen heben, Stirn runzeln, tiefer schnaufen, Mund öffnen/schließen, etc.)
- Erlauben Sie sich auch Zeit mit sich ganz allein, schicken Sie ggf. auch jemanden weg, wenn Sie Ruhe und Stille brauchen.
- Seien Sie nachsichtig mit sich: schlafen Sie, wenn Sie müde sind, genießen Sie die Zeit, die Sie noch wach sein können.
- Vielleicht können Sie so etwas wie „Dein Wille geschehe" oder „in Deine Hände gebe ich mich" denken, sich hingeben, wie Nikolaus von Flüe es ausdrückt: „Nimm mich ganz mir und gib mich ganz zu eigen dir."[186]
- Lassen Sie Ihr Leben Revue passieren, die schönen und erfahrungsreichen Momente, aber haften Sie nicht an alten Verletzungen, üben

Sie, wenn möglich, das Annehmen und Verzeihen. ***Repetitio est mater sapientiae*** – Wiederholung ist die Mutter der Weisheit. In der wiederholten Betrachtung schleift sich das Leidgefühl ab.

- Verabschieden Sie sich rechtzeitig von allen, lösen Sie, wenn möglich, noch bestehende alte Konflikte auf.
- Versuchen Sie sich von Ihren körperlichen Schmerzen so weit wie möglich zu distanzieren, sie aus der Vogelperspektive zu betrachten, vielleicht auch hin und wieder hineinzuatmen, sie zu weiten, mit Licht zu füllen und dann auch wieder sich abzulenken, wenn gar nichts anderes mehr möglich ist. Selbst Radio oder Fernsehen können dabei hilfreich sein. Sie können auch wie im Yoga Nidra denken: „Mein Körper hat Schmerzen, ich bin jedoch nicht nur diese Schmerzen, ich bin weit mehr, ich bin offene Weite und Bewusstsein jenseits von Raum und Zeit."

Umgang mit dem Sterbenden, Hinweise für Begleiter

Wer sich angeregt durch die Begleitung eines Sterbenden für Hospizdienst und Sterbebegleitung interessiert, findet im Internet zahlreiche Bildungsangebote. Ein gutes Beispiel dafür sind Schulungen zur Aus- und Weiterbildung von Hospizhelfern nach dem 1996 entwickelten, christlich ausgerichteten Celler Modell[187] zur Vorbereitung Ehrenamtlicher in der Sterbebegleitung. Es gibt auch buddhistische Formen der Ausbildung.

Gute Begleitung heißt nicht in Aktionismus verfallen. Auf manchen Palliativstationen gibt es heute schon fast zu viele Angebote. Es hat sich inzwischen geradezu ein Boom der Sterbebegleitung entwickelt: Atemtherapeuten, Kunsttherapeuten, Hospizdienst, Ehrenamtliche, Seelsorger, Pflegepersonal, Psychologen und Angehörige geben sich manchmal die Türklinke in die Hand. Eine Sterbende erzählte mir einmal, dass sie sich von dem großen Angebot überfordert fühle, sich aber dennoch aus Mitgefühl zu einem Gespräch mit der Kunsttherapeutin bereit erklärt habe, weil andere auf ihrer Station die angebotene Unterstützung ablehnten. Denken Sie daran, dass ein Zuviel an Unterstützung sowohl nahestehende Bezugspersonen als auch den Sterbenden überfordern kann.

Was eine gute Begleitung ausmacht, ist nicht leicht zu definieren. Der Krankenhausseelsorger Paul Sporken drückt es so aus: „... den anderen ein Stück weit auf seinem Lebensweg begleiten, sodass er imstande ist, seinen eigenen Weg nach dem von ihm bestimmten Ziel selbst zu gehen."[188]

Vielleicht hilft Ihnen die Vorstellung, dass der/die Sterbende wie ein Solospieler die Melodie seines Todesliedes spielt. Alle, die um ihn/sie herum tätig sind, spielen die Begleitung. In diesem Zusammenspiel folgt die Begleitung aufmerksam und unterstützt dessen Melodie einfühlsam, ohne sich in den Vordergrund zu spielen.

Die Zeilen eines Liedtextes von Reinhard Mey „Nein, ich lass dich nicht allein"[189] drücken gut aus, worum es bei einer Begleitung gehen sollte:

Ich lass dich nicht allein.
Mag sein, dass dich mein Reden nervt,
und ich erzähle dich hier voll.
Sag einfach, wenn ich still sein soll.
Und ich bin Weltmeister im Schweigen.
Ich schwör` dir, wenn du etwas brauchst,
wenn es dir wirklich zu schwer fällt,
hol ich das beste Zeug der Welt.
Du musst es mir nur einfach zeigen.
Und wenn du frei und ohne Angst
ganz nah am Wegesende bist,
dein Herz ganz leicht geworden ist,
dann geh, ohne dich umzusehen,
eh meine Last dich niederdrückt,
eh meine Schwere dich noch hält.
Wenn du es willst, wenn's dir gefällt,
lass ich dich los, lass ich dich los.

Wie bereits im Kapitel 12 ausführlich beschrieben, fasse ich noch einmal die psychischen Phasen der Auseinandersetzung mit dem nahenden Tod zusammen. Es handelt sich nicht um klar abgrenzbare Phasen, sondern eher um Übergänge:

1. Nicht-wahrhaben-Wollen: aktive Verweigerung
2. Auflehnung, Zorn, Wut: aggressive Verweigerung
3. Verhandeln um Tod und Todeszeitpunkt: partielle Verweigerung
4. Verzweiflung, Depression, Resignation
5. Annahme des Todes[190]

In den ersten Phasen der Verunsicherung im Verlauf des Sterbeprozesses entstehen Verleugnung und Widerstand. Das Grundbedürfnis nach Sicherheit wird zutiefst erschüttert. Wenn im Verlauf des Sterbeprozesses die Wut und Angst überwunden werden können, gehen Sterbende dem letzten Augenblick gelassen entgegen. Die Sicherheit im Leben war sowieso nur eine Scheinsicherheit inmitten von Unsicherheit und Unbeständigkeit. „Paradoxerweise gewinnt ***der*** wahren seelischen Frieden, der die Unsicherheit zu bejahen vermag.[191] Mit dem Ausspruch „Wer an seinem Leben hängt, verliert es; wer aber sein Leben in dieser Welt gering achtet, wird es bewahren bis ins ewige Leben." (Johannes 12, 24-25) und in der Bergpredigt fordert Jesus seine Jünger auf, sich nicht ängstlich um ihr Leben zu sorgen (Matthäus 6, 33), sondern sich dem zuzuwenden, was ewig währt, christlich ausgedrückt, dem Reich Gottes.

Menschen, die spüren, dass ihre Lebenszeit zu Ende geht, sprechen in Vorahnung ihres Todes oft in symbolischen Begriffen, die darauf hinweisen, dass sie noch vor dem körperlichen Sterbeprozess eine Art seelisch-geistigen Übergang in eine andere Welt wahrnehmen. ‚Korrigieren' Sie die Vorahnungen nicht, stellen Sie Dinge, die Ihnen nicht nachvollziehbar sein mögen, nicht ‚richtig', sondern nehmen Sie sie als wichtige Hinweise wahr und reagieren Sie darauf mit Einfühlung und Verständnis.

Die Symbolsprache Sterbender kann nach Hans-Christoph Piper in vier Kategorien eingeteilt werden:

1. **Erinnerungen an frühere Erlebnisse:**
   Dem Sterbenden können Geschichten von früher einfallen, die den Sterbeprozess ankündigen. So zum Beispiel die Erinnerung einer Sterbenden an ein Ereignis, bei dem jemand an der Tür geklingelt hatte, sie dies aber wegen der Einnahme einer Schlaftablette nur nach heftigem Klopfen wahrnahm (= Hinweis auf die veränderte Wahrnehmung). Auch Kriegserlebnisse mit der Beschreibung sterbender, schmerzgeplagter Kameraden können eine Projektion des eigenen Zustandes sein und Erinnerungen an frühere Traumata wiederbeleben. Als die Mutter eines Freundes von mir 61-jährig starb, sprach sie – schon weit entfernt vom Leben und unter der Wirkung starker Schmerzmedikamente – von ihren Erlebnissen als siebenjähriges Mädchen im Keller während der Bombenangriffe auf Weimar. Kurz vor ihrem Tod wurde sie sehr nervös und schrie: „Die Flugzeuge kommen." Dieses Trauma hat wahrscheinlich ihr gesamtes Leben und ihr Verhalten nachhaltig beeinflusst.

2. **Träume:**
   Im Traum kann der Sterbende sich in Dunkelheit oder Kälte sehen und dies wie real berichten.
   Ein Beispiel: Eine Schwester pflegt eine 84-jährige Frau und betritt das Zimmer, um Temperatur und Puls zu kontrollieren. Sie erklärt ihr, weshalb sie gekommen sei. Die Sterbende antwortet ihr und ergreift ihre Hand: „Ja, tun Sie das … Schwester, es ist so kalt und dunkel." Die Schwester ist überrascht, denn es ist ein heißer, sonniger Augusttag. „Es ist so kalt und dunkel?", fragt sie zurück. „Ja, Schwester, es ist so kalt und dunkel, so kalt und dunkel. Die Kälte steigt in mir hoch, meine Hände und Füße hat sie schon erreicht, sie fühlen sich schon ganz kalt an. Und die Dunkelheit – spüren Sie das nicht, Schwester? Es ist so kalt und dunkel, so kalt und dunkel." Einen Tag später träumt sie von ihrer Beerdigung: „Ich habe geträumt, ich liege im offenen Grab und alle meine Angehörigen stehen drum herum und ich sehe sie alle noch einmal an, meine

Kinder, meine Enkel und meine Urenkelin, und sie schauen mich auch an; sie sind alle so gut zu mir, so gut. Ich hab sie so lieb. Ich werde sie nie vergessen. Nie, nie, nie."… „Ja, und nun ist die Mutter wieder da. Gerade ist sie eingetreten, die Mutter mit den schwarzen Schuhen. Ganz lautlos ist sie auf ihren Schuhen hereingekommen. Wie gut sie ist … Die Mutter mit den schwarzen Schuhen ist bei mir." Zwei Tage später stirbt sie.

3. **Symbole, Symbolhandlungen, Visionen:**
Symbolbegriffe wie „heimkommen", „wegfahren", „segeln", „davonfliegen", „sich frische Sachen anziehen wollen", „sich waschen wollen" usw. können Hinweise sein. Ferner Winde, Wetter, Dunkelheit, Kälte, Höhle, Flug in Höhen, reisen wollen mit dem Flugzeug, Schiff, Zug, Taxi, wegfahren müssen, das Zugabteil betreten wollen, Koffer packen, Geld holen wollen, im Aufzug hoch- oder nach unten fahren, aufbrechen müssen, wandern, die Polizei holen wollen, nichts mehr heben können usw. Ebenso Symbolhandlungen, wie die Uhr, Socken, Schuhe aus- oder anziehen wollen, weil man sie nicht mehr oder für die Reise braucht. Kleidung wechseln, zurechtrücken, glatt streichen, Geld einstecken wollen, um den Mantel bitten, etc.
Visionen: Bilder von Himmelsgestalten, verstorbenen Verwandten, Freunden, Fegefeuer, Farbwahrnehmungen, Zwischenzustände, Lichtspiele, Tunnel ins Licht, Höhlen, Höllen, Kontakt zu Verstorbenen, Verwandten, usw.
Nicht selten werden präzise Termine genannt oder Ungeduld und Hektik ausgedrückt, weil die Zeit drängt usw.

4. **Metaphern:**
Geschichten aus der Bibel, Gleichnisse, auch die Sorge, aus der „sicheren" Umgebung des Pflegeheimes, der Wohnung, des Krankenhauses entlassen zu werden und gehen zu müssen.
Ein mir sehr vertrauter Freund erklärte uns einige Tage vor seinem Tod, dass er mit einem Aufzug nach oben gefahren sei. Es seien

Stockwerke gewesen, die kein Mensch erreichen könne, mit anderen Farben, als sie es hier gebe. Einige Krebspatienten, die ich bis zum Tod therapeutisch begleitete, hatte in den letzten Wochen vor Eintritt des Todes den Wunsch, alles zu ordnen, aufzuräumen, Dinge zu verschenken. Mein Vater, der sich in Deutschland nie integriert fühlte und nie mehr dorthin zurückkehren wollte, hatte sechs Monate vor seinem Tod den Wunsch, das Grab meiner Mutter und den Ort zu sehen, an dem er zehn Jahre seines Lebens verbracht hatte.

Grundsätzlich gilt es, den Sterbenden da abzuholen, wo er sich befindet, und seine Ausdrucksweise mit ihrer speziellen Symbolik verständnisvoll aufzugreifen. Leidet er/sie unter der Angst vor befürchteten Höllenqualen und Todesängsten, kann der Vorstellung eines strafenden Gottes auch der liebende Aspekt entgegengestellt werden. Der bekannte zen-buddhistische Sterbebegleiter Frank Ostaseski rät ferner, bei Todesängsten den Sterbenden darin zu unterstützen, etwas zu entdecken, was größer ist als er. Nach Liebe im Leben zu fragen kann zum Beispiel die Angst lindern. Dasselbe gilt auch für Angehörige, die unter Verlustängsten leiden.

Ob man mit Sterbenden direkt über den Tod sprechen soll oder nicht, wird in der Literatur widersprüchlich diskutiert. Man sollte sich offen zeigen, wenn der Sterbende über seinen Tod und vielleicht auch über auftretende Visionen sprechen möchte. Man kann dann nachfragen, was er erlebt, wie er sich sein Sterben vorstellt, wie er sterben möchte oder was er glaube, das geschehen werde, wenn er gestorben ist. Dabei sollten wir nicht eigene Wunschvorstellungen, wie wir selbst uns unseren Tod wünschen, auf den Sterbenden projizieren. Sterbende, die ihre Situation leugnen, sollten wir nicht zurückstoßen, sondern akzeptieren, dass Verleugnung auch eine Form der Bewältigung unbewusst gefühlter Todesnähe sein kann. Ganz egal, wie es sich verhält, „als Sterbebegleiter sind wir eine Art Hebamme für die Sterbenden. Das ist unsere Aufgabe: den Sterbenden bei der Entdeckung seines eigenen Wissens zu helfen.“[192]

Auch bisher unterdrückte oder unbewusste Denkinhalte, alte Konflikte, ungelöste Auseinandersetzungen können unerwartet auftreten und ein

Gefühl von Kontrollverlust über die eigenen Worte erzeugen. Mitunter artikuliert der Sterbende deutlich Dinge, die den Angehörigen peinlich sind. Wichtig ist, dass man Ruhe bewahrt und solche Äußerungen des Sterbenden nicht mit Sätzen kommentiert wie z. B. ‚Sag das nicht!' oder ‚So solltest du nicht reden!'. Es ist wichtig, allem, was der/die Sterbende äußert, Raum zu lassen. Manche Menschen glauben, dass jemand, der ein friedliches Leben geführt hat, auch in Frieden sterben würde. Wir wissen aber nie, was im Innern eines Menschen vor sich geht, wie er in Gedanken und Gefühlen verstrickt ist oder versucht, das alles zu unterdrücken, und wie sich das auf sein Sterben auswirken wird. Im Sterben selbst sind wir schon allein durch den Kontrollverlust sehr belastet. Hat jemand ein friedliches Leben gelebt und musste nie mit Kontrollverlust umgehen, kann dies im Sterben eine besondere Bedrohung darstellen.

Sterbende brauchen menschliche Wärme und Zuwendung. Einfache Maßnahmen, wie den trockenen Mund befeuchten, den Schweiß von der Stirn abtupfen und die wichtigsten Bedürfnisse stillen, sind besonders wichtig. Der/Die Sterbende wird Ihnen zeigen, was ihm/ihr guttut. Achten Sie sorgsam auf seine/ihre Reaktionen. Es ist ratsam, mit dem Sterbenden, wie bereits erwähnt, nonverbale Zeichen zu vereinbaren, wenn Reden nicht mehr möglich ist: Augenzwinkern, Stirnrunzeln, Heben eines Fingers, einer Hand usw. Wichtig ist auch, dass ausschließlich Ja-Nein-Fragen gestellt werden, z. B. statt ‚Was möchtest du trinken?' oder ‚Möchtest du Tee oder Saft?' muss man fragen ‚Möchtest du Tee?' … und bei einer Nein-Antwort weiter ‚Möchtest du Saft?'.

Basale Stimulation[193] ist eine weitere Möglichkeit, den/die Sterbende(n) in angemessener Form zu unterstützen. Sie können den Palliativpflegedienst oder die ambulante Pflege fragen, ob sie in Basaler Stimulation ausgebildet sind und Sie anleiten können. Die Basale Stimulation wurde von Andreas D. Fröhlich 1975 für den Bereich der Sonderpädagogik entwickelt und von Christel Bienstein in Zusammenarbeit mit Fröhlich in den Bereich der Pflege übertragen. Das Konzept umfasst unter anderem:

- den Körper spüren
- die Lage im Raum erleben

- das Bewegtwerden und Erleben von Körperschwingungen
- die Sinne stimulieren (hören, riechen, sehen, schmecken und fühlen).

Auf die Arbeit mit Palliativpatienten übertragen soll dem Sterbenden:

1. ein Gefühl für den Körper und seine Grenzen vermittelt werden. Dies geschieht über die Berührung der Haut für die Oberflächensensiblität sowie der Muskeln, Sehnen und Gelenke zur Unterstützung der Tiefensensibilität.
2. über Vibrationen und schwingende Bewegungen ein Gefühl der Dreidimensionalität im Raum vermittelt werden
3. mittels Kopfbewegungen soll durch die Anregung des Gleichgewichtssinns die Orientierung im Raum so lange wie möglich erhalten werden.

Sterbende sind nicht mehr in der Lage, mit ihren Körpersinnen aktiv umzugehen. Sie haben unter Umständen Schwierigkeiten, sich wach zu halten, Gehörtes genau zu verstehen, und brauchen für das Denken und Verarbeiten von Gesprochenem wie kleine Kinder oft mehr Zeit. Deshalb ist das Erste, was man tun kann, wenn man den Raum eines Sterbenden betritt, selbst an sich zu überprüfen, in welcher Verfassung man den Raum betritt. Kommt man aus Zeitdruck, Verpflichtung oder aus eigenem Wunsch? Welche Gefühle sind vorhanden: Freude, Trauer, Hilflosigkeit, Angst? Vielleicht gelingt es so, vor dem Eintreten mit einer guten Einstellung an das Krankenbett zu treten. Dann können Sie langsam, laut und deutlich, ggf. auch mehrfach, Datum, Wochentag, Uhrzeit, Ort oder auch den Grund des Kommens nennen. Wenn Sie etwas mitgebracht haben, können Sie ebenfalls diese Gegenstände (Handtuch, Wasser, Tee, Geräte, etc.) benennen und, wenn möglich, Augenkontakt suchen. Das deutliche Sprechen mit dem/der Sterbenden hilft ihm/ihr, sich besser im Raum zu orientieren.

Danach können Sie jede einzelne Handlung mündlich langsam und deutlich kommentieren und für den Verlauf des Sterbeprozesses Ja/Nein-

Fragen oder andere Zeichen vereinbaren, wenn das Sprechen nicht mehr möglich ist.

Sie können langsam erklären und fragen, ob der/die Sterbende möchte, dass man ihn/sie unterstützt, sein/ihr Bewusstsein mit Hilfe von verschiedenen Berührungen im Körper zu verorten, damit er/sie sich besser in seinen/ihren Körpergrenzen spüren kann. Wir berühren uns und andere Gegenstände ständig. Wir nehmen verschiedene Körperhaltungen ein, wenn wir uns setzen, anlehnen etc. Dadurch bewahren wir uns ein Gefühl für unseren Körper und dessen Grenzen. Das vermittelt Sicherheit und Wohlgefühl. Im Sterbeprozess mangelt es an solchen Möglichkeiten. Wenn Sie Sterbende so unterstützen wollen, sollten Telefone, Fernseher, Radios wegen der Ablenkung in dieser Zeit ausgestellt werden. Das vertieft die Wahrnehmungsempfindung.

Sie können damit beginnen, Ihre Hand auf den Nacken und die Schulter des/der Kranken zu legen. Beim Rechtshänder wird üblicherweise rechts begonnen, beim Linkshänder auf der anderen Seite, da die Empfindungsqualitäten von Seite zu Seite unterschiedlich stark sein können. Erklären Sie ruhig dabei, dass Sie dem/der Kranken helfen wollen, die Körpergrenzen bewusster wahrzunehmen. Man kann die Schulter ein paarmal leicht drücken und ein wenig anheben, dann zum Ellenbogen streichen, das Ellenbogengelenk halten, dann zur Hand abwärts streichen. Die Gelenke umgreifend sollten Sie kurz innehalten und leichten Druck geben. Auch die Finger werden einzeln gedrückt. Danach können Sie den Arm etwas anheben und leicht hin und her schwenken, damit der/die Sterbende wieder ein Gefühl für Bewegung und Schwere bekommt. Dann folgt die andere Seite.

Im Anschluss können Sie beide Hände des Sterbenden, wenn gewollt, abwechselnd zum Gesicht führen und über Gesicht, Nase, Wangen streifen. Dann die Hände auf den Kopf legen mit etwas Druck. Natürlich können Sie selbst auch den Kopf des Kranken berühren.

Im weiteren Verlauf können Sie die Bettdecke heben und das rechte Hüftgelenk mit etwas Druck berühren, zum Kniegelenk streichen, Kniegelenk mit beiden Händen umgreifen, zum Sprunggelenk streichen, das

Sprunggelenk umgreifen, den Fuß ausstreichen und am Ende die Fußsohle drücken. Sie können den Fuß, wenn möglich, im Anschluss aufstellen und ihn mit Ihrer rechten Hand halten, während die linke Hand oberhalb des Kniegelenks das Knie umgreift und es etwas hin und her bewegt. Wenn Sie beim Druck gegen die Matratze oder beim Bewegen Gegendruck wahrnehmen, dann ist höchstwahrscheinlich die letzte Sterbephase noch nicht eingetreten. Machen Sie dasselbe auf der anderen Seite.

Unterhalb der Wangen können Sie die Ohrspeicheldrüse zur verbesserten Sekretion von Speichel seitlich unter dem Unterkiefer etwas von hinten nach vorne streichen. Vor dem Zähneputzen mit den Borsten der Bürste Kontakt mit den Lippen herstellen, ggf. mit der Bürste am Becher klappern und Zahnpasta mit stärkerem Geschmack, zum Beispiel Minzzahnpasta, verwenden, um Geschmack und Geruch zu stimulieren.Manche sind in den letzten Sterbephasen hingegen überempfindlich gegenüber Gerüchen. Der sonst vielleicht sogar gemochte Geruch einer Seife, eines Deos, eines Eau de Toilette oder eines Weichspülers für die Wäsche können Sterbende unter Umständen nicht mehr vertragen und Missempfinden zum Ausdruck bringen. Beobachten Sie den Kranken, ob ihm Gerüche guttun oder ob er sie eher ablehnt.

Wenn der/die Sterbende nicht mehr gut essen oder schlucken kann, können Sie zum Beispiel Suppe oder Tee in Mullbinde wickeln und in die Wangentasche legen. Sie können zusätzlich Düfte für den Raum verwenden und auf ausreichend Feuchtigkeit im Raum achten, da die Schleimhäute besonders bei offenem Mund leicht austrocknen. Beim Waschen können Sie auch einmal gegen die Haarwuchsrichtung waschen, eine kräftige Waschlösung mit guten Düften verwenden, die der Sterbende gerne mochte (die Riechempfindung nimmt meist im Verlauf des Sterbeprozesses ab). Sie können auch über die Stirn streichen und die Ohren am Außenrand drücken.

Achten Sie unbedingt darauf, dass alle oben genannten Ratschläge nur dann angewendet werden können, wenn der/die Kranke zustimmt. Es kann sein, dass Sterbende von außen keine Impulse mehr aufnehmen wollen, weil sie es als anstrengend und belastend empfinden. Die Psychoonkologin Sabine Lenz schreibt dies auf eindrückliche Weise: „Das wusste ich schon aus anderen Sterbeszenen, habe immer gelitten, wenn ich gutmeinende Angehörige sah, die ihrem Mann oder ihrer Mutter kontinuierlich die Hand oder den Kopf streichelten, einmal sah ich sogar eine Frau, die mit einem Holzrädchen den Handrücken ihres sterbenden Bruders bearbeitete. Wir Sterbende mögen das nicht, auch wenn es natürlich ein Zeichen eurer Verbundenheit ist, aber das ist ja das Problem, wir müssen fort aus der Verbundenheit, ganz und gar fort und wollen von nichts aufgehalten werden, wenn es einmal so weit ist.“[194]

Kurzfassung der wichtigsten Vorschläge:

- Halten Sie, wenn gewünscht, ab und zu die Hände, streicheln Sie sie sanft oder legen Sie Ihre Hand auf die Stirn des/der Sterbenden.
- Pflegen Sie den sterbenden Menschen: dazu gehören Haare kämmen, rasieren, Nägel schneiden usw.
- Wärmen Sie seine/ihre Hände und Füße (mit Socken, Decken).
- Erzählen Sie etwas aus Ihrem Leben oder von gemeinsamen Erlebnissen, lesen Sie vor, singen oder musizieren Sie ein wenig, wenn Sie wissen, dass es der/die Sterbende wünschen würde.
- Legen Sie ab und zu Musik auf, wenn Sie den Eindruck haben, es tue ihm/ihr gut. Wählen Sie Musik aus, die Ruhe schaffen kann oder die der/die Sterbende selbst gerne hört und verlangt hat.
- Sorgen Sie für eine angenehme Umgebung, stellen Sie Blumen hin, ordnen oder reinigen Sie den Raum, sorgen Sie für frische Luft.
- Sprechen Sie Gebete, wenn gewünscht.
- Je nach Glaubensvorstellung lesen Sie etwas aus Büchern mit religiösem Inhalt vor..
- Wenn der/die Sterbende noch dazu in der Lage ist, schauen Sie Fotos an oder beschreiben Sie die Bilder; das kann ihm/ihr helfen, das eigene Leben Revue passieren zu lassen.
- Zwingen Sie ihm/ihr keine Gespräche auf und erwarten Sie keine Antworten.

- Unterstützen Sie den Schlaf (durch Lavendelduft, entspannende Musik, Entspannungsanleitungen usw.).
- Seien Sie einfach nur da, sitzen Sie in Stille neben dem Bett oder Lager, nehmen Sie liebevoll Blickkontakt auf, decken oder lagern Sie den/die Kranke(n) immer wieder um, um Wundliegen zu vermeiden.

Sterbende brauchen auch Ruhe, es ist daher nicht notwendig, immer im Raum anwesend zu sein. Im Gegenteil, es ist empfehlenswert, ihm/ihr immer mal Zeit zu lassen, mit sich alleine zu sein. Häufig kommt es auch vor, dass Sterbende, um zu sterben, sogar warten, bis Freunde und Angehörige den Raum verlassen. Wünscht er/sie Radio oder Fernsehen, kann man fragen, ob er/sie Gesellschaft haben möchte und man sich dazusetzen soll. Auch so kann ein Gefühl stiller Teilhabe und Gemeinschaft entstehen.

Viele Sterbende werden kurz vor Eintritt des Todes schläfrig und können auch ins Koma fallen. Wenn sie Angehörige oder Freunde nicht mehr erkennen, ist das ein wichtiges Anzeichen für den bevorstehenden Tod. Sie schlafen dann immer wieder kurz nach Ansprache ein. Das ist normal. Achten Sie besonders in dieser Phase darauf, dass Sie den/die Sterbende(n) nicht mit zu vielen Worten überfordern.

Der Atem verändert sich, auch die Farbe der Haut, besonders sichtbar an den Händen und Füßen. All diese Zeichen können sich schnell einstellen, aber auch über einen längeren Zeitraum hinziehen. Es kann sein, dass intensive Träume kommen, die äußerlich sichtbar Unruhe für den Sterbenden mit sich bringen. Dabei können, wie bei C. G. Jung im Kapitel „Wiedergeburt und Nahtod" beschrieben, Bilder von bereits Verstorbenen auftauchen.

Träume, in denen man sich als schon tot erkennt, sowie religiöse Bilder können auftreten (Visionen, Bilder von Heiligen). Es kann kurz vor dem Tod zu Verwirrtheit, großer Unruhe, Aufbäumen kommen. Die Ursache liegt möglicherweise darin begründet, dass das Gefühl eines unabhängigen Selbst verteidigen will, es aber nicht mehr aufrechterhalten kann. So schwer es im Laufe des Lebens war, sich als ein getrenntes Ich, als feste Persönlichkeit wahrzunehmen und diese Trennung permanent aufrechtzuerhalten, so schwer ist es nun, diese Trennung wieder aufzugeben und loszulassen.

Selbstakzeptanz und Selbstannahme trotz aller ‚Verfehlungen' helfen, den Sterbeprozess zu erleichtern. Selbstkritische Menschen, die einen lebenslangen Kampf um Anerkennung durch Leistung und Kontrolle geführt haben, können sich schwer damit tun, sich im Verfall so anzunehmen, wie sie sind.

Interpretationen zur Art des Sterbens im Sinne von Strafe für mögliches Fehlverhalten sind hochproblematisch. Der komplexe, hinduistisch-buddhistische Begriff ‚Karma' sollte ebenfalls nicht dazu verführen, die Art des Sterbens zu beurteilen. Der Tod ist, wie es Frank Ostaseski treffend ausdrückt, „kein Test, den wir bestehen oder bei dem wir durchfallen".[195] Die Gefahr ist zu groß, ein zufriedenes Dahinscheiden als Aushängeschild für Weisheit und Entwicklung zu interpretieren. Die Sterbegeschichten berühmter Heiliger weisen gerade in dieser Hinsicht große Unterschiede auf.

Problematisch ist meines Erachtens auch die Vorstellung, schwere Sterbeprozesse als Leiden für die Menschheit umzudeuten, wie dies beispielsweise für den Kreuzestod Jesu angenommen wird. Auch Jesus hat mit seinem Tod am Kreuz gerungen und gelitten, bis er ganz zum Schluss um Vergebung für die Verblendeten bat.

Sterben ist für viele von uns eine große, vielleicht die größte Herausforderung, die das Leben an uns stellt. Es gilt, jedem einzelnen Sterbenden mit Demut, Würde, Respekt, Hingabe und Liebe zu begegnen und alles unterscheidende Denken, jede Wertung beiseitezulegen. So wie es im Zen heißt: „... ein Unterscheiden breit wie ein Haar – und Himmel und Erde sind unendlich weit voneinander getrennt."[196]

Checkliste: Das (un-)befriedigende Gespräch

1. Habe ich aktiv (hörbar, sichtbar) zugehört?
2. Habe ich Mitgefühl gezeigt?
3. Waren Ort, Zeitpunkt, Situation und Atmosphäre stimmig?

4. Stand ich unter Zeitdruck?
5. Habe ich die Botschaften verstanden, aufgegriffen?
6. Habe ich die richtige Fragetechnik eingesetzt?
7. Habe ich den Sterbenden ermuntert, selbst Fragen zu stellen?
8. War das Gespräch verständlich und sinnvoll gegliedert?
9. Habe ich Gesprächspausen eingehalten und richtig interpretiert?
10. Habe ich einen guten Einstieg gefunden?
11. Habe ich allgemeine Floskeln oder Phrasen benutzt (‚Wir alle sterben einmal‘)?
12. Habe ich den Patienten durch Ablenken, Ausweichen, Bagatellisieren, Entmündigen nicht wirklich ernst genommen?
13. Habe ich den Patienten überfordert?
14. Habe ich Ängste nicht erkannt oder durch mein Verhalten Ängste ausgelöst?
15. Konnten wir unsere subjektiven Wirklichkeiten aneinander angleichen?[197]

Trauer selbst gut bewältigen

An dieser Stelle einige Hinweise für Trauernde, die sich gerade im Sterbeprozess befinden, und für die Zeit danach.

Eine Frau namens Krisha Gautami wandte sich mit ihrem toten Kind im Arm verzweifelt an Buddha und bat ihn, er möge ihr Kind wieder lebendig machen. Der Legende nach soll Buddha geantwortet haben: „Bring mir ein Senfkorn aus einem Haus, in dem noch nie jemand gestorben ist." Wie man sich unschwer denken kann, fand sie kein solches Haus, kam entmutigt zurück zu Buddha und soll nach einer Weile geantwortet haben: „Ich beginne zu verstehen. Lehrt mich, die Wahrheit über Leben und Tod zu erfahren und das zu erkennen, was nicht stirbt."[198]

Wenn der Tod am Ende eines langen Lebens kommt, kann dies die Trauerarbeit erleichtern. Dennoch: Trauer bedeutet Arbeit, Trauerarbeit.

Trauer bedeutet Leid und Verzweiflung, Verlust betrauern. Jemand geht, und solange er/sie noch da ist, teilen wir ein Stück irdische Gemeinsamkeit. Es ist die Trauer um den Verlust des Austausches, der Nähe, Geborgenheit, der energetischen Präsenz. Stück für Stück muss der/die Trauernde im Sterbeprozess genauso loslassen wie der/die Sterbende selbst. Beide bewegen sich in Räumen der Haltlosigkeit.

Allerdings liegt in der Trauer auch Selbstbezogensein. Jiddi Krishnamurti (1895–1986), ein indischer Philosoph, Autor und spiritueller Lehrer, warf die Frage auf, ob es wirklich Liebe ist, wenn man weint, oder ob es nur Ausdruck der eigenen Einsamkeit und Hilflosigkeit ist, ob der eigene Aufschrei nicht Selbstmitleid ist. Er schreibt: „Wenn du aus Selbstmitleid aufschreist, haben deine Tränen keine Bedeutung, weil du nur mit dir selbst beschäftigt bist."[199] Daher kann Trauer auch ein Ausdruck des Festhaltenwollens sein. Sterbende und Trauernde können festhalten und sich gegenseitig behindern. Denn es geht in jedem Fall um ein Loslassen in Frieden und Liebe.

Als meine Schwester mit 20 Jahren durch eine Kohlenmonoxydvergiftung in ihrer spanischen Wohnung, die sie im Winter mit einer Kohleschale beheizte, verstarb (in Spanien kein unbekannter Unfalltod im Winter), brachte meine Mutter diese Schale mit dem Rest Kohle mit nach Hause. Diese Schale stand acht Jahre, bis zum Tod meiner Mutter, vor dem Eingang der Wohnung allen im Weg, vor allem aber meiner Mutter. Denn sie konnte ihre Tochter nicht loslassen. Zu viel Unausgesprochenes lag zwischen ihnen. Trauer kann wie in diesem Beispiel auch ein Ausdruck des Festhaltenwollens sein. Sterbende und Trauernde können festhalten und sich gegenseitig behindern. Denn es geht in jedem Fall um ein Loslassen in Frieden und Liebe.

Abb. 23: Grabstein mit Engel, Diakonissenfriedhof Leipzig

Christen, um mit Jüngel für sie beispielhaft zu sprechen, wissen, dass „auf das Ende Gott folgt, jenseits des Beendeten also nicht nichts ist, sondern derselbe Gott, der zu Anfang war." Nur dann, so Jüngel, könne man den Anfang und das Ende, „das Gott macht, als eine Wohltat" ansehen.[200]

Anfang und Ende, das sind ein und dasselbe. Solange aber dualistische Vorstellungen von Gott als einer getrennten Persönlichkeit die Vorstellungen prägen, bleibt eine Distanz zwischen mir und Gott. Gerade das für Christen, Muslime und Juden wichtige Bilderverbot[201] könnte auch als Hinweis gedeutet werden, die Trennung aufzuheben. „Etliche einfältige Leute wähnen, sie sollten Gott sehen, als stehe er da und sie hier. Das ist nicht richtig. Gott und ich, wir sind eins. Indem ich erkenne, nehme ich Gott in mich hinein; indem ich liebe, gehe ich in Gott ein."[202]

Im Menschen, so Jungclausen, „wendet sich die Schöpfung bewusst ihrem Ursprung zu … trägt sie dadurch in ihr Sein in Gott zurück … bevor sie ins Dasein gerufen wurden. … Diese Hingabe ist durch die Aufgabe unseres Selbstbildes eine Erfahrung des ‚Scheiterns'. Dieses Scheitern ermöglicht aber den entscheidenden Schritt: zum Einswerden mit uns selbst in dem, was wir Demut nennen … [was] meinem Liebesvermögen immer wieder neu die Tore öffnet."[203]

Ein paar Stichpunkte zur eigenen Trauerarbeit. Überlegen Sie selbst, welche der Punkte für Sie gut sind und wie Sie sie beachten wollen.

- Vielleicht hilft Ihnen eine Liste der Personen, mit denen Sie Kontakt halten wollen.
- Fragen Sie sich, wen Sie am besten um was bitten wollen.
- Nehmen Sie sich in Ihrer Hilflosigkeit an, auch wenn es schwerfällt.
- Alle auftauchenden Gefühle dürfen da sein, auch die Freude über den Heimgang, Gefühle der Erleichterung gehören dazu.
- Auch wenn Sie niemandem mit Ihrer Trauer zur Last fallen wollen, machen Sie mit einer vorsichtigen Anfrage um Unterstützung nichts falsch.
- Je größer das Netz Ihrer Beziehungen, desto besser können Sie wählen, welche Personen wofür am geeignetsten sind.

- Erwarten Sie nicht nur von einer Person alle Zuwendung und Unterstützung.
- Bedenken Sie, dass Sie in der Trauerzeit selbst übersensibel auf die Zurückhaltung anderer reagieren und manches als Ablehnung Ihrer Person überinterpretieren können.
- Sprechen Sie Unsicherheiten an und deuten Sie Rückzug eher als Überforderung als als Ablehnung Ihrerseits.
- Nicht nur Sie können Unsicherheit im Kontakt mit anderen empfinden, anderen kann es genauso gehen.
- Bedenken Sie, dass mit jedem Ansprechen Ihrer Trauer, die Last, Einsamkeit, Wut oder Ohnmacht nachlassen.
- Erlauben Sie sich, mit dem Verstorbenen zu sprechen, an ihn/sie zu denken, um Verzeihung für das ein oder andere zu bitten.
- Zu Trauerarbeit kann auch gehören, alte Fotos anzuschauen und sich die Szenen wieder bewusstzumachen.
- Über den Verstorbenen aus der Sicht von Freunden und Bekannten etwas zu hören, kann den Blickwinkel erweitern und den Abschied erleichtern.
- Der Gang zum Friedhof, Blumen und Kerzen aufstellen ist Teil der Trauerarbeit.
- Die Hinterlassenschaft zu sichten und zu ordnen und auszusortieren hilft dem Abschiednehmen.
- Lassen Sie sich Zeit für die Trauer. Alle aufkommenden Gefühle sind normal.
- Wenn andere Sie aktiv einbinden wollen, achten Sie auf Überforderung und gönnen Sie sich genügend Ruhepausen.
- Führen Sie ggf. ein Tagebuch.
- Achten Sie auf gesunde Ernährung und Bewegungsausgleich und einen geregelten Tagesrhythmus. Seien Sie gut zu sich.
- Stille und stille Meditation können besonders in dieser Zeit sehr wichtig sein.
- Suchen Sie nach Wegen, die Trauer auf verschiedene Weise auszudrücken. Wenn es Hobbys gibt, wie Malen, Basteln, Musikmachen

oder -hören, kann eine andere Art des Umgangs mit Trauer das Leben erleichtern.

- Prüfen Sie, ob es gut ist, durch Trauerkleidung Ihrer Trauer Ausdruck zu verleihen, und wenn ja, wie lange Sie Trauerkleidung tragen wollen, ob Sie sich nach vorgegebenen Standards richten wollen. Sie kann ein Signal für andere sein, Rücksicht zu nehmen, kann uns aber auch beschweren und den Abstand zu anderen vergrößern.
- Besonders Fest- und Feiertage können die Erinnerung und die Trauer wieder aufflammen lassen. Erlauben Sie sich, solche Gedenktage auch besonders zu gestalten, Freunde und Bekannte zu treffen oder einzuladen.
- Was uns bleibt, ist die Dankbarkeit für die gemeinsam verbrachten Stunden. Dieser Gedanke kann helfen, das halbvolle Glas bei aller Trauerarbeit zu erkennen.
- Vielleicht bietet auch der Glaube im Stillen und in der Gemeinde Trost.
- Vermeiden Sie Grübeln. Sie können auch versuchen, sich für das Grübeln, wenn es schwerfällt, davon abzulassen, eine begrenzte Zeit (z. B. 30 Min.) am Tag auf einem speziellen Grübelstuhl zu reservieren und den Rest des Tages Schuldgedanken und Grübeln zu unterlassen.
- Auch therapeutische Hilfe oder eine Trauergruppe können helfen. Darüber hinaus kann die Telefonseelsorge (Tel. evang.: 11101, kathol.: 11102) sowie ein Gespräch mit dem Seelsorger eine wertvolle Hilfe sein.

Trauer anderer unterstützen

Trauer ist schon Trost (R. Hamerling). Im Trauern selbst findet Trauerarbeit statt. Dieser Prozess ist von wechselndem Gefühlserleben begleitet und sieht bei jedem anders aus:

Leere – Angst – Ruhelosigkeit – Hilflosigkeit – Schock – Zorn – Schuld – Erleichterung – Dankbarkeit – Freude – Wut – Gleichgültigkeit – Verzweiflung – Erschöpfung – Müdigkeit – Einsamkeit – Hass – Schmerz – Befreiung – Unverstandensein – Selbstmitleid – Liebe[204]

Es ist sinnvoll, nicht einfach in bester Absicht und voll guten Willens loszulegen, sondern den Trauernden zu fragen, was er überhaupt braucht. Manche Menschen brauchen Ruhe und Zeit für sich alleine, andere wiederum benötigen Hilfe im Alltag, manche eher soziale und emotionale Unterstützung. Viele Trauernde können in der ersten Zeit nicht gut allein sein und fühlen sich von Einsamkeit überrollt. Ein kurzer Anruf, ein gemeinsamer Spaziergang, wenn auch nur kurz, kann die Stimmung wieder heben. Genauso wichtig ist es, den Rückzug eines Trauernden nicht als Ablehnung zu begreifen. Es ist nur der Ausdruck der Befindlichkeit zum momentanen Zeitpunkt. Es kann auch sinnvoll sein, den Trauernden dabei zu unterstützen, Bekannte und Freunde zu sehen, hinauszugehen oder sich eine therapeutische Begleitung oder Selbsthilfegruppe zu suchen und ihm dabei behilflich zu sein, besonders dann, wenn die Trauer nach dem Ableben einer geliebten Person über viele Monate anhält.

Kann der Trauernde den Sterbenden nicht loslassen, könnte man ihn fragen, ob es ein Ritual oder eine Äußerung gibt, die das Loslassen erleichtert, wie zum Beispiel der Satz: „Ich lasse dich in Liebe gehen". Christen finden nicht selten im Glauben an die Auferstehung Trost und in der Hinwendung an Jesus, nutzen Gebete, um die Verbindung herzustellen, wie dies auch Gläubige anderer Religionen tun. Wem es, wie Emmanuel Jungclaussen formuliert, „als christlichem Begleiter [und Trauerndem, Anmerkung des Autors] … gelingt, diesen Worten innerlich zuzustimmen: „Ja, ich bin ein Abbild Gottes und bin mit Ihm verbunden", den wird dieser Glaube zu einem tiefen inneren Frieden, ja sogar zur Freude führen, was auch kommen mag."[205]

Es geht darum, Hilfe anzubieten, ohne aufdringlich zu sein. Falls nötig, weisen Sie den Trauernden auf seine Belastungsgrenzen hin, aber machen Sie sich auch die eigenen Grenzen als Begleitungshilfe bewusst. Sie werden in Kapitel 19 genauer thematisiert. Aus meiner eigenen Erfahrung als Arzt, Psychotherapeut und Begleiter, aber auch als Betroffener im Folgenden einige Hinweise:

- Wärme, Mitgefühl und ruhiges Dasein sind viel wichtiger als kluge Bemerkungen.
- Drücken Sie ehrliche Anteilnahme aus, ohne aufdringlich zu sein. Hören Sie einfach nur zu und erwähnen Sie nicht gleich, dass ‚Ihre Tante neulich ebenfalls an Krebs gestorben ist'.
- Unterstützen Sie Trauernde darin, sich auszusprechen und Geduld mit sich selbst zu haben. Trauerprozesse können lang andauern. Hält die Trauerreaktion aber über viele Monate oder Jahre hinweg an, kann therapeutische Hilfe nötig sein.
- Lassen Sie es zu, wenn immer wieder (auch wiederholt) alte Erinnerungen, Lebensereignisse, Konflikte, Erlebnisse und Erfahrungen auftauchen. Es dient der Trauerbewältigung.
- Wenn Sie mit Trauernden schöne gemeinsame Erlebnisse hatten, können Sie an diesen gemeinsamen Gesprächsstoff anknüpfen und die Beziehung vertiefen.
- Bieten Sie Unterstützung bei täglichen Arbeiten oder formalen Angelegenheiten. Entlasten Sie die Betreffenden, soweit es Ihnen möglich ist, von Alltagsaufgaben, erledigen Sie diese vielleicht auch gemeinsam.
- Es kann hilfreich sein, mit Trauernden zu beten oder zu meditieren, zu singen. Fragen Sie, ob dergleichen gewünscht ist.
- Bieten Sie Abwechslung an: gemeinsame Spaziergänge, Musik hören, ein Konzert besuchen usw. Versuchen Sie aber nicht abzulenken, wenn der Trauernde über seine Trauer sprechen möchte.

- Helfen Sie Trauernden im Umgang mit Schuldgefühlen und verweisen Sie auf Psychotherapie und Selbsthilfegruppe als zusätzliche Hilfe.
- Philosophieren Sie nicht über den Sinn des Todes, wenn der Trauernde es nicht selbst thematisiert. Halten Sie sich zurück mit allgemeinen Lebensweisheiten wie ‚Das Leben geht weiter', ‚Die Zeit heilt alle Wunden', ‚Du hast noch deine Kinder' usw.
- Akzeptieren Sie die Weltanschauung des Trauernden, versuchen Sie ihn nicht zu bekehren, auch wenn Sie denken, dass es für ihn ein Trost wäre.
- Meiden Sie alles, was den Trauernden aufregt, d.h., machen Sie ihm keine Vorwürfe, wecken Sie keine schlechten Erinnerungen an Lebensereignisse mit dem Sterbenden bzw. Verstorbenen. Lassen Sie es jedoch zu, wenn der Trauernde Schwierigkeiten mit dem Sterbenden anspricht.
- Lassen Sie dem Trauernden Zeit, zu trauern, Schmerz zu zeigen und nicht zu verdrängen.
- Halten Sie den Kontakt aufrecht, auch wenn direkte Unterstützung nicht gewünscht ist, und akzeptieren Sie, wenn Trauernde auf bestimmte Angebote und Vorschläge nicht eingehen.
- Bedenken Sie auch, dass es eine übertriebene, chronische, maskierte und verspätete Trauerreaktion gibt. Komplizierte Trauer bedarf der psychologischen Unterstützung, um dem Trauernden die Möglichkeit zu geben, die ungelösten Themen zu bewältigen. Sie zeigen sich in depressiven Verstimmungen mit Antriebsmangel, Lustlosigkeit, Freudlosigkeit, Denk- und Konzentrationsstörungen, Energielosigkeit, Appetitlosigkeit oder auch vermehrtem Appetit, möglicherweise auch passiven Todeswünschen und Selbstmordgedanken.

18 Rituale und Abschiednehmen am Sterbebett und danach

Je nach Kulturraum und persönlicher Biographie gibt es für Menschen gewohnte und vertraute Rituale[206], die aber kulturell und individuell stark differieren können. Es ist unmöglich, dieses Thema erschöpfend zu behandeln, daher möchte ich nur ein paar grundlegende Bemerkungen zum Thema Rituale machen. Sterberituale gibt es nicht nur bei Menschen, sondern auch bei Tieren. Gorillas zum Beispiel gehen zum verstorbenen Herdentier, halten seine Hand, sitzen daneben, legen den Kopf auf seine Brust oder umarmen das tote Tier. Es kann Tage dauern, bis die Horde schließlich Abstand nimmt und sich von der Leiche fernhält.

Der Eintritt des Todes ist für Angehörige, Pflegepersonal oder Begleiter immer ein einschneidender Augenblick. Zunächst herrscht vielleicht eine besondere, geradezu heilige Stille, bevor das aufatmende, klagende, von verschiedensten Gefühlen überrannte Ich wieder in den Vordergrund drängt. Ist der letzte Atemzug getan, sind wir nicht mehr Begleiter, sondern Hinterbliebene. Wenn wir nicht einfach den Raum verlassen und den Leichnam möglichst schnell weggebracht haben wollen, können Rituale helfen, in Ruhe und Frieden Abschied zu nehmen. Angehörige, die im Moment des Todes nicht anwesend waren, erleben unterschiedliche Gefühle – von Erleichterung bis Schuld.

Unmittelbar vor und nach dem Tod sollte Ruhe im Raum sein. Manchmal übersetzen aber Pflegende und Angehörige ihre Trauer in Geschäftigkeit, wollen schnell aufräumen und die Spuren des Sterbens beseitigen, den toten Körper zudecken oder wegbringen lassen. Dieser Tätigkeitsdrang lässt sich mit der hohen affektiven Spannung erklären, die der

Sterbeprozess mit sich bringt. Solange es nicht zu extremen Handlungen kommt, die die Würde des toten Körpers verletzen, ist es nichts Schlechtes, die eigene innere Spannung auf solche Weise zu entladen.

Nach dem Ableben und der Erfüllung amtlicher Vorgaben (Feststellung des Todes durch einen Arzt und Versorgung durch das Pflegepersonal) wird der Tote in den meisten Kulturen zumeist für einige Zeit im Sterberaum aufbewahrt und ggf. später gewaschen. Die Augen werden geschlossen (eventuell mit Wattebausch befeuchtet), die Hände nach christlichem Brauchtum gefaltet. Das Kinn wird mittels Gummirolle oder Band hochgedrückt, um vor Eintritt der Leichenstarre den oft geöffneten Mund zu schließen. Die Leiche wird in der Regel flach gebettet und das Gebiss, so vorhanden, wieder eingesetzt. Man legt die Decke zurecht, oft wird der wärmende Bettbezug herausgenommen und die Heizung abgedreht, damit der Körper abkühlen kann. Das Zimmer wird aufgeräumt und in einen Ort der Ruhe und Stille verwandelt.

Es ist gut, wenn Sterbebegleiter nicht ihre eigenen Vorstellungen durchsetzen, sondern schauen, wer von den Angehörigen Unterstützung braucht. Die Reaktionen unmittelbar nach dem Ableben des Verstorbenen können sehr unterschiedlich sein – von verzweifeltem Schreien, Rütteln am Bett bis zu stiller Anteilnahme.

Manche Kulturen gehen davon aus, dass sich der Seelenkörper innerhalb der folgenden Stunden und Tage aus dem Körper löst und sich auf einen Weg in andere Sphären begibt.[207] Manche Menschen wollen aus diesem oder auch einem anderen Grund das Fenster in der Sterbephase und nach Eintritt des Todes geöffnet haben.

Früher wurden die Toten in den Häusern aufgebahrt und die Dorfbewohner konnten jederzeit vorbeikommen, um Abschied zu nehmen. Es wurden Blumen aufgestellt, Kerzen angezündet und manchmal kamen auch Klageweiber, um den Toten zu beweinen. Die Wache am Totenbett oder am offenen Sarg ist ein in vielen Kulturen verbreitetes Ritual. Wer auf der Suche nach passenden Ritualen ist, findet auf den Stationen der Krankenhäuser und Altenheime oft einen sogenannten ‚Ritualkoffer', der Ideen und Zubehör anbietet.

In religiös geprägten Trauergemeinden werden Gebete und Psalmen gesungen oder gesprochen, der/die Verstorbene erhält den letzten Segen oder die letzte Salbung, man schlägt das Kreuzzeichen vor dem Toten oder berührt seine Stirn damit. Ich selbst habe meinen muslimischen Vater, wie es im Islam Brauch ist, gewaschen und ihm das Gesicht rasiert, seine Nägel geschnitten und den Körper in Leinentücher gehüllt. Unmittelbar im Anschluss daran legte ich ihn mit Freunden in ein offenes Grab. Ich selbst hatte die Aufgabe, im Grab seinen Kopf nach Mekka zu drehen. Eine Bekannte erzählte, dass es den Kindern geholfen habe, Abschied zu nehmen, indem sie den rohen Holzsarg bemalen und der Oma ‚alles Gute' wünschen und auf den Sarg schreiben durften. Auch ein Bild durften sie in den Sarg mitgeben.

Abb. 24: Abgestorbener Baum auf dem Kandel im Hochschwarzwald, Baden-Württemberg

Wie auch immer die Form des Abschieds gewählt wird – wichtig ist, dass sie ausreichend Raum gibt, den Abschied zu vollziehen, Trauer und andere Gefühle als Antwort der Seele auf das Verlusterlebnis zuzulassen und den Verstorbenen letztlich dadurch loszulassen.

Unmittelbar nach dem Tod kann schon am Sterbebett die Erkenntnis, dass der geliebte Mensch fehlt und nie mehr wiederkommt, einen regelrechten Schock auslösen, auch wenn der Gestorbene schon länger schwerkrank und sein Tod absehbar war. Alles im Trauernden lehnt sich gegen die nun eingetretene Realität auf. Diese Phase des Schocks kann körperliche Reaktionen auslösen wie Zittern, Weinen, Schreien, aber auch Beten. Manche wenden sich dem Toten zu, halten ihn fest oder schütteln ihn. Dies ist besonders häufig der Fall, wenn der Tod unerwartet eintritt, wenn es das eigene Kind ist oder der geliebte Partner. Hat es eine lange Vorbereitungszeit gegeben und wurde die Erkenntnis, dass ein Leben langsam ausklingt, schon angenommen, wird der Tod in der Regel als weniger überwältigend erfahren.

Abgelöst und überdeckt wird die erste Zeit schon bald mit den Formalitäten, die erledigt, und der Beerdigung, die in die Wege geleitet werden muss. Begegnungen mit anderen Menschen, die am Abschiednehmen teilhaben und vielleicht auch bei formalen Angelegenheiten helfen, bieten hilfreiche Möglichkeiten, die Trauer besser zu verarbeiten, Abschied zu nehmen und sich, wenn auch noch trauernd, wieder Neuem zuzuwenden.

19 Auch der Helfer braucht Hilfe

Sterbende zu begleiten kann erfüllend und bereichernd sein, beinhaltet aber auch Risiken, wie Ken Wilber aus eigener Erfahrung berichtet:

„Nach etwa zwei bis drei Monaten des Sorgens für den anderen wird allmählich ein besonders heimtückisches Problem erkennbar. Die äußeren, handgreiflichen, sichtbaren Aspekte der Fürsorge sind relativ leicht zu bewältigen. Man teilt sich, wenn man kann, seine Arbeit anders ein; man gewöhnt sich ans Kochen, Waschen, Putzen oder was sonst notwendig sein mag zur Versorgung des geliebten Menschen.Auch das kann schwierig sein, aber wenigstens liegen die Lösungen klar auf der Hand – man nimmt die zusätzliche Arbeit entweder selber auf sich oder sorgt dafür, dass jemand anderes sie tut.

Schwieriger und wirklich heimtückischer ist für den Helfer jedoch der seelische Druck, der sich jetzt allmählich aufbaut. … Der Helfer weiß, dass alle seine Probleme, wie viele es auch sein mögen, Lappalien sind gegen die lebensbedrohende Krankheit des geliebten Menschen. Also spricht er einfach nicht davon – wochenlang, monatelang. Er hält sie unter Verschluss. Man möchte den geliebten Menschen nicht beunruhigen, man möchte ihm seine Lage nicht noch erschweren …“

Angesichts des schweren Leides ihres Kranken missachten Angehörige und Helfende nicht selten ihren eigenen Gesundheitszustand, ihre eigenen Interessen und ihre Psychohygiene. Empfinden sie deshalb womöglich Wut und Frustration, weil notwendige Hilfsmaßnahmen sie körperlich und seelisch überlasten, dann treten auch noch Schuldgefühle hinzu, weil sie sich schämen, solche hässlichen Gefühle zu haben. Diese oft verdrängten Gefühle können nicht nur das eigene Leben erschweren, sondern auch das Verhältnis zum Sterbenden belasten.

Es ist wichtig, sich darüber im Klaren zu sein, dass solche Gefühle natürlich und normal sind. „Unsere geheimsten Probleme sind die allgemeinsten", pflegte mein früherer Chefarzt oft zu sagen. Es wäre auch eine Art psychologischer und biologischer Anomalie, wenn es nicht so wäre. Der Helfer sollte nicht nur den Kranken, sondern auch sich selbst im Blickfeld haben.

Es ist hilfreich, mit Verwandten, Freunden, Mithelfern über das zu sprechen, was Sie belastet. Aber man darf nicht vergessen, dass Sterbeprozesse mitunter lange dauern und nicht immer über lange Zeiträume hinweg von Freunden oder Verwandten geduldig aufgefangen werden können. Vielleicht haben Sie bereits bemerkt, dass Freunde oder Bekannte Ihnen ausweichen oder ungeduldig wirken, wenn Sie wiederholt über dasselbe Problem sprechen, da es sich ja nicht verbessert, sondern womöglich ständig verschlimmert. Ken Wilber drückt das treffend aus: „Niemand interessiert sich für chronische Dinge." Helfende sollten daher nicht davor zurückschrecken, sich eine Selbsthilfegruppe oder psychotherapeutische Unterstützung zu suchen, um Entlastung zu finden und eine Stütze zu haben. Der Therapeut eröffnet ihnen einen Freiraum und unterstützt sie darin, ihre Last auch einmal abzuladen, ‚negative' Gefühle wie Groll, Schuld- und Schamgefühle loszuwerden, ihre widersprüchlichen Gefühle zu ordnen und innerhalb der belastenden Routine Freiräume zu entdecken.

Friedemann Schulz von Thun beschreibt anschaulich, woran sich der übertrieben-helfende Stil erkennen lässt und welche Auswirkungen er haben kann:

„Menschen, die von der helfenden Strömung stark und dauerhaft erfasst sind, ziehen Bedürftig-Abhängige wie Magneten an. Als geduldige Zuhörer und Ratgeber sind sie allzeit bereit, sich für die Schwachen, Beladenen und Hilflosen einzusetzen, sich um sie zu kümmern und ihnen in der Not mit Rat und Tat beizustehen – nicht selten über die eigene Erschöpfungsgrenze hinaus. Sie strahlen eine souveräne Stärke aus, die zu sagen scheint: ‚Ich brauche niemanden' – und ‚Ich bin ganz für dich da!'"[208] Schulz von Thun ist der Ansicht, dass man besonders leicht zum Über-Helfer wird, wenn man mit seinen eigenen schwachen und hilfsbedürftigen Anteilen auf Kriegsfuß steht. Durch Wolfgang Schmidbauers[209] Studie über die „Hilflosen Helfer" (1977) hat das Schlagwort vom „Helfersyndrom" aus berechtigtem Grund Einzug ins soziale Vokabular gefunden. Auch Schmidbauer rät dringend, das eigene Anlehnungsbedürfnis und unterdrückte ‚schwache' Anteile zuzulassen und sich mit diesen Verhaltensmustern auseinanderzusetzen.

Gerade im Helfen und in der Aufopferung können die eigenen bedürftigen Anteile unter Verschluss gehalten und dem vermeintlich ethisch ‚höheren' Ziel untergeordnet werden, eventuell mit dem ‚Lohn' eines edlen Selbstbilds (‚Ich bin ein entsagungsvoller Helfer'). Bei einer solchen Selbstverleugnung kommt es oft zu einer depressiven inneren Leere, die, wie es beispielsweise bei Mutter Theresa posthum deutlich wurde, das Gefühl des Aufgehobenseins in einem großen Ganzen überdecken kann.

Es ist wichtig, ehrlich mit sich umzugehen und sich auch die Option des Reduzierens oder Aussteigens offenzuhalten, wenn die Begleitung zu stark erdrückt. Jeden Tag muss der Helfer aufs Neue entscheiden, inwieweit er sich noch in der Lage fühlt, sich auf die Begleitung einzulassen, und wie viel Rückzug er für sich selbst benötigt. So wie der Tod ein großes Loslassen ist, ist es auch für Helfer wichtig, nicht krampfhaft am Helfenwollen festzuhalten und stattdessen andere Wege zu beschreiten.

Warnsymptome wie Müdigkeit, Kraftlosigkeit, Interesselosigkeit, Gleichgültigkeit, Zynismus, Antriebslosigkeit, Lustlosigkeit, Schlafstörungen, Konzentrationsstörungen sowie körperliche Beschwerden jeder Art können ein Hinweis sein, dass der Helfende sich jetzt auch um sich selbst kümmern muss. Wenn man diese Zeichen ignoriert, besteht die Gefahr, unter der Belastung auszubrennen, zu Alkohol und anderen entspannungsfördernden Substanzen zu greifen, anstatt konstruktive Lösungen zu suchen. Als Helfende müssen wir mit uns selbst im Kontakt bleiben, mit unseren Gedanken, Gefühlen, Körperempfindungen und unserem Verhalten. Beobachten wir aus der ‚Draufsicht', was sich in uns abspielt, können wir leichter erkennen, was uns fehlt.

Nach Schulz von Thun kann es vor allem dann problematisch werden, wenn:

- der Helfende seine Kontakte so umorganisiert, dass sein Leben nur noch um die Belange des Kranken kreist,
- er sich durch 150-prozentiges Engagement psychisch und körperlich ruiniert und sich nicht mehr spürt,
- eine zu starke Identifikation mit einem ‚edlen und guten' Selbstbild und moralischer Druck entsteht,
- die Rolle des Starken und Kompetenten eingenommen wird und sich eine zu starke Abhängigkeitsbeziehung entwickelt.

Von der Psychoanalytikerin und Begründerin der ‚Themenzentrierten Interaktion', Ruth Cohn, stammt der Satz: „Zu wenig Hilfe ist Diebstahl, zu viel ist Mord!"[210] Etwas flapsiger drückt es der Kabarettist Frank Astor sinngemäß in einem seiner Sketche aus: „Ich reib mich hier ganz auf, ich reibe mich ganz klein. In meinem Stammbaum muss Parmesan drin sein."[211]

Helfer können sich fragen, ob sie im Helfen und Dienen Anerkennung, Dankbarkeit oder Zuwendung suchen oder vielleicht ihre eigene Bedürftigkeit kaschieren wollen. Können Sie selbst urteilen, ob Sie eher jemand sind, der hilft, als jemand, der auch um Hilfe bitten kann. Haben Sie als der Helfer nicht nur den Hilfsbedürftigen, sondern auch sich selbst im Blick, können Sie leichter auf ihre Bedürftigkeit achten.

Auch im Sterbeprozess ist es wichtig zu erkennen, was der Schwerkranke noch bewältigen kann, anstatt ihm alles abzunehmen. Für den Psychoanalytiker Alfred Adler war der „verzärtelnde" Erziehungsstil besonders verhängnisvoll, weil er die Selbstentfaltung behindere. Dies gilt auch für die Betreuung Schwerkranker und Sterbender: Die Erfahrung von Selbsteffizienz und Selbstwirksamkeit ist auch bei schwerer Krankheit ein zentraler Bestandteil der Lebensqualität des Kranken. Wenn er merkt, dass er trotz seiner geringen Kräfte selbst noch etwas tun und bewirken kann, und sei es nur eine Kleinigkeit, hilft ihm das, die Wut über den Verlust an Lebensqualität besser zu verkraften.

Eine gute Balance zwischen Anteilnahme und Abgrenzung ist eine echte Herausforderung sowohl für Kranke als auch für Helfende. Anteilnahme sollte Empathie und Mitgefühl hervorbringen, nicht Mitleid und Verzweiflung. Wenn Empathie in Gleichgültigkeit, Abgestumpftheit oder Aggression kippt, ist die Balance gestört. Nicht nur ehrenamtliche, sondern auch professionelle Helfende sind gut beraten, sich spätestens dann eine professionelle Supervision zu gönnen, um ihr Tun zu überdenken und zu verbessern.

20 Vom Trauerfall zur Beerdigung

Gut zu wissen: Vierzehn Fakten im Sterbefall

- Der Leichnam gehört weder dem Krankenhaus noch den Ärzten oder dem Bestatter, sondern allein den Angehörigen.
- Ein Verstorbener muss nicht sofort vom Bestatter abgeholt werden, sondern darf in den meisten deutschen Bundesländern 36 Stunden lang zuhause bleiben.
- Es gibt kein ‚Leichengift', an dem man sich ansteckt oder erkranken könnte.
- Auch nach Eintritt der Leichenstarre kann man Verstorbene noch ankleiden.
- Wählen Sie einen Bestatter, dem Sie vertrauen und der Ihre Wünsche respektiert, auch wenn sie unkonventionell sein sollten. Auch ist es weder kleinlich noch hartherzig, bei Bestattungen Preisvergleiche anzustellen. Fragen Sie sich, wie der Verstorbene an Ihrer Stelle wohl entscheiden würde?
- Normalerweise erfolgt die Leichenschau durch einen Arzt, der die Todesbescheinigung ausstellt. Nur bei unklarer Todesursache wird die Polizei oder Staatsanwaltschaft eingeschaltet und eine Leichenöffnung zur Klärung der Todesursache vorgenommen.
- Für manche ist das Waschen des Verstorbenen eine gute Möglichkeit, Abschied zu nehmen. Dies kann zusammen mit dem Pflegedienst erfolgen. Sie haben die Möglichkeit, den Verstorbenen seinen Wünschen entsprechend einzukleiden.
- Nach der Leichenschau kann ein Geistlicher zur Aussegnung kommen. Man kann aber auch zusammen mit Verwandten und Freunden

eine private Feier oder ein Ritual besprechen, planen und durchführen, bevor ein Bestattungsunternehmen beauftragt wird.

- In Absprache mit dem Bestattungsinstitut Ihres Vertrauens: Festlegen des Bestattungstermins, Wahl der Bestattungsform (Erdbestattung oder Einäscherung) und des Bestattungsortes (Friedhof, Friedwald, Seebestattung…), Gestaltung der Feierlichkeiten, Unterlagen richten usw. Hat der Verstorbene eine ‚Vollmacht über den Tod hinaus' oder ein Testament verfasst, wird die Bestattung von der Person seines Vertrauens organisiert.
- Ansonsten folgt die Bestattungspflicht einer festen Reihenfolge: Ehepartner, volljährige Kinder, Eltern, Großeltern, volljährige Geschwister, volljährige Enkel. Wenn Angehörige nicht oder zu spät reagieren, gibt es eine behördliche Anordnung. Die Kosten tragen die Bestattungspflichtigen.
- Gibt es weder Erben noch Nachkommen, tritt die behördliche Anordnung in Kraft und die Finanzierung wird über Nachlass, Sozialamt oder Gemeinde gedeckt.
- Ob Erd- oder Feuerbestattung muss man früh festlegen, denn Alternativen zur Erdbestattung auf dem Friedhof setzen meist eine Feuerbestattung voraus (mit Ausnahme der Körperspende sowie der Kryotechnik, dem Einfrieren der Leiche).
- Nach der Feuerbestattung findet die Urne bzw. die Asche ihren letzten Platz: im Urnengrab, auf See, im Friedwald unter einem Baum, auf einer Bergwiese oder im Felsen, in einem Bergbach (im Wallis/Schweiz), durch eine Luftbestattung (Ballon, Flugzeug, Helikopter) oder Weltraumbestattung, im Memorial Reef in Florida. In manchen Ländern kann die Urne mit nach Hause genommen werden.
- Und zu guter Letzt: Auch der Sarg darf selbst gezimmert, bemalt, beklebt oder beschrieben werden.

Der Tod des Dshuang Dsï

Dschuang Dsï lag im Sterben und seine Jünger wollten ihn prächtig bestatten. Dschuang Dsï aber sprach: „Himmel und Erde sind mein Sarg,

Sonne und Mond leuchten mir als Totenlampen, die Sterne sind meine Perlen und Edelsteine, und die ganze Schöpfung gibt mir das Trauergeleit. So habe ich doch ein prächtiges Begräbnis! Was wollt ihr da noch hinzufügen?"

Die Jünger sagten: „Wir fürchten, die Krähen und Weihen möchten den Meister fressen." Dschuang Dsï sprach: „Unbeerdigt diene ich den Krähen und Weihen zur Nahrung, beerdigt den Würmern und Ameisen. Den einen es nehmen, um es den andern zu geben: warum so parteiisch sein?"[212]

Dschuang Dsï ist frei von Konzepten, Vorlieben und Vorstellungen von Gott. Nicht selten kommt es vor, dass mich Christen wie Muslime fragen, welcher Religion ich angehöre, da in meinen Praxisräumen christliche, islamische und buddhistische Bilder zu finden sind. Ich frage dann meist zurück: „Welche Konfession hat Schöpfung?" Selbst wenn man einer Glaubensrichtung folgt, darf man nicht vergessen, dass feste Glaubensvorstellungen den Blick auf Gott (ich bevorzuge den Begriff ‚Schöpfung', das ‚ganze Sein', ***Esse est deus*** [213]) verdecken können.

Nicht zu Unrecht macht der Dalai Lama mit seinem Buch „Ethik ist wichtiger als Religion" darauf aufmerksam, dass neo-humanistisches Gedankengut der einzige Weg ist, die trennenden Konzepte fester, religiöser Vorstellungen zu überschreiten.[214]

Darum möchte ich mit einem Zitat von Meister Eckhart schließen:

„Das Eine, das ist Gott."[215]

Anmerkungen

1 Sawaki, Kodo: *An Dich. Zen-Sprüche*. Angkor Verlag, Frankfurt 2005

2 Übers. aus: Halifax, Joan: *Being with Dying. Cultivating Compassion and Fearlessness in the Presence of Death*, Shambala 2009, S. 86

3 Rabten, Geshe: *Mönch aus Tibet. Autobiographie eines tibetischen Meditationsmeisters*. S. 44

4 Alda Merini, entn. aus: *Harenbergs Sprachkalender, Italienisch 2011*. KV & H Verlag Dortmund, 2011

5 Mehr zur Leerheit s. Literaturverzeichnis: *Emptiness*, sowie Shinichi Hisamatsu: *Die Fülle des Nichts. Vom Wesen des Zen*. Klett-Cotta, 2003

6 Yalom, Irvin, D.: Ein bester Freund auf Zeit. Stern-Interview vom 28.05.2015, Heft Nr. 23

7 Terzani, Tiziano: *Noch eine Runde auf dem Karussell. Vom Leben und Sterben*. Knaur 2007, S. 31

8 Das Ungeborene: Der Begriff wurde durch den unkonventionellen Zen-Meister Bankei, der im 17. Jahrhundert lebte, geprägt. (s. Literaturverzeichnis)

9 Rabia al-Adawiyya al-Qaysiyya, auch bekannt als Rabia al-Basri, siehe Kurzbeschreibung in Wikipedia

10 Willigis Jäger: *Jenseits von Wort und Weihrauch. Mystik und Transkonfessionalität*, in: connection spezial 46, Connection AG, Verlag Niedertaufkirchen, 2003

11 Scheffler, Johann (Angelus Silesius): *Der Cherubinische Wandersmann*. Heft 1, Vers 36 und Vers 12, Hrsg. Dr. D. A. Rosenthal, 2. Band, Regensburg 1862

12 Christof Goddemeier: *Julien Offray de la Mettrie. Vor 300 Jahren wurde der Arzt, Philosoph und Satiriker geboren.* Dt. Ärzteblatt, Jg. 106, Heft 50, Dezember 2009

13 Mehr über Bodhizendo unter www.bodhizendo.org

14 Arno Geiger: *Der alte König in seinem Exil.* Hanser Verlag, München 2011, S.11. Lesenswerter Roman über das Siechtum des demenzkranken Vaters des Autors, empfehlenswert für den Umgang mit demenzkranken Angehörigen.

15 Alan W. Watts: *Zen-Buddhismus. Tradition und lebendige Gegenwart.* Rowohlt Verlag, Hamburg, 1961, S. 201. Dōka-Gedichte dienen der buddhistischen Unterweisung oder dem Erreichen der Erleuchtung im Zen.

16 Ehei-Koroku, zit. nach: Peter Pörtner / Jens Heise: *Die Philosophie Japans. Von den Anfängen bis zur Gegenwart.* Stuttgart 1995, S. 204. Entn. aus: Fasching, Wolfgang: *Phänomenologische Reduktion und Mushin.* Verlag Karl Alber, Freiburg/München 2003, S. 9

17 Aus dem Vorwort zu: Joan Halifax: *Being with Dying, Cultivating Compassion and Fearlessness in the Presence of Death.* Shambala, Boston 2009

18 Klinkhammer, Gisela / Richter-Kuhlmann, Eva: *Sterbehilfe versus Suizidbeihilfe. Eine Frage des Gewissens.* Deutsches Ärzteblatt Jg. 112, Heft 26, 26. Juni 2015

19 Unter geistiger Führung. Bruno Gröning, Vortrag 1957, entn. aus: Alfred Hosp: *Der Geist bestimmt die Materie.* Klagenfurt 2006

20 Die Literatur zu Heilung und Spontanheilung ist umfangreich. Der Schwerpunkt dieser Abhandlung liegt indessen im Umgang mit der eigenen Vergänglichkeit, gleichgültig, in welcher Weise sie sich für den Einzelnen vollzieht.

21 Huxley, Aldous / Isherwood, Christopher: *Jakob der Heiler.* Ullstein Verlag, Berlin 1998, S. 5

22 Plinius der Jüngere grüßt seinen Freund Maximus: „(1) Nuper me cuiusdam amici languor admonuit optimos esses nos, dum infirmi sumus. Quem enim infirmum aut avaritia aut libido sollicitat? (2)

Non amoribus servit, non appetit honores, opes neglegit et quantulumcumque ut relicturus satis habet. Tunc deos, tunc hominem esse se memenit, invidet nemini, neminem miratur, neminem despicit ac ne sermonibus quidem malignis aut attendit aut alitur: balinea imaginatur et fones. (3) Haec summa curarum, summa votorum mollemque in posterum et pingeum, si contingat evadere, hoc est innoxiam beatamque destinat vitam. (4) Possum ergo, quod plurimis verbis, plurimis etiam voluminibus philsophi docere conantur, ipse breviter titi mihique preacipere, ut tales esse sani perseveremus, quales non futuros profitemur infirmi. Vale."

23 Ruhbach/Sudbrack: *Große Mystiker. Leben und Wirken*. Verlag C.H.Beck, München 1984, S. 351. Henri le Saux ist ein französischer Benediktiner, der Brücken zwischen indischer und christlicher Spiritualität geschlagen hat. Er ging 1948 nach Indien und gründete in Südindien den christlich-kontemplativen Ashram Shantivanam (Wald des Friedens). Er hatte Hindus und Christen als Schüler. Er starb zwei Monate nach seinem Herzinfarkt am 07.12.1973 in leuchtender Klarheit des Bewusstseins, was man in Indien als die „große Versenkung" bezeichnet.

24 Giovanni Maio: *Mittelpunkt Mensch. Ethik in der Medizin. Ein Lehrbuch*. Schattauer Verlag, Freiburg 2012, S. 282

25 Gian Domenico Borasio: *Über das Sterben*. C.H.Beck Verlag, München 2011, S. 18

26 Borasio, a.a.O., S. 18ff

27 Zulley, Jürgen / Knab, Barbara: *Wach und fit. Mehr Energie, Leistungsfähigkeit und Ausgeglichenheit*. Mabuse Verlag, März 2003

28 Jelaladdin Rumi: *Tanz meiner Seele. Mystische Texte*. Band 6, Kreuz Verlag, Stuttgart, Zürich 2003, S. 46 u. 52

29 Senzaki, N., Strout, R. McCandless: *Genro. Die hundert Zen-Koans der „Eisernen Flöte"*. Origo Verlag, Zürich 1973. Koan Nr. 9 „T'zu Mings Zusammenfassung"

30 Atisha war ein indischer buddhistischer Meditationsmeister, der einen Großteil seines Lebens in Tibet verbrachte, um den Bud-

dhismus zu lehren. Geshe, Rabten: *Mönch aus Tibet. Autobiographie eines tibetischen Meditationsmeisters.* Deutsche Neuauflage, Schläpfer AG Herisau 2000, S. 225

31 Küstenmacher, M. / Haberer, T. / Küstenmacher W. T.: *Gott 9.0. Wohin unsere Gesellschaft spirituell wachsen wird.* Gütersloher Verlagshaus / Random House GmbH, München, 4. Aufl. 2011, S. 274

32 Rumi: *Tanz meiner Seele.* a.a.O., S. 52

33 Text aus dem Internet, Verfasser unbekannt

34 Gerhard Hütter: *Die neurobiologische Verankerung von Erfahrung.* Videomitschnitt, Lindau 1998

35 Spitzer, Manfred: *Digitale Demenz*, in: Nervenheilkunde, Schattauer-Verlag, Stuttgart, Heft 7-8/2012, S. 493-497

36 Hirschhausen, Eckart von: *Die Leber wächst mit ihren Aufgaben.* Rowohlt Verlag, Köln 2008, S.109

37 Stephen Levine: *Who dies? Wege durch den Tod.* J. Kamphausen Verlag, 8. Aufl. 2007, S. 14 f

38 Modifiziert nach: Halifax: *Being with Dying*, a.a.O., S. 7

39 Levine: *Who Dies*, a.a.O., S. 18

40 Romano Guardini: *Vollendung.* Textstelle vermutlich aus: H. Gerl-Falkovitz: *Romano Guardini, 1885-1968: Leben und Werk.* Matthias-Grünewald-Verlag, 1985

41 Eckhart Tolle: Tod/Death. (Vortrag, s. www.youtube.de)

42 Lindenberg, Wladimir / Rackuff, Christine: *Das Leben betrachten.* Stuttgart, Urachhaus, 5. Aufl. 2001

43 P. AMA Samy: Vortrag in Dietfurt, Juli 2006

44 Thich Nhat Hanh: *Das Diamant Sutra. Der Diamant, der die Illusion durchschneidet.* Theseus Verlag, Berlin 2005, S. 51

45 Schnabel, Ulrich: *Muße. Vom Glück des Nichtstuns.* Blessing Verlag, 2010, 2. Auflage. S. 148ff

46 Geshe Kelsang Gyatso: *Das Meditationshandbuch. Ein praktischer Führer, der Schritt für Schritt die buddhistische Meditation erklärt.* Tharpa Verlag, 3. Aufl., Zürich 1995, S. 43

47 Sogyal Rinpoche: *Das Tibetische Buch vom Leben und vom Sterben. Ein Schlüssel zum tieferen Verständnis von Leben und Tod.* Fischer Taschenbuch Verlag, 6. Aufl. 2008, S. 295

48 Charles Upton: *Doorkeeper of the Heart. Versions of Rabi'a.* S. 45; s. a.: Almaas, A. H.: *Facets of Unity, The Enneagram of Holy Ideas.* Diamond Books Almaas Publications, Berkeley, Cal. USA, 1998, S. 120

49 Johann Wolfgang von Goethe; zit. nach: Verres, R.: *Die Kunst zu leben. Krebsrisiko und Psyche.* Piper, München 1994, S. 146

50 Yamada Kôun Roshi: Hekiganroku, Niederschrift vom blauen Fels. Die klassische Koansammlung mit neuen Teishos. Band 1, Kösel Verlag, München 2002. Fall 6: Ummons: *Jeder Tag ist ein guter Tag.* S. 78

51 Kersten, Hanns-Hermann: *Ich fürchte, ich bin schiefgegangen. Gedichte und Aphorismen mit einer handvoll Memorabilien.* Klöpfer und Meyer, 2. Aufl. Februar 2007, S. 82. Der Kabarettist Kersten suizidierte im Alter von 57 Jahren mit Tabletten.

52 Sören Kierkegaard; zit. nach: Theunissen, M.: *Der Begriff ERNST bei Sören Kierkegaard.* Alber, Freiburg i. Br., München 1982, S. 146

53 Schmid, W.: *Philosophie der Lebenskunst. Eine Grundlegung.* Suhrkamp, Frankfurt/M. 1999, S. 350

54 George Eliot (eigentlich Mary Ann Evans), englische Schriftstellerin, zit. nach: Tausch-Flammer, Daniela / Bickel, Lis: *Jeder Tag ist kostbar. Endlichkeit erfahren, intensiver leben.* Herder, Freiburg i. Br. 2000, S. 79

55 Jorge Luis Borges; zit. nach: Tausch-Flammer/Bickel, a.a.O., S. 46f.

56 Kierkegaard; zit. nach: Zimmermann, F.: *Einführung in die Existenzphilosophie.* Wissenschaftliche Buchgesellschaft, Darmstadt 1988, S. 35

57 Sheldon Kopp: *Triffst Du Buddha unterwegs ... Psychotherapie und Selbsterfahrung.* Eugen Diederichs Verlag 1976, Buchende

58a Nach Yamada Koun Rohi: Mumonkan. Die torlose Schranke. Zen-Meister Mumons Koan-Sammlung. Kösel Verlag, München 2004, Fall 7 Jôshû: „Wasch deine Essschalen"

58b Tsunetomo Yamamoto (Autor), Takao Mukoh (Übers.), Guido Keller (Übers.): *Hagakure. Der Weg des Samurai.* Kindle Edition 2012, S. 67

59 Theunissen, Michael: *Die Gegenwart des Todes im Leben.* in: Winau, Rolf / Rosemeier, Hans Peter (Hrsg.): *Tod und Sterben.* Verlag de Gruyter, Berlin, New York 1984, S. 102-124

60 Lenz, Sabine: *Die Fähigkeit zu sterben. Meine psychologische Arbeit mit Krebskranken.* Rowohlt Verlag, Reinbeck bei Hamburg, 2014

61 Yamamoto, Tsunetomo: *Hagakure. Der Weg des Samurai.* Piper Verlag, 6. Aufl. 2003, S. 133. Yamamoto, 1659 in Saga in Japan geboren, wurde nach einer Karriere als Samurai Zen-Mönch, weil ihm nach dem Tod seines Fürsten der rituelle Selbstmord durch einen Erlass seines Herrn verboten war. Er diktierte „Hagakure" 1710-1716 dem Schreiber Tashiro Tsuramoto. (entnommen aus dem Text der Einleitung)

62 Jüngel, Eberhard: *Tod.* Kreuz Verlag, Stuttgart Berlin 1971, S. 92

63 Reps, Paul: *Ohne Worte – ohne Schweigen. 101 Zen-Geschichten und andere Zen-Texte aus vier Jahrtausenden.* O.W. Barth Verlag, S. 89

64 Hermann Hesse: *Die Gedichte.* Suhrkamp, Frankfurt/M. 1992, S. 676

65 Jean-Jacques Rousseau; zit. nach Tausch-Flammer/Bickel, Lis: *Jeder Tag ist kostbar. Endlichkeit erfahren, intensiver leben.* Freiburg i. Br., Herder 2000, S. 35

66 Tausch-Flammer, Daniela / Bickel, Lis: *Jeder Tag ist kostbar. Endlichkeit erfahren, intensiver leben.* Freiburg i. Br., Herder 2000, S. 38f

67 Tausch-Flammer/Bickel, a.a.O., S. 40

68 Czutka, Mira: *Out of Office. Als Managerin auf den Spuren des Franziskus. Das Pilgerbuch für den Weg nach innen.* Kösel Verlag, München 2010, S. 180

69 Tausch-Flammer, Daniela / Bickel, Lis: *Jeder Tag ist kostbar. Endlichkeit erfahren, intensiver leben.* Freiburg i. Br., Herder 2000, S. 70f.

70 Dürckheim, Karlfried Graf; aus: Wetzel, Sylvia: *Von der Schönheit des Alters.* Buddhismus aktuell 03/2010, Theseus Verlag, S. 56

71 Wuthenow, R. (Hrsg): *Michel de Montaigne. Essays.* Insel, Frankfurt/M. 1976, S. 14

72 Vgl. de.wikipedia.org/wiki/Memento_mori

73 Rabindranath Tagore; zit. nach Tausch-Flammer/Bickel, a.a.O., S. 115

74 Yamada Koun Rohi: *Mumonkan. Die torlose Schranke. Zen Meister Mumons Koan-Sammlung.* Kösel Verlag, München 2004. Fall 19 : Als Joshu noch ein junger Mönch war, suchte er Meister Nansen auf und stellte ihm die Frage: „Was ist der Weg?“ Nansen antwortete: „Der gewöhnliche Geist ist der Weg. – Hei jo shin kore do. Hei bedeutet ‚einfach‘, Jo bedeutet sowohl ‚alltäglich‘ als auch ‚immer‘, ‚ewig‘. ‚Kore do‘ bedeutet ‚ist (der) Weg‘. Jōshū fragte weiter: „Soll ich mich selbst darauf ausrichten oder nicht?“ Nansen sagte: „Wenn du versuchst, dich ihm zuzuwenden, wendest du dich von ihm ab.“ Jōshū fragte: „Wenn ich nicht versuche, mich ihm zuzuwenden, wie kann ich wissen, dass es der WEG ist?“ Nansen antwortete: „Der WEG hat nichts zu tun mit Wissen oder Nicht-Wissen. Wissen ist Illusion. Nicht-Wissen ist ohne Bewusstsein. Wenn du den zweifelsfreien, wahren WEG wirklich erreicht hast, wirst du ihn erfahren als grenzenlos und leer wie den Weltraum. Wie kann man darüber sprechen auf einer Ebene von richtig oder falsch?“ Bei diesen Worten war Jōshū plötzlich erleuchtet.

75 Suzuki, Shunryu: *Zen-Geist – Anfänger Geist. Unterweisungen in Zen Meditation.* Theseus Verlag, München 1997, 8. Aufl., S. 80

76 Albert Low: *Hakuin on Kensho.* Shambhala Publications, Boston, Massachusetts, S. 24

77 Maharaj, Sri Nishargadatt: *Ich bin.* J. Kamphausen Verlag, Bielefeld, 9. Aufl. 2012, S. 21

78 ebd., S. 32, 78

79 Jüngel, Eberhard: *Tod.* Kreuz Verlag, Stuttgart Berlin, Band 8, 1971, S. 11

80 Achan Chah: *Unser Wahres Zuhause, innerer Frieden*. Buddhismus aktuell, Theseus Verlag 3/2010, S. 9

81 Dieter Häusler, Herbsttagung Rosenheim, Bruno-Gröning-Freundeskreis, DVD des Bruno-Gröning-Freundeskreises, 22-23.09.2007

82 Gerhard Buzzi: *Spontan geheilt. Die sieben Wege zur Selbstgesundung*. Bastei Lübbe, 2001, S. 87ff

83 Vgl. https://de.wikipedia.org/wiki/Lakota#Mythologie

84 ebd., S. 92

85 *Die große Stille*, DVD, Interview mit dem blinden Mönch: ‚Pourquoi avoir peur de la mort? Plus on sera proche de Dieu, c'est une grande joie pour nous de retrouver un père. Le passé, le present c´est n`est-ce pas, plus on est heureux. C`est la fin de notre vie. Plus on va vite vers Dieu uniquement. On ne doit pas avoir peur de la mort. Au contraire, humain ça. En Dieu il n`y a pas de passé. Il a le présent … Je remercie très souvent Dieu de m`avait rendu aveugle. Je suis certain que c´est pour le bien de mon âme qu`il a permis ça … C`est pour cela qu`on doit être toujours heureux … Parce que tout ce qui lui arrive est voulu par Dieu et pour le bien de son âme qu`il a permis ça.' – *Die große Stille*. Dokumentarfilm von Philip Gröning, siehe www.diegrossestille.de

86 Eissler, K. R.: *Der sterbende Patient. Zur Psychologie des Todes*. Problemata, frommannhozboog 61, Stuttgart 1978, S. 14ff

87 Kübler-Ross, Elisabeth: *Interviews mit Sterbenden*. Kreuz Verlag, 1971

88 Elisabeth Kübler-Ross: *Interviews mit Sterbenden*. Kreuz Verlag, 1971, S. 41 ff, 50 ff, 77 ff, 80 ff, 99 ff, 120 ff

89 Bovay, Michel: Zen-Geschichten. Audio-CD mit 16 Geschichten. W. Kristkeitz Verlag, Leimen/Baden 2006

90 Ein Haiku ist ein sehr kurzes japanisches Gedicht, meist über Naturphänomene; besonderes Merkmal ist die offene Form, die sich erst im Erleben des Lesers vervollständigt.

91 Yoel Hoffmann: *Die Kunst des letzten Augenblicks. Todesgedichte japanischer Zen-Meister*. Herder, Freiberg, Basel, Wien 2000, S. 49ff

92 ebd., S. 30ff

93 Halifax, Joan: Übersetzung aus *Being with dying*, a.a.O., S. 165

94 Jakoby, Bernard: *Geheimnis Sterben. Was wir heute über den Sterbeprozess wissen*. Rowohlt Verlag, München, 3. Aufl. 2009, S. 16. Eine Statistik aus dem Jahre 2001 zeigt dies sehr deutlich: von insgesamt 828.541 Toten in Deutschland in diesem Jahr starben 6.044 bereits im Mutterleib bzw. als Säugling im ersten Jahr, 11.156 durch Selbstmord, 40.671 durch Schlaganfall, 65.228 durch Herzinfarkt, 207.619 durch Tumore, 925 durch Mord und Totschlag 1.835 durch Drogen.

95 Illobrand von Ludwiger (* 20. Juli 1937 in Stettin) ist ein deutscher Astrophysiker und Buchautor, bekannt durch seine Veröffentlichungen zum UFO-Phänomen (teilweise unter dem Pseudonym Illo Brand). Er arbeitete als Physiker und Systemanalytiker in der Luft- und Raumfahrtindustrie, u.a. für die EADS. 1974 gründete er die zentraleuropäische Sektion der US-amerikanischen UFO-Gesellschaft Mutual UFO Network (MUFON), die MUFON-CES in Feldkirchen-Westerham. Dies ist eine private Vereinigung von Wissenschaftlern zur Untersuchung unidentifizierbarer Flugobjekte. Seit Oktober 2014 leitet I. v. Ludwiger nun die von ihm neu gegründete „Interdisziplinäre Gesellschaft zur Analyse anomaler Phänomene e.V." (IGAAP). Er vertritt die These, dass sich manche UFO-Erscheinungen nicht auf bekannte irdische Ursachen zurückführen lassen und sich dies auch wissenschaftlich belegen lässt.

96 Dienstknecht, Hans: *Ephides. Ein Dichter des Transzendenten*. Bürger-Verlag, Harthausen 2009, S. 3, Leseprobe

97 Wickland, C.: *Dreißig Jahre unter den Toten*. Der Leuchter Otto Reichl Verlag, Remagen 1952, S. 43ff

98 ebd.

99 Dokumentationen und Reportagen zum Fall Anneliese Michel findet man u. a. unter www.youtube.de. S.a. Goodman, Felicitas D.: *Anneliese Michel und ihre Dämonen. Der Fall Klingenberg in wissenschaftlicher Sicht*. Christiana-Verlag, Stein am Rhein 2. Auflage 1987

100 Hoffmann, Yoel: *Die Kunst des letzten Augenblicks. Todesgedichte japanischer Zen-Meister.* Herder, Freiberg, Basel, Wien 2000. s. a. Tsunetomo, Yamamoto: *Hagakure. Der Weg des Samurai.* Der Film *Ghost Dog* (Regie: Jim Jarmusch) verwendet den Samurai-Kodex als Leitmotiv.

101 Kuby, Clemens: *Aufbruch in die nächste Dimension.* DVD 2004; s. a. Pfeiffer, Wilfried: *Vision Tibet.* Hans-Nietsch-Verlag, Emmendingen 2011, S. 41ff

102 Die Bibel: Einheitsübersetzung, Altes und Neues Testament. Herder Verlag, 2002, z. B.: Joh, 22, 1-53, Lk 24, 1-54

103 Sünner, Rüdiger: *Abenteuer Anthroposophie.* Dokumentarfilm (DVD, 110 min.) 2008

104 Hosp, Alfred: *Unter geistiger Führung.* Klagenfurt, 2006

105 Precht, Richard David: *Aufklärer des Himmels.* Die Zeit, Artikel vom 7.01.1999, S. 68

106 Jakoby, *Bernard: Geheimnis Sterben. Was wir heute über den Sterbeprozess wissen.* Rowohlt Verlag, München 3. Aufl. 2009, S. 92ff

107 Jung-Journal: Doppelheft 19/20, Stuttgart, Sept. 2008

108 Moody, R.A.: *Leben vor dem Leben.* Rowohlt, Reinbek b. Hamburg 1997, entn. aus Wikipedia

109 Flensburger Hefte: *Nah-Todeserfahrungen. Rückkehr zum Leben.* IV/1995, S. 131ff. Von Ritchie verfasste Bücher *Return from Tomorrow* (1991) und *My Life after Dying. Becoming alive to Universal Love* liegen in deutscher Übersetzung vor. Der Arzt und Psychiater hielt zu diesem Thema überall auf der Welt Vorträge, 1995 in Dornach, Stuttgart, Witten/Herdecke

110 Carter, Rita: *Das Gehirn.* Dorling Kindersley Verlag, London, New York, Melbourne, München, Delhi 2009, S. 170 ff, S. 189

111 Report Psychologie 2007, S. 32 ff, s.a.: Flensburger Hefte: Nah-Todeserfahrungen. Rückkehr zum Leben IV/1995, S. 51, siehe auch www.nahtoderfahrungen.de

112 Sacks, Oliver: *Der einarmige Pianist. Über Musik und das Gehirn.* Rowohlt Verlag 2008, S: 30. Beschrieben wird die Nahtoderfah-

rung eines Arztes, der durch Blitzschlag in einer Telefonzelle einen Herzstillstand erlebte.

113 Moody, R.A.: *Leben vor dem Leben*. Rowohlt, Reinbek bei Hamburg 1997, entn. aus Wikipedia

114 Zahrada, Hella: *Ephides. Ein Dichter des Transzendenten*. Entn. aus dem Informationsteil bei Amazon.

115 Internet: www.arbeitskreis.origenes.de

116 Tivuttaka 43, nach Seidenstücker, entn. aus: *Im Spiegel des Todes. Beiträge zu Tod und Sterben aus buddhistischer Sicht*. Zusammengestellt von Alfred Weil, Verlag Deutsche buddhistische Union e.V., 1. Aufl. 1995, S. 5

117 Clemens Kuby: *Aufbruch in die nächste Dimension*. DVD 2004; siehe auch Pfeiffer, Wilfried: Vision Tibet. Hans-Nietsch-Verlag, Emmendingen 2011, S. 41

118 Ama Samy: *Zen. Praxis und Dialog*. Werner Kristkeitz Verlag, Heidelberg-Leimen 2007, S. 98

119 Brück, Michael von: *Ewiges Leben oder Wiedergeburt? Sterben, Tod und Jenseitshoffnung in europäischen und asiatischen Kulturen*. Herder Verlag 2007, S. 272ff

120 Stephen Levine: *Wege durch den Tod*, S. 90ff

121 Kerkeling, Hape: *Ich bin dann mal weg. Meine Reise auf dem Jakobsweg*. Malik Verlag, 27. Auflage 2006, S.193-197

122 Detlefsen, Thorwald: *Das Erlebnis der Wiedergeburt. Heilung durch Reinkarnation*. C. Bertelsmann Verlag, München 1976, S. 117

123 Detlefsen, Thorwald: *Das Erlebnis der Wiedergeburt. Heilung durch Reinkarnation*. C. Bertelsmann Verlag, München 1976, S. 165

124 Detlefsen, Thorwald: *Das Erlebnis der Wiedergeburt. Heilung durch Reinkarnation*. C. Bertelsmann Verlag, München 1976, S. 174ff

125 Detlefsen, Thorwald: *Das Erlebnis der Wiedergeburt. Heilung durch Reinkarnation*. C. Bertelsmann Verlag, München 1976, S. 165

126 Kersten, Hanns-Hermann: *Ich fürchte ich bin schiefgegangen.* Klöpfer und Meyer, Tübingen 2002, S. 83

127 Detlefson, Thorwald: *Das Erlebnis der Wiedergeburt. Heilung durch Reinkarnation.* 6. Aufl., Bertelsmann Verlag München, 1976, S. 152

128 Ebd. S. 169

129 Ebd. S. 248ff, Geburt und Tod als Experiment

130 Münsterschwarzacher Ruf in die Zeit: Tod und Sterben. Vier-Türme-Verlag, Münsterschwarzach 2008

131 Die lateinische Redewendung „totaliter aliter" (vollkommen anders) hat ihren Ursprung in einer mittelalterlichen Erzählung von zwei Mönchen, die sich das Paradies in ihrer Phantasie in den glühendsten Farben ausmalten und sich dann gegenseitig versprachen, dass der, welcher zuerst sterben würde, dem anderen im Traum erscheinen und ihm nur ein einziges Wort sagen solle. Entweder „taliter" – es ist so, wie wir uns das vorgestellt haben, oder „aliter" – es ist anders, als wir es uns vorgestellt haben. Nachdem der erste gestorben war, erschien er dem anderen im Traum, aber er sagt sogar zwei Worte: „Totaliter aliter!" – Es ist vollkommen anders als in unserer Vorstellung! In diesem Sinne schreibt der Religionsphilosoph Rudolf Otto in seinem bekannten Buch „Das Heilige" (1917): Das vergessene Himmelreich war TOTALITER ALITER, ganz anders als unsere Erde. Als Redewendung steht „totaliter aliter" für die Vergeblichkeit von Spekulationen und ist ein altes Schibboleth der Theologie. Auch der evangelische Theologe Rudolf Bultmann sah in dieser Form die wohl kürzeste und treffendste Charakteristik Gottes, als er davon sprach: „Deus totaliter aliter!" – „Gott ist ganz anders!" In diesem Sinne wurde es auch zum „Kampfruf" des jungen Schweizer dialektischen Theologen Karl Barth. Entn. aus Wikipedia

132 Nyanaponika (Hg.): *Die Fragen des Königs Milinda.* Interlaken 1985, S. 67, entn. aus: Schlieter, Jens: *Buddhismus. Zur Einführung.* Junius Verlag, Hamburg 2001, S. 85

133 Stephen Levine: *Wege durch den Tod*, S. 90ff

134 Levine: *Who Dies.* a.a.O., S. 292 ff.

135 Geshe Kelsang Gyatso: *Das Meditationshandbuch. Ein praktischer Führer, der Schritt für Schritt die buddhistische Meditation erklärt.* 3. Aufl., Tharpa Verlag, Zürich 1995, S. 8

136 Persönliche Mitteilung einer Schülerin von Sylvia Ostertag an mich.

137 Wilfried Pfeiffer: *Vision Tibet. Geheimnis des Heilens.* Mehr über die feinstofflichen Energiekörper, S. 36. Padmasambhava, der Verfassser des tibetischen Totenbuches, beschreibt darin die Wanderung der Kleshas durch die Zwischenzustände. In Evans-Wentz (Hrsg). Der geheime Pfad der großen Befreiung, Bern 1978)

138 Geshe Kelsang Gyatso: *Das Meditationshandbuch.* a.a.O., S. 13

139 Pfeiffer, Wilfried: *Vision Tibet. Geheimnis des Heilens.* 2. Aufl., Hans-Nietsch Verlag, Emmendingen 2011, S. 29

140 Geshe, Rabten: *Mönch aus Tibet: Autobiographie eines tibetischen Meditationsmeisters.* Deutsche Neuauflage, Schläpfer AG, Herisau 2000, S. 271ff

141 ebenda, S. 271ff

142 Geshe Thubten Ngawang: *Tod, Bardo, Wiedergeburt.* In: *Im Spiegel des Todes.* a.a.O., S. 163 ff

143 Ergänzt nach: Mihm, Dorothea, Bopp, Annette: *Die sieben Geheimnisse guten Sterbens.* Kailasch Verlag München. 1. Aufl. 2014, S. 89ff

144 Ich gehe davon aus, dass vor allem Angehörige und Freunde die Sterbenden begleiten. Daher verwende ich im Folgenden die Anrede in der Du-Form. Sterbebegleiter, die in einem anderen Verhältnis zu den Sterbenden stehen, sollten entsprechend der Konventionen die Sie-Form benutzen.

145 In den folgenden Textteilen verwende ich zugunsten besserer Lesbarkeit ausschließlich die männlichen Genusformen: *der Sterbende, er, ihn, ihm* etc. Gemeint sind jeweils aber immer sowohl männliche als auch weibliche Personen: *die Sterbende, sie, ihr* etc.

146 Midazolam/Dormicum, Lorazepam/Tavor, Diazepam/Valium, Haloperidol/Haldol, Levomepromazil/Neurocil und andere

147 Empfehlenswert sind die Bücher von Fremantle, Francesca/Chögyam Trungpa: *Das Totenbuch der Tibeter.* Diederichs Gelbe Reihe, Düsseldorf 1977. und Sogyal Rinpoche: *Das Tibetische Buch vom Leben und vom Sterben. Ein Schlüssel zum tieferen Verständnis von Leben und Tod.* Fischer Taschenbuch Verlag, 6. Aufl. 2008. Lama Ole Nydahl: *Tod und Wiedergeburt.* Knaur Menssana Verlag 2011

148 Ausführliche Beschreibungen finden sich in Heribert Guenther: *The Life and Teachings of Naropa.* Oxford, und in Garma C. C. Chang: *Exoteric Teachings of the Tibetan Tantra.* Aurora Press. S. auch Pfeiffer, W.: *Vision Tibet.* a.a.O., S. 89. und Weinreich, Wolf Mirko: *Das andere Totenbuch. Eine praktische Anleitung zur Sterbebegleitung.* Books on Demand, Norderstedt 2009, S. 31

149 Sogyal Rinpoche: *Das tibetische Buch vom Leben und Sterben. Ein Schlüssel zum tieferen Verständnis von Leben und Tod.* Fischer Verlag, 6. Auflage 2008 Frankfurt/Main. S. 289ff

150 Hoffmann, Yoel: *Die Kunst des letzten Augenblicks. Todesgedichte japanischer Zen-Meister.* Herder, Freiberg, Basel, Wien 2000. s. a. Tsunetomo, Yamamoto: *Hagakure. Der Weg des Samurai.* Der Film *Ghost Dog* (Regie: Jim Jarmusch) verwendet den Samurai-Kodex als Leitmotiv.ebd., S. 157

151 Joan Halifax: Übers. aus: *Being with Dying.* a.a.O., S. 152

152 Hartmut Normann (Hrsg): *Ephides. Ein Dichter des Transzendenten.* 4. Aufl., Anthos Verlag 1984. S. 63

153 s. a. Halifax: *Being with dying.* S. 172 ff und Jakoby: *Geheimnis Sterben.* S. 141ff

154 Je nach Gesprächssituation kann man die Texte in die Du-Form setzen.

155 Stark verändert nach einer Idee von Norman Fischer: *Zen oder die ewige Heimkehr des Odysseus.* Aus dem Amerikanischen von Michael Schmidt, O.W. Barth Verlag, 2008, S. 317

156 Hosp, Alfred: *Kräfte des Geistes*. Copyright Alfred Hosp, Klagenfurt 1999, S. 144

157 Hosp, Alfred: *Kräfte des Geistes*. Copyright Alfred Hosp, Klagenfurt 1999, S. 144

158 Goethe, Johann Wolfgang von: Berliner Ausgabe. Poetische Werke [Band 1-16], Band 3, Berlin 1960 ff, S. 12. Entn. aus: www.zeno.org/nid/20004846400

159 Stark modifiziert nach: Lange, Klaus: *Bevor du sterben willst, lebe! Auf der Reise nach innen verwandelt sich die Welt. Von Todessehnsucht, Krankheit, Schuldgefühlen, Angst und Einsamkeit zu Weite, Leichtigkeit, Freiheit und Vertrauen*. Edition winterwork 2011, S 172ff

160 Im Hygienemuseum in Dresden gibt es eine im Zeitraffer aufgenommene Wärmeaufzeichnung im Körper nach Eintritt des Todes. Danach ist der Halsbereich der Bereich, der zuletzt erkaltet.

161 Sutra-Text zur Leichenfeldbetrachtung im Original: „Es ist gleichsam, ihr Mönche, als sähe der Mönch eine auf das Leichenfeld geworfene Leiche, ein, zwei, drei Tage nach dem Tode, aufgedunsen, blauverfärbt, in Eiterung übergegangen: als sähe er das, schließt er auf seinen eigenen Körper: ‚Auch dieser mein Körper hat ein solches Schicksal, ein solches Los, kann dem nicht entgehen'. Oder ferner, ihr Mönche, als sähe der Mönch eine auf das Leichenfeld geworfene Leiche, wie sie von Krähen, Seeadlern, Geiern, Hunden, Schakalen oder von vielerlei Würmerarten gefressen wird … als sähe er ein von Sehnen zusammengehaltenes Knochengerüst, an dem noch Fleisch und Blut klebt … ein von Sehnen noch zusammengehaltenes blutbeflecktes Knochengerüst, von dem das Fleisch abgegangen ist … Knochen von Sehnen losgelöst, nach allen Richtungen verstreut, hier einen Handknochen, da einen Fußknochen, da einen Beinknochen, da das Rückgrat, da den Schädelknochen … gebleichte, wie Muscheln aussehende Knochen … aufgehäufte Knochen nach Verlauf vieler Jahre … vermoderte und in Staub zerfallene Knochen: als sähe er das, schließt er auf seinen

eigenen Körper: ‚Auch dieser Körper hat ein solches Schicksal, ein solches Los, kann dem nicht entgehen.'" (Zit. N. Nyanatiloka: Der Weg zur Erlösung, Konstanz 1956). Entn. Fischer-Schreiber, Ingrid / Ehrhard, Franz-Karl / Friedrichs, Kurt: *Lexikon der östlichen Weisheitslehren. Buddhismus, Hinduismus, Taoismus, Zen. Alles über Philosophie, Religion, Psychologie, Mystik, Kultur, Literatur des Fernen Ostens.* O.W. Barth Verlag, 2. Aufl. 1994. S. 213

162 Nyanaponika: *Geistestraining durch Achtsamkeit.* Verlag Beyerlein und Steinschulte, Stammbach 2007, S. 175. Im Maha-Satipatthana-Sutra schlägt Buddha vor, wie man über die verschiedenen Stadien der weiteren Auflösung der sterblichen Überreste nachsinnen sollte (Leichenfeldbetrachtung, Pali: S?vathik?). Diese Übung gehört zu den Vier Grundlagen der Achtsamkeit (Sanskrit: Satpatth?na) auf den Körper, die Empfindungen, den Geist und die Geistesobjekte (s. Yoga Nidra-Übung). Der buddhistische Mönch Ajaan Suwat empfiehlt, zuerst die inneren Organe zu visualisieren und zu beobachten, was im Tod und danach passiert, bis alles zu Asche, zu Staub vergangen ist.

163 Rosenberg, Larry: *Living in the Light of Death. On the Art of Being Truly Alive.* Shambala Press, 2001

164 Gaarlandt, J. G., Csollany, M. l.: *Das denkende Herz: Die Tagebücher von Etty Hillesum. 1941-1943.* Rororo Verlag, Reinbek 1985, S. 208 und Ama Samy: *Zen – Praxis und Dialog.* Werner Kristkeitz Verlag, 2007, S. 96

165 Terzani, Tiziano: Noch eine Runde auf dem Karussell. Vom Leben und Sterben. Knaur Verlag, Hamburg 2007. S. 234

166 Feldhohn, Sophronia OSB, Kaffanke, Jakobus OSB: *Weisungen der Väter. Sich täglich den Tod vor Augen halten. Sterbeberichte früher Mönche und Nonnen.* 2. Aufl., Beuroner Kunstverlag, 2006, S.46

167 Largo Remo, H.: *Kinderjahre. Die Individualität des Kindes als erzieherische Herausforderung.* Piper Verlag, München, 11. Aufl. 2006, S. 45ff

168 Sekida, Katuki: *Zen-Training. Praxis, Methoden, Hintergründe.* Herder Spektrum 1975, S. 13 und 52ff

169 *Das Totenbuch der Tibeter.* Diederichs Gelbe Reihe, Düsseldorf 1977 S. 15-21

170 Levine, Stephen: *Wege durch den Tod.* S. 258; s. a. Kapleau, Phillip: *Die drei Pfeiler des Zen. Lehre – Übung – Erleuchtung.* O.W. Barth Verlag 1969, S. 210

171 Wadell, Norman (Hrg): *Meister Hakuin: Authentisches Zen.* Fischer Verlag, Frankfurt/M. 1997, S. 20

172 Gängiges Bild mystischer Einheit. Quelle unbekannt. Titel des Buches von P. Willigis Jäger: *Mystische Spiritualität.* Herder Verlag, Freiburg im Breisgau 25. Aufl. 2012

173 Genro, Fugai, Nyogen: *Die hundert Zen-Koans der „Eisernen Flöte".* Origo Verlag, Zürich 1973 Koan Nr. 9, S. 21

174 Wadell, Norman, a.a.O., S. 20

175 Wadell, Norman, a.a.O., S. 20 f

176 Wolfgang Krohn: *Altern mit Achtsamkeit verstehen lernen.* In: Buddhismus aktuell 03/2010, Deutsche Buddhistische Union e.V. (DBU), München

177 Barbara Bischoff: *Mein Jakobsweg. Verlangen nach lichterem Sein.* Books on Demand, 2008, S. 29

178 Richard David Precht: *Wer bin ich und wenn ja, wie viele?* Goldmann Verlag, München, 8. Aufl. 2007, S. 221-230

179 Steger, Florian: *Praxistaugliche Vorausverfügungen.* Deutsches Ärzteblatt, Jg. 111, Heft 4, 24. Januar 2014, S. 48-57

180 Tiziano Terzani: *Noch eine Runde auf dem Karussell.* a.a.O., S. 364

181 Meister Eckhart: *Vom Wunder der Seele. Eine Auswahl aus den Predigten und Traktaten.* Reclam Verlag, Stuttgart 1989

182 Nach: Herzig, Emil A. (Hg.): Betreuung *Sterbender. Beiträge zur Begleitung Sterbender im Krankenhaus.* Basel 1981, Wiederauflage 2003, S. 15

183 Ernst Engelke: *Alte, Schwerkranke und Sterbende in der Familie. Ein psychosoziales Problem.* in: Christopherus Hospiz-Verein München (Hg.): *Pflegen bis zuletzt.* München 1989, S. 35-40

184 Ebert, Andreas und Godzik, Peter: *Verlass mich nicht, wenn ich*

schwach werde. Handbuch zur Begleitung Schwerkranker und Sterbender. 2. Aufl. 2005/2011, S. 23

185 *Ästhetisches Sterben mit Lachen und Meditation von Pakhi.* Edition Octopus Taschenbuch, 272 Seiten, 15 Bilder, 8 Illustrationen. S.a. www.aesthetisches-sterben.de. Weiterführende Artikel zum Thema Tod und Meditation auf www.FindYourNose.com, Online-Magazin für Meditation

186 Nach der Überlieferung soll Niklaus von Flüe diese Verse täglich gebetet haben: „Mein Herr und mein Gott, nimm alles mir, was mich hindert zu dir. Mein Herr und mein Gott, gib alles mir, was mich führet zu dir. Mein Herr und mein Gott, nimm mich mir und gib mich ganz zu eigen dir.“ Entn. aus Wikipedia

187 Das Celler Modell ist aufgeteilt in Grund- und Aufbaukurs. Dazwischen wird von den Teilnehmern ein Praktikum mit ca. 14 h Sterbebegleitung am Krankenbett erwartet. Im Grundkurs werden 8 Module behandelt 1. Wahrnehmen: sich in der Gruppe einfinden, 2. Mitgehen: jemanden begleiten und sich auf sein Tempo einlassen, 3. Zuhören: aktives Zuhören, 4. Verstehen: die Sprache Sterbender, 5. Weitergehen: den gemeinsamen Weg beschreiten, 6. Bleiben: wann bleiben, wann gehen, wann ist Begleitung nötig, wann nicht mehr?, 7. Loslassen: wann geht es darum, den Sterbenden loszulassen?, 8. Aufstehen: nach dem Sterben trennen sich die Wege. Es geht darum, wieder zu neuen Ufern aufzubrechen. Aus: Schölper, Elke: *Sterbende begleiten lernen: Das Celler Modell zur Vorbereitung Ehrenamtlicher in der Sterbebegleitung.* CD-ROM, Gütersloher Verlagshaus, 2003, s. auch unter Sachbücher im Anhang.

188 Sporken, Paul: *Hast du denn bejaht, dass ich sterben muss? Eine Handreichung für den Umgang mit Sterbenden.* Gütersloher Verlagshaus, 2003, S. 11-13

189 Reinhard Mey, Liedtext, erschienen in: Lampenfieber, Lebenszeichen – live, Leuchtfeuer, Intercord CDs, Berlin 1996

190 Herzig, Emil A. (Hg.): *Betreuung Sterbender, Beiträge zur Begleitung Sterbender im Krankenhaus.* Basel 1981, 3. Auflage, S. 19-23

191 Leong, Kenneth, S.: *Jesus – der Zenlehrer. Das Herz seiner Lehre.* Herder Spektrum, 3. Auflage 2000, S. 105

192 Frank Ostaseski: *Meine wahren Lehrer sind die Sterbenden.* Buddhismus aktuell 03/2010, Deutsche Buddhistische Union e.V., Theseus Verlag Schorndorf a.A., S. 10

193 Mihm, Dorothea / Bopp, Annette: *Die sieben Geheimnisse guten Sterbens. Erfahrungen einer Palliativschwester.* Kailash Verlag, 1. Aufl. 2014, 132ff. Basale Stimulation (von lat. *basal* = grundlegend und voraussetzungslos und *stimulatio* = Anreiz, Anregung) bedeutet die Aktivierung der Wahrnehmungsbereiche und die Anregung primärer Körper- und Bewegungserfahrungen sowie Angebote zur Herausbildung einer individuellen non-verbalen Mitteilungsform (Kommunikation) bei Menschen, deren Eigenaktivität aufgrund ihrer mangelnden Bewegungsfähigkeit eingeschränkt ist und deren Fähigkeit zur Wahrnehmung und Kommunikation erheblich beeinträchtigt ist, z. B.: schwerst mehrfach beeinträchtigte Menschen, Schädel-Hirn-Traumatisierte, Menschen mit hemiplegischem, apallischem oder komatösem Syndrom. Mit einfachsten Möglichkeiten wird dabei versucht, den Kontakt zu diesen Menschen aufzunehmen, um ihnen den Zugang zu ihrer Umgebung und ihren Mitmenschen zu ermöglichen und Lebensqualität zu erleben. (Entn. aus Wikipedia). Kursangebote finden sich im Internet.

194 Lenz, Sabine: *Die Fähigkeit zu sterben. Meine psychologische Arbeit mit Krebskranken.* Rowohlt Verlag, 1. Aufl. März 2014

195 ebd., S. 11

196 Textstelle aus dem Shin-jin-no-mei, „Inschrift vom Glauben an den Geist“

197 Checkliste, modifiziert nach: Geisler, Linus: *Arzt und Patient. Begegnung im Gespräch.* 3. erw. Aufl., Frankfurt/Main 1992: „Offene (nichtstrukturierte) Fragen bilden die richtige Fragetechnik bei der Gesprächseröffnung und zur Vertiefung des Gesprächs. Halbstrukturierte Fragen (W-Fragen) eignen sich zur Verdeutlichung bestimmter Punkte. Ihre Fragetechnik ist gut, wenn es Ihnen gelingt, den

Patienten zu stimulieren, mit eigenen Worten zu schildern, was ihn bewegt oder belastet. Eine Hilfestellung können dosiert eingesetzte Sondierungs-, Katalog- und Reflexions-(Echo-) Fragen darstellen. Verbannen Sie systematisch ungeeignete Fragetechniken aus Ihrer Gesprächsführung. Dazu zählen Suggestiv-, Doppel- und Überfallfragen (unproduktive Fragen) und die ganze Reihe der verbotenen Fragen (Fang-, Neugier-, Wertungs-, Aggressions- und Floskelfragen). Je mehr es Ihnen gelingt, Ihre Fragetechnik zu verbessern, desto mehr werden Sie erkennen: Die gute Frage ist bereits ein Teil der Therapie. Aber auch wenn Ihre Fragetechnik optimal ist, sollten Sie sich der Tatsache bewusst bleiben, dass aktives Zuhören nicht selten mehr zutage fördert als noch so geschicktes Fragen."

198 Gekürzt nach: Irgang, Margrit: *Dieser Augenblick. Achtsam leben im Geist des Zen mit Geschichten der Weisheit.* Theseus Verlag, Berlin 2006, S. 96

199 Mihm, Dorothea / Bopp, Annette: *Die sieben Geheimnisse guten Sterbens. Erfahrungen einer Palliativschwester.* 1. Aufl., Kailash Verlag, München, 2014, S. 256

200 Jüngel, Eberhard: *Tod.* Kreuz Verlag Stuttgart Berlin 1971, S. 115

201 Moltmann, Jürgen: *Der lebendige Gott und die Fülle des Lebens. Auch ein Betrag zur Atheismusdebatte unserer Zeit.* 1. Aufl., Gütersloher Verlagshaus, 2014 S. 60: „Du sollst dir kein Bildnis noch irgendein Gleichnis machen, weder von dem, was oben im Himmel ist, noch von dem, was unten auf Erden, noch von dem, was im Wasser unter der Erde ist. (Ex.20, 4-6)

202 Meister Eckhart: *Vom Adel der menschlichen Seele.* Anaconda Verlag, Köln 2006, S. 84

203 Jungclaussen, Emmanuel: *Mit Christus das Angesicht der Erde erneuern.* S. 4ff, Teil II, aus: Kern, Heidemarie, Jungclaussen, Emmanuel: *Im Brennpunkt des Lebens. Spirituelle Begleitung für Atheisten, Christen und Zen-Buddhisten.* 1. Aufl., Lambertus Verlag, Juli 2015

204 Auflistung nach dem Begleitheft „Die Zeit der Trauer. Eine Hilfe

für Trauernde und Begleitende. Diakonisches Werk der Evangelischen Kirche in Deutschland e.V. bestellbar bei Krebsverband Baden-Württemberg e.V., Adalbert-Stifter-STraße 105, 70437 Stuttgart, Tel.: 0711-8482306. E-Mail: krebsverband-bw@lva-bw.de

205 Jungclaussen, Emmanuel: *Mit Christus das Angesicht der Erde erneuern*. S. 4, Teil II, aus: Kern, Heidemarie, Jungclaussen, Emmanuel: Im Brennpunkt des Lebens. *Spirituelle Begleitung für Atheisten, Christen und Zen-Buddhisten*. 1. Aufl., Lambertus Verlag, Juli 2015. S.a. Jungclaussen, Emmanuel: *Das Jesusgebet. Anleitung zur Anrufung des Namens Jesus*. 9. Aufl., Pustet-Verlag, 2014

206 Weitere Informationen: Daiker ,Angelika / Seeberger, Anton (Hg.): *Zum Paradies mögen Engel dich geleiten. Rituale zum Abschiednehmen*. s. Sachbücher im Anhang

207 Modifiziert und ergänzt nach: Verbraucherzentrale NRW, Düsseldorf: *Ein Sterben in Würde. Ratgeber für Sterbebegleitung und Trauerfall*. September 2005, S. 43 ff, 93 ff

208 Schulz von Thun, Friedemann: *Miteinander reden. 2: Stile, Werte und Persönlichkeitsentwicklung; Differentielle Psychologie der Kommunikation*. Rowohlt Verlag, 1989, S. 93ff

209 Schmidtbauer, W.: *Hilflose Helfer. Über die seelische Problematik der helfenden Berufe*. Rowohlt Taschenbuch, 12. Auflage Hamburg 2003 und Schmidtbauer, W.: *Helfersyndrom und Burnout-Gefahr*. Urban & Fischer Verlag, München 1993

210 Schulz von Thun, Friedemann: *Miteinander reden*. 2: *Stile, Werte und Persönlichkeitsentwicklung; Differentielle Psychologie der Kommunikation*. Rowohlt Verlag, 1989, S. 93ff

211 Astor, Frank: *20 Methoden sein Leben zu verplempern*. Buch und CD, House of the Poets, Paderborn 2007

212 Dschuang Dsi: Das wahre Buch vom südlichen Blütenland. S. 299

213 Esse est deus – das Sein ist Gott. Aus: Heinzmann, Richard: *Philosophie des Mittelalters*. Band 7, 3. Aufl., Kohlhammer Verlag, 2008, S. 275

214 Dalai Lama (Alt, Franz; Hrsg): Der Appell des Dalai Lama an die Welt: Ethik ist wichtiger als Religion. Benevento Verlag, Salzburg 2015

215 Meister Eckhart: *Vom Wunder der Seele. Eine Auswahl aus den Traktaten und Predigten*. Reclam Verlag, Stuttgart 1989, S. 33ff. S.a. Manstetten, Reiner: *Esse est Deus. Meister Eckharts christologische Versöhnung von Philosophie und Religion und ihre Ursprünge in der Tradition des Abendlandes*. Freiburg 1993

Literaturverzeichnis

Al Halladsch, Mansur: O Leute, rettet mich vor Gott. Herder Verlag, Freiburg i. Breisgau 1985

Almaas, A., H.: Facets of Unity. The Enneagram of Holy Ideas. Diamond Books Almaas Publications, Berkeley, Cal. USA, 1998

Ama Samy: Zen. Praxis und Dialog, Werner Kristkeitz Verlag, Heidelberg-Leimen 2007

Astor, Frank: 20 Methoden sein Leben zu verplempern. Buch und CD. House of the Poets, Paderborn 2007

Bankei: The Unborn. The Life and Teachings of Zen Master Bankei. Translated by Norman Waddell. North Point Press, New York 2000

Birkenstock, Eva: Heißt philosophieren sterben lernen? Freiburg i. Br., 1997

Bischoff, Barbara: Mein Jakobsweg. Verlangen nach lichterem Sein. Books on Demand, 2008

Bollnow, Otto Friedrich: Existenzphilosophie. Stuttgart: Kohlhammer, 1955

Borasio, Gian Domenico: Über das Sterben. Was wir wissen, was wir tun können, wie wir uns darauf einstellen. C.H.Beck Verlag München, 7. Aufl. 2012

Bovay, Michel: Zen-Geschichten. Audio-CD mit 16 Geschichten. W. Kristkeitz Verlag, Leimen/Baden 2006

Brück, Michael von: Ewiges Leben oder Wiedergeburt?: Sterben, Tod und Jenseitshoffnung in europäischen und asiatischen Kulturen, Herder Verlag 2007

Buzzi, Gerhard: Spontan geheilt. Die sieben Wege zur Selbstgesundung. Bastei Lübbe 2001

Buddhismus aktuell: Weisheitswissen über Alter und Tod. Ausgabe 3/2010, Theseus Verlag 3/2010

Chah, Ajahn: Unser wahres Zuhause ist innerer Frieden. Buddhismus aktuell, Theseus Verlag 3/2010

Chah, Ajahn: Unser Wahres Zuhause. Wat Prayon Gittivararam. Eigenverlag, Bangkok, Thailand, unveröffentl. Manuskript. s.a. www.meditationthailand.com

Carter, Rita: Das Gehirn. Dorling Kindersley Verlag, London, New Yorg, Melbourne, München, Delhi, 2009

Chang, Garma C.C.: Teachings and Practice of Tibetan Tantra. Dover Publications, 2004

Czutka, Mira: Out of Office. Als Managerin auf den Spuren des Franziskus. Kösel Verlag, München 2010

Detlefsen, Thorwald: Das Erlebnis der Wiedergeburt. Heilung durch Reinkarnation. C. Bertelsmann Verlag, München 1976,

Dienstknecht, Hans: Ephides. Ein Dichter des Transzendenten. Bürger-Verlag, Harthausen 2009

Dschuang Dsi: Das wahre Buch vom südlichen Blütenland. Übersetzt von Richard Wilhelm, Hugendubel Verlag, München 2008

Ebert, Andreas und Godzik, Peter: Verlaß mich nicht, wenn ich schwach werde. Handbuch zur Begleitung Schwerkranker und Sterbender. Zweite Auflage E.-B.-Verlag, Hamburg 2005

Eissler, Kurt. R.: Der sterbende Patient. Zur Psychologie des Todes. Problemata, frommannhozboog 61, Stuttgart 1978

Engelke, Ernst: Alte, Schwerkranke und Sterbende in der Familie. Ein psychosoziales Problem, abgedruckt in: Christopherus-Hospiz-Verein München (Hg.): Pflegen bis zuletzt, München 1989

Fasching, Wolfgang: Phänomenologische Reduktion und Mushin. Edmund Husserls Bewusstseinstheorie und der Zen-Buddhismus. Verlag Karl Alber, Freiburg-München 2003

Feldhohn, Sophronia OSB, Kaffanke, Jakobus OSB: Weisungen der Väter. Sich täglich den Tod vor Augen halten. Sterberichte früher Mönche und Nonen. Beuroner Kunstverlag, 2. Auflage 2006,

Fischer, Norman: Zen oder die ewige Heimkehr des Odysseus. Aus dem Amerikanischen von Michael Schmidt, O.W. Barth Verlag 2008

Flensburger Hefte: Nah-Todeserfahrungen. Rückkehr zum Leben IV/95, 5, Flensburg 1997

Fremantle, Francesca: Luminous Emptiness. Understanding the Tibetan Book of the Dead. Shambhala Pulications Inc., Boston, Massachusetts, USA 2001

Fremantle, Francesca / Chögyam Trungpa: Das Totenbuch der Tibeter. Diederichs Gelbe Reihe, Düsseldorf 1977

Gaarlandt, J.G., Csollany, M.l: Das denkende Herz: Die Tagebücher von Etty Hillesum. 1941-1943, Rororo Verlag, Reinbek, 1985

Geiger, Arno: Der alte König in seinem Exil. Hanser Verlag, München 2011

Genro, Fugai, Nyogen: Die hundert Zen-Koans der „Eisernen Flöte", Origo Verlag, Zürich 1973,

Geisler, Linus: Arzt und Patient. Begegnung im Gespräch. 3. erw. Auflage, Frankfurt/Main 1992, ent. aus Online-Veröffentlichung, Peter Hoffman Pharma Verlag, Frankfurt.: www.linus-geisler.de

Gerl-Falkovitz, H.: Romano Guardini 1885-1968: Leben und Werk. Matthias-Grünewald-Verlag, 1985

Godman, David: The Teachings of Sri Ramana Maharishi. Penguin Books, 1985

Geshe Kelsang Gyatso: Das Meditationshandbuch. Ein praktischer Führer, der Schritt für Schritt die buddhistische Meditation erklärt. Tharpa Verlag, 3. Aufl., Zürich 1995

Geshe, Rabten: Mönch aus Tibet: Autobiographie eines tibetischen Meditationsmeisters. Deutsche Neuauflage, Schläpfer AG Herisau 2000

Goethe, Johann Wolfgang von : Berliner Ausgabe. Poetische Werke [Band 1–16], Band 3, Berlin 1960 ff, S. 12

Goodman, Felicitas D.: Anneliese Michel und ihre Dämonen. Der Fall Klingenberg in wissenschaftlicher Sicht. 2. Auflage. Christiana-Verlag, Stein am Rhein 1987

Hallifax, Joan: Being with Dying. Cultivating Compassion and Fearlessness in the Presence of Death. Shambala, Boston 2009

Hartmann, Tom: Nimm Dein Problem und geh. VAK Verlags GmbH, Freiburg 2006

Heinzmann, Richard: Philophie des Mittelalters. Kohlhammer Verlag, Band 7, 3. Auflage 2008

Herzig, Emil, A. (Hg.): Betreuung Sterbender. Beiträge zur Begleitung Sterbender im Kankenhaus. Hoffmann La Roche, Basel 1981 und 2003

Hesse, Hermann: Die Gedichte. Frankfurt/M., Suhrkamp 1999

Hirschhausen, Eckart von: Die Leber wächst mit ihren Aufgaben. Rowohlt Verlag, Köln 2008

Hisamatsu, Shinichi: Die Fülle des Nichts. Vom Wesen des Zen. Verlag Günther Neske, Pfullingen 1975

Hoffmann, Yoel: Die Kunst des letzten Augenblicks. Todesgedichte japanischer Zen-Meister, Freiberg, Basel, Wien: Herder, 2000

Hollenback, Jess Byron: Mysticism: experience, response and empowerment (chapter 5), The Pennsyslvania State University Press, University Park, Pennsylvania 1996

Hosp, Alfred: Unter geistiger Führung. Verlag Verein zur Förderung seelisch-geistiger und natürlicher Lebensgrundlagen Klagenfurt, 2006

Hosp, Alfred: Kräfte des Geistes. Verlag Verein zur Förderung seelisch-geistiger und natürlicher Lebensgrundlagen Klagenfurt 1999

Huxley, Aldous / Isherwood, Christopher: Jakob der Heiler. Ullstein Verlag Berlin 1998

Irgang, Margrit: Dieser Augenblick. Achtsam leben im Geist des Zen mit Geschichten der Weisheit. Theseus Verlag Berlin 2006

Jäger, Willigis: Jenseits von Wort und Weihrauch. Mystik und Transkonfessionalität, in: connection spezial 46, Connection AG Verlag Niedertaufkirchen, 2003

Jäger, Willigis. Mystische Spiritualität, Herder Verlag, Freiburg im Breisgau 25. Aufl. 2012

Jakoby, Bernard: Geheimnis Sterben. Was wir heute über den Sterbeprozess wissen. Rowohlt Verlag München, 3. Aufl. 2009

Leong, Kenneth, S.: Jesus – der Zenlehrer. Das Herz seiner Lehre. Herder Spektrum, 3. Auflage 2000

Jüngel, Eberhard: Tod. Band 8, Kreuz Verlag Stuttgart Berlin 1971

Jung-Journal: Doppelheft 19/20, Stuttgart, Sept. 2008

Jungclaussen, Emmanuel: Das Jesusgebet. Anleitung zur Anrufung des Namens Jesus. Pustet-Verlag, 9.Aufl. 2014

Kerkeling, Hape: Ich bin dann mal weg. Meine Reise auf dem Jakobsweg. Malik Verlag, 27. Auflage 2006

Kapleau, Phillip: Die drei Pfeiler des Zen. Lehre – Übung – Erleuchtung. O.W. Barth Verlag 1969

Kern, Heidemarie, Jungclaussen, Emmanuel: Im Brennpunkt des Lebens. Spirituelle Begleitung für Atheisten, Christen und Zen-Buddhisten. Lambertus Verlag 2015. S.a.

Kersten, Hanns-Hermann: Ich fürchte, ich bin schiefgegangen. Gedichte und Aphorismen mit einer handvoll Memorabilien, Klöpfer und Meyer Verlag 2002, 2. Aufl. 2007

Klinkhammer, Gisela, Richter-Kuhlmann, Eva: Sterbehilfe versus Suizidbeihilfe. Eine Frage des Gewissens. Deutsches Ärzteblatt, Jg 112, Heft 26, 26. Juni 2015

Kopp, Sheldon: Triffst Du Buddha unterwegs … Psychotherapie und Selbsterfahrung. Eugen Diederichs Verlag 1976

Krohn, Buddhismus, aktuell, Heft 03/2010

Kübler-Ross, Elisabeth: Interviews mit Sterbenden. Kreuz Verlag, 1971

Küstenmacher, M. / Haberer, T. / Küstenmacher W. T.: Gott 9.0. Wohin unsere Gesellschaft spirituell wachsen wird. Gütersloher Verlagshaus / Random House GmbH, München, 4. Aufl. 2011

Kuby, Clemens: Unterwegs in die nächste Dimension. Meine Reise zu Heilern und Schamanen, Goldmann Verlag 2004

Lama Ole Nydahl: Tod und Wiedergeburt. Knaur Menssana Verlag, 2011

Lange, Klaus: Bevor du sterben willst, lebe! Auf der Reise nach innen verwandelt sich die Welt. Von Todessehnsucht, Krankheit, Schuldgefühlen, Angst und Einsamkeit zu Weite, Leichtigkeit, Freiheit und Vertrauen. Edition winterwork 2011

Largo Remo, H.: Kinderjahre. Die Individualität des Kindes als erzieherische Herausforderung. Piper Verlag München, 11. Aufl. 2006

Lenz, Sabine: Die Fähigkeit zu sterben. Meine psychologische Arbeit mit Krebskranken. Rowohlt Verlag, 1. Auflage März 2014

Levine, Stephen: Wege durch den Tod. Who Dies. J. Kamphausen Verlag, 8. Aufl. Bielefeld 2007

Lindenberg, Wladimir/Rackuff, Christine: Das Leben betrachten. Stuttgart, Urachhaus, 5. Aufl. 2001

Lipton, Bruce : Intelligent Cells/Intelligente Zellen. DVD, Koha Verlag 2008 und Buch, Koha Verlag 2008

Low, Albert: Hakuin on Kensho, Shambala Press, Massachusetts 2006

Maharaj, Sri Nishargadatta: Ich bin. J. Kamphausen Verlag, Bielefeld, 9. Aufl. 2012

Maio, Giovanni: Mittelpunkt Mensch. Ethik in der Medizin. Ein Lehrbuch. Schattauer Verlag, Freiburg 2012

Manstetten, Reiner, Esse est Deus. Meister Eckharts christologische Versöhnung von Philosophie und Religion und ihre Ursprünge in der Tradition des Abendlandes, Freiburg 1993.

Meister Eckhart: Vom Adel der menschlichen Seele, Anaconda Verlag, Köln 2006, S. 84

Meister Eckehart : Deutsche Predigten und Traktate. Diogenes Verlag, München 1979

Meister Eckhart: Vom Wunder der Seele. Eine Auswahl aus den Predigten und Traktaten. Reclam Verlag, Stuttgart 1989

Meyer, Joachim E.: Tod und Neurose. Göttingen, Vandenhoeck & Ruprecht 1973

Mihm, Dorothea, Bopp Annette: Die sieben Geheimnisse guten Sterbens. Erfahrungen einer Palliativschwester. Kailash Verlag, 1. Auflage 2014

Miller, Richard: Yoga Nidra. The Meditative Heart of Yoga. SoundsTrue, Boulder, CO / USA 2005

Moltmann, Jürgen: Der lebendige Gott und die Fülle des Lebens. Auch ein Betrag zur Atheismusdebatte unserer Zeit. Gütersloher Verlagshaus, 1. Auflage 2014

Münsterschwarzacher ‚Ruf in die Zeit', Vier-Türme-Verlag, Münsterschwarzach, Ausgabe September 2008

Hartmut Normann (Hrsg): Ephides. Ein Dichter des Transzendenten. 4. Auflage Anthos Verlag 1984

Nyanaponika: Geistestraining durch Achtsamkeit. Verlag Beyerlein und Steinschulte, Stammbach 2007

Nyanaponika (Hrsg): Die Fragen des Königs Milinda. übers. von Nyanatiloka, Interlaken 1985

Ostaseski, Frank: Meine wahren Lehrer sind die Sterbenden. Buddhismus aktuell, Theseus Verlag 03/2010

Osuna, Francisco de: Das ABC des kontemplativen Betens (früher: der Versenkung), Herder 2002

Pakhi: Ästhetisches Sterben mit Lachen und Meditation, Edition Octopus, 2012

Petlan, Doris: Heißt sterben lernen leben lernen? Unveröffentlichter Artikel 2007

Peiffer, Wilfried: Vision Tibet. Geheimnis des Heilens. Emmendingen, Hans-Nietsch Verlag, 2. Aufl. 2011

Plinius, C. Caecilius Secundus: Epistulae. Lier septimus. 26. Brief. In: C. Plinius, C. S. lat./dt. übersetzt und herausgegeben von H. Philips / M. Giebel, Stuttgart, Reclam 2010,

Peter Pörtner / Jens Heise: Die Philosophie Japans. Von den Anfängen bis zur Gegenwart. Stuttgart 1995

Pfeiffer, Wilfried: Vision Tibet, Hans-Nietsch-Verlag, Emmendingen 2011

Precht, Richard, David: Aufklärer des Himmels. In: Die Zeit Nr. 2 vom 7.01.1999, S. 68

Precht, Richard David: Wer bin ich und wenn ja, wie viele? Goldmann Verlag, München, 8. Aufl. 2007

Report Psychologie: Heft 02/2007, Bertelsmann-Verlag Gütersloh 2005,

Reps, Paul: Ohne Worte – ohne Schweigen. 101 Zen-Geschichten und andere Zen-Texte aus vier Jahrtausenden. O.W. Barth Verlag

Rilke, Rainer Maria: Die Gedichte. Frankfurt/M., Insel, 1990 und „Herbst" im selben Verlag

Rosenberg, Larry: Living in the Light of Death. On the Art of Being Truly Alive. Shambala 2001

Ruhbach / Sudbrack: Große Mystiker. Leben und Werke. Verlag C. H. Beck, München 1984

Rumi, Jelaluddin: Tanz meiner Seele. Mystische Texte. Band 6, Kreuz Verlag Stuttgart, Zürich 2003

Sacks, Oliver: Der einarmige Pianist. Über Musik und das Gehirn. Rowohlt Verlag 2008

Samy, Ama: Zen – Praxis und Dialog. Werner Kristkeitz Verlag 2007

Sekida, Katuki: Zen-Training. Praxis, Methoden, Hintergründe. Herder Spektrum 1975

Senzaki, N., Strout, R. McCandless: Genro. Die hundert Zen-Koans der «Eisernen Flöte». Origo Verlag, Zürich 1973

Sawaki, Kodo: An Dich. Zen-Sprüche. Angkor Verlag, Frankfurt 2005

Scheffler, Johann (Angelus Silesius): Der Cherubinische Wandersmann, Heft 1, Hrsg. Dr. D.A. Rosenthal 2. Band, Regensburg 1862

Schmid, Wilhelm: Philosophie der Lebenskunst. Eine Grundlegung. Frankfurt/M., Suhrkamp 1999

Schmidtbauer, W.: Hilflose Helfer. Über die seelische Problematik der helfenden Berufe. Rowohlt Taschenbuch, 12. Auflage Hamburg 2003

Schmidtbauer, W.: Helfersyndrom und Burnout-Gefahr. Urban & Fischer Verlag, München 1993

Schnabel, Ulrich: Muße. Vom Glück des Nichtstuns. Blessing Verlag 2010, 2. Auflage

Schlieter, Jens: Buddhismus. Zur Einführung. Junius Verlag, Hamburg 2001

Silesius, Angelus (Johann Gottfried Scheffler): Der Cherubinische Wandersmann. Heft 1-6, ABC Druck, Rankweil 2000

Sogyal Rinpoche: Das Tibetische Buch vom Leben und vom Sterben. Ein Schlüssel zum tieferen Verständnis von Leben und Tod. Fischer Taschenbuch Verlag, 6. Aufl. 2008

Sosan, Meister: Shinjin-no-mei. Inschrift vom Glauben an den Geist. Aus dem unveröffentlichten Rezitationsheft der Bodhi-Sangha, Deutschland / Indien 1998

Spitzer, Manfred: Digitale Demenz, in: Nervenheilkunde, Schattauer-Verlag, Stuttgart, Heft 7-8/2012

Sporken, Paul: Hast du denn bejaht, dass ich sterben muss? Eine Handreichung für den Umgang mit Sterbenden, Gütersloher Verlagshaus, 2003

Steger, Florian: Praxistaugliche Vorausverfügungen. Deutsches Ärzteblatt, Jg.111, Heft4, 24 Januar 2014

Sünner, Rüdiger: Abenteuer Anthroposophie. Rudolf Steiner und seine Wirkung, DVD 2008, Herder Verlag, Freiburg im Breisgau 1999

Suzuki, Shunryu: Zen-Geist Anfänger-Geist. Unterweisungen in Zen Meditation. Theseus Verlag, München1997, 8. Aufl.

Tausch-Flammer, Daniela / Bickel, Lis: Jeder Tag ist kostbar. Endlichkeit erfahren, intensiver leben. Freiburg i. Br., Herder 2000

Terzani,Tiziano: Noch eine Runde auf dem Karussell. Vom Leben und Sterben. Knaur Verlag, Hamburg 2007

Theunissen, Michael: Der Begriff ERNST bei Sören Kierkegaard. Freiburg i. Br.-München, Alber 1982

Theunissen, Michael: Die Gegenwart des Todes im Leben. in: Rolf Winau / Hans Peter Rosemeier (Hrsg.): Tod und Sterben. Berlin, New York, Verlag de Gruyter 1984

Thich Nhat Hanh: Das Diamantsutra: Der Diamant, der die Illusion durchschneidet. Theseus Verlag Berlin, 2005

Schulz von Thun, Friedemann: Miteinander reden Band 2.: Stile, Werte und Persönlichkeitsentwicklung; Differentielle Psychologie der Kommunikation. Rowohlt Verlag, Hamburg 1989

Tsunetomo Yamamoto (Autor), Takao Mukoh (Übersetzer), Guido Keller (Übersetzer) Hagakure der Weg des Samurai, Hagakure, Kindle Edition 2012

Upton, Charles: Doorkeeper of the Heart. Versions of Rabi'a. Pir Press, Wisdom Serios No. 2, 1988

Verres, Rolf: Die Kunst zu leben. Krebsrisiko und Psyche. Piper Verlag, München 1994

Wadell, Norman (Hrg): Meister Hakuin: Authentisches Zen. Fischer Verlag, Frankfurt/M. 1997

Watts, Alan W.: Zen-Buddhismus. Tradition und lebendige Gegenwart. Rowohlt Verlag Hamburg, 1961

Weil, Alfred: Im Spiegel des Todes. Beiträge zu Tod und Sterben aus buddhistischer Sicht. Verlag Deutsche buddhistische Union e.V., 1. Aufl. 1995

Weinreich, Wolf Mirko: Das andere Totenbuch. Eine praktische Anleitung zur Sterbebegleitung. Books on Demand, Norderstedt 2009

Wetzel, Sylvia: Von der Schönheit des Alters. In: Buddhismus aktuell, Theseus Verlag 03/2010

Wickland, C.: Dreißig Jahre unter den Toten. Der Leuchter Otto Reichl Verlag, Remagen 1952

Wilber, Ken: Mut und Gnade. Goldmann Verlag 1998

Wuthenow, Ralph-Rainer (Hrsg.): Michel de Montaigne. Essays. Frankfurt/M., Insel, 1976

Yalom, Irvin, D.: Ein bester Freund auf Zeit. Stern Interview vom 28.05.2015, Heft Nr. 23

Yamada Kôun Roshi: Hekiganroku. Die Niederschrift vom blauen Fels. Die klassische Koansammlung mit neuen Teishos. Band 1, Kösel Verlag, München 2002

Yamada Koun Rohi: Mumonkan. Die torlose Schranke. Zen-Meister Mumons Koan-Sammlung. Kösel Verlag, München 2004

Yamamoto, Tsunetomo: Hagakure. Der Weg des Samurai. Piper Verlag, 6. Aufl. 2003

Yongey Mingyur Rinpoche: Buddha und die Wissenschaft vom Glück. Goldmann Arkana, 2. Aufl. 2007

Zahrada, Hella: Ephides. Ein Dichter des Transzendenten. Bürger Verlag 2012

Zimmermann, Franz: Einführung in die Existenzphilosophie. Darmstadt, Wissenschaftliche Buchgesellschaft 1988

Zulley Jürgen, Knab, Barbara: Wach und fit. Mehr Energie, Leistungsfähigkeit und Ausgeglichenheit. Mabuse Verlag, März 2003

Lexika

Diener, Michael S.: Das Lexikon des Zen. O.W. Barth Verlag, 1. Aufl., München, Bern, Wien 1992

Ehrhard, Franz-Karl / Fischer-Schreiber, Ingrid: Das Lexikon des Buddhismus. O.W. Barth Verlag, 1. Aufl. München, Bern, Wien 1992

Fischer-Schreiber, Ingrid / Ehrhard, Franz-Karl / Friedrichs, Kurt: Lexikon der östlichen Weisheitslehren. Buddhismus, Hinduismus, Taoismus, Zen. Alles über Philosophie, Religion, Psychologie, Mystik, Kultur, Literatur des Fernen Ostens. O.W. Barth Verlag, 2. Auflage 1994

Bildnachweise

Abbildung 1, S. 6: Prager Rathausuhr, auch Aposteluhr, astronomische Uhr aus dem Jahr 1410 an der Südmauer des Altstädter Rathauses. Foto aus wikipedia unter cc:license

Abbildung 2, 3, 4, S. 23/24: Körpertemperatur, Kreislauflabilität und Sterbehäufigkeit im Tagesverlauf aus: Zulley Jürgen, Knab, Barbara: Wach und fit. Mehr Energie, Leistungsfähigkeit und Ausgeglichenheit (mit freundlicher Genehmigung)

Abbildung 5, S. 26: Herbst im Park. Leipzig. Mit freundlicher Genehmigung von Ralf-Peter Lösche

Abbildung 6, S. 41: Mohammed im Siebenten Himmel in goldener Wolke, sich niederwerfend vor Gottes Thron. Osttürkei 15. Jahrhundert, aus: Grof, Stanislav, Christina: Beyond death. The Gates of Consciousness. Thames and Hudson, London, 1980

Abbildung 7, S. 51: Lackschilduhr mit Sensenmann, um 1860, Viertelstundenschlag auf Tonfeder und Totenschädel. Metallgespindeltes 1-Tage-Surrer-Werk, Uhrenmuseum St. Märgen, Hochschwarzwald

Abbildung 8, S. 77: Schiffsfriedhof in Noirmoutier-en-l'Île, Frankreich, mit freundlicher Genehmigung von Martin Ruoff

Abbildung 9, S. 91: Die gereinigte Seele vereinigt sich mit dem Göttlichen Licht von Hieronymus Bosch, aus: Grof, Stanislav, Christina: Beyond death, The Gates of Consciousness. Thames and Hudson, London, 1980

Abbildung. 10, S. 102: Eine Versuchsperson nennt unter Hypnose ihr Geburtsdatum 1812 und schreibt früheren Daseins-Namen Claudia Röder in einer Schreibschrift, ähnlich der in dieser Zeit üblichen deutschen Currentschrift, die sie vor der Hypnose nicht kannte.

Abbildung 11, S. 111:Wasserglas, Mit freundlicher Genehmigung Martin Ruoff, Meditationsgruppe Leinfelden-Echterdingen

Abbildung 12, S. 112: Vereinigung von Ei und Samenzelle, entn. aus Wikipedia, www.wikipedia.de.

Abbildung 13, S. 115: Knochenperlen an den Plastikblüten um die Stupa nach Verbrennung eines hohen Lamas, Schnappschuss aus dem Film: Auf der Suche nach dem alten Tibet. Eine Reise zu Buddhas Erben, 31'ff

Abbildung 14, S. 116: Augen, Herz, auf der Rückseite nicht sichtbar im Foto die Zunge. Ebenfalls Reliquien aus der Asche des Verstorbenen, Schnappschuss aus dem Film: Auf der Suche nach dem alten Tibet. Eine Reise zu Buddhas Erben, 31'ff

Abbildung 15, S. 125: Durchstoßen der Schädeldecke nach Phowa-Kurs mit einem Strohhalm. Auf der Suche nach dem alten Tibet: Eine Reise zu Buddhas Erben

Abbildung 16, S. 140: Buddhas Tod und Eintritt ins Nirvana, Japan. Rollbild 1392, aus: Grof, Stanislav, Christina: Beyond death, The Gates of Consciousness. Thames and Hudson, London, 1980

Literaturempfehlungen zum Umgang mit dem Sterben

Die folgenden Empfehlungen beziehen sich auf Bücher, Filme und Hör-CDs, die der Verfasser selbst als besonders hilfreich für den praktischen Umgang mit dem Sterben erlebt und selbst genutzt hat. Sie stellen nur eine kleine Übersicht dar.

Gedanken und Dichtung

Daiker, Angelika: Bergen, was bleibt. Für Trauernde. Mit Bildern von Sieger Köder, Schwabenverlag, Ostfildern 2003

Dirschauer, Klaus: Worte zur Trauer. 500 ausgewählte Weisheiten und Zitate für Todesanzeigen und Kondolenzbriefe, Claudius Verlag, München 2005

Herold, Désirée: Trauer. Gedanke und Gefühle nach dem Verlust eines geliebten Menschen, Verlag Fischer Karin, Aachen 2004

Schmeisser, Martin: Vergiss nicht, es gibt ja das Licht. Für Zeiten des Abschieds und der Trauer, Verlag am Eschbach, Eschbach 2004

Waller, Friederike (Hrsg.): Alles ist nur Übergang. Gedichte und Texte über das Sterben. Fischer Verlag, Frankfurt/Main, 1988

Kinderbücher

Bauer, Jutta: Opas Engel. Carlson Verlag, Hamburg 2001

Glade-Hassenmüller, H.: Ein Sonntag im September. Bitter, Recklinghausen 1992

Hermann, I. Solè-Vendress, C.: Du wirst immer bei mir sein. Patmos Verlag, Düsseldorf 1999

Körner-Armbruster, Angela: Totgeburt weiblich. Ein Abschied ohne Begrüßung. Attempto Verlag, Tübingen 1994

Mebs, Gudrun: Birgit. Eine Geschichte vom Sterben. DtV München 1986

Schins, Marie-Thérèse: Es geschah an einem Sonntag. Ein Abschied, Reinbeck Verlag, Reinbeck b. Hamburg 1988

Schins, Marie-Thérèse: Und wenn ich falle. Vom Mut, traurig zu sein, DtV, München 2001

Schmitt, Èric, Emanuel: Oskar und die Dame in Rosa (Originaltitel: Oscar et la dame rose). 2002, Cycle de l'invisible. Die deutsche Erstausgabe erschien 2003 im Amman Verlag, Zürich 2003

Tausch-Flammer, D., Bickel, L.: Wenn Kinder nach dem Sterben fragen. Ein Begleitbuch für Kinder, Eltern und Erzieher, Herder Verlag, Freiburg i. Breisgau 2007

Welsh, Renate: Eine Hand zum Anfassen, Jungbrunnen Verlag, Wien 1985

Zeevaert, Sigrid: Max, mein Bruder. Arena Verlag, Würzburg 1986

Autobiografien, Betroffenenberichte und Lebensgeschichten

Aulbert, Eberhard: Bewältigungshilfen für den Krebskranken. Thieme, Stuttgart 1993

Ambacher, Benedikt (Hrsg.): In stillem Gedenken. Groh Verlag, Germering, 2007

Anwar, Petra /v. Düffel, John: Geschichten vom Sterben Piper Verlag, München 2013

Armstrong, L./Jenkins, S.: Tour des Lebens: Wie ich den Krebs besiegte und die Tour de France gewann. Gustav Lübbe Verlag 2000

Bächer, Susanne: Für Sterbliche. Hinweise und Gedanken zum Tod. Hirzel Verlag, Stuttgart, 2002

Barth, Markus: Carpe diem – Lebe den Tag. Von der Endlichkeit und der Kunst zu leben. Frankfurt/M., 1998

Becker, Reinhard (Hrsg.) / Mariss, Jochen (Hrsg.): Ein kleines Buch voller Lichtblicke. Grafik Werkstatt, Bielefeld, 2008

Bickel, Lis / Tausch-Flammer, Daniela (Hrsg.): In meinem Herzen die Trauer. Texte für schwere Stunden – Ein Begleitbuch. Verlag Herder, Freiburg, 6. Aufl. 2006

Birkholz, Carmen: Bis mein Leben neue Knospen treibt. Ein Begleiter durch die Trauer. Parmos Verlag, Ostfildern, 2015

Bleker, Dorothée: Herzliche Anteilnahme. Zitate voller Trost und Hoffnung. Groh Verlag, Germering, 2011

Bleymüller, Susanne (Hrsg.): Mein kleines Trost- und Trauerbuch. Gütersloher Verlagshaus, Gütersloh 2010

Bleymüller, Susanne (Hrsg.): Mein Trauerjahr. Gütersloher Verlagshaus, Gütersloh 2011

Blesch, Rolf (Fotos): Im Garten der Zeit wächst die Blume des Trostes. Kreuz Verlag, Stuttgrt, 2007

Bonhoeffer, Dietrich: Von guten Mächten wunderbar geborgen. Goldmann TB / Random House, Güterloher Verlagshaus, Gütersloh 2010

Bonhoeffer, Dietrich: Behütet und getröstet. Gütersloher Verlagshaus / Random House, 2012

Bosmans, Phil: Worte des Trostes. In Tagen der Trauer. Verlag Herder, Freiburg, 2008

Brinkel, Wolfgang (Hrsg.): Die Nacht wird nicht ewig dauern. Gedanken für Menschen, die Abschied nehmen müssen. Neukirchener Aussaat, 2. Aufl. 2010

Butzon & Bercker (Verlag): Trost der Erinnerung. Album für die Zeit der Trauer. Kevelaer, 2013

Daiker, Angelika: Bergen, was bleibt. Für Trauernde. Mit Bildern von Sieger Köder, Schwabenverlag, Stuttgart 2010

Daiker, Angelika: Selig sind die Trauernden. Schwabenverlag, Stuttgart, 2. Aufl. 2000

Daiker, Angelika (Hrsg.): Eines Tages ein Regenbogen. Ein Begleiter in Zeiten der Trauer. Patmos, Ostfildern, 2012

Daiker, Angelika / Seeberger, Anton: Geh ein Wort weiter. Ein Trauerbegleiter für 365 Tage. Schwabenverlag, Stuttgart, 2. Aufl. 2004

Dirschauer, Klaus: Worte zur Trauer. 500 ausgewählte Weisheiten und Zitate für Todesanzeigen und Kondolenzbriefe. 2. Aufl., Claudius Verlag, München 2005

Düperthal, Helene: Zart wie ein Schmetterling. Spirituelle Begleitung in schweren Stunden. Lebensweichen-Verlag, Lennestadt, 2014Herold,

Herbert, S: Überleben Glücksache. Scherz Verlag, Frankfurt a./M. 2005

Enzner-Probst, Brigitte: Trauer leben. Rituale, Segensworte und Gebete. Claudius Verlag, Ostfildern, 2010

Erath, Irmgard: Grenze des Lebens, aber nicht der Liebe. Tröstende Gedanken für Trauernde. Groh Verlag, Germering, 2011

Erath, Irmgard: Kleiner Engel, für immer in unseren Herzen. Groh Verlag, Germering, 2011

Erath, Irmgard: Liebe ist stärker als der Tod. Ein wunderbar tröstender Begleiter in Tagen der Trauer. Groh Verlag, Germering, 2011

Fleer, Susanne : Abschied vom Leben Gespräche mit einer Sterbenden., Goldmann Verlag München 1991

Geiger, Arno: Der alte König in seinem Exil. Carl Hansser Verlag, München 2011

Grafik Werkstatt Bielefeld: Wenn die Sonne untergeht. Von Trauer und Abschied. Grafik Werkstatt Bielefeld, 2006

Grün, Anselm: Gehalten in Zeiten der Trauer. Verlag Kreuz, Freiburg, 2013

Grün, Anselm : Du wirst getröstet. Für Trauernde. Verlag Kreuz, Freiburg, 2014

Grün, Anselm / Schwarz, Andrea / Stutz, Pierre: Die Kraft deiner Tränen, Verlag Herder, Freiburg, 2009

Grünewald, Ilse / Janetzky, Birgit: Der Tod ist nicht das Ende. Gedanken zum Abschiednehmen. Matthias-Grünewald-Verlag, Ostfildern, Neuaufl. 2007

Haak, Rainer: In Tagen der Trauer. Herder Verlag, Freiburg, 2010

Hagemann, Inga (Hrsg.) / Bartel, Albert (Illustr.): Trost. In Tagen der Trauer. Coppenrath Verlag, Münster, überarb. Neuaufl. 2009

Hagmann, Regina: Meine Trauer werfe ich an deinen Himmel. Gedanken und Gebete auf dem Weg vom Sterben zum Leben. Patmos, Ostfildern, 2008

Hahn, Udo: In Gottes Liebe geborgen. Trost für Trauernde. St. Johannis-Druckerei und Verlag, Lahr 2008

Hauser,Theresia / Schmidt, Sieglinde: Das leere Haus.Trost für Trauernde. Kösel Verlag, München, 2. Aufl. 2006

Herold, Désirée: Trauer. Gedanken und Gefühle nach dem Verlust eines geliebten Menschen. Verlag Fischer Karin, Aachen, 2004

Herold, Désirée: Angekommen am Anfang. Neue Gedichte. Verlag Fischer Karin, Aachen, 2005

Jülicher, Jochen: Solange ihr mich liebt. Texte und Gedichte zum Abschied. Echter Verlag, Würzburg, 4. ergänzte Aufl. 2011

Klepper, Jochen: Trost für jeden Tag. Brunnen Verlag, Gießen, 2005Beutel, Manfred: Verarbeitung – Bewältigungsprozesse bei chronischen Erkrankungen. Edition Medizin, VCH, Weinheim 1988

Lakotta, Beate, Schels, Walter: Noch mal leben vor dem Tod. Wenn Menschen sterben. DVA Verlag München, 7. Aufl. 2010

Lohner, Marlene: Plötzlich allein. Frauen nach dem Tod des Partners. Fischer Verlag, Frankfurt a. M. 1982

Neureiter, Elisabeth: Ich reiche dir die Hand. Texte und Gedichte für Schwerkranke, Trauernde und Wegbegleiter. Shaker Media, Herzogenrath 2008

Noll, Peter: Diktate über Sterben und Tod. Mit Totenrede von Max Frisch. Serie Piper, München 2009

Obermüller, Klara: Weder Tag noch Stunde. Nachdenken über Sterben und Tod. Verlag Herder, Freiburg 2009

Picardie, Ruth: Es wird mir fehlen, das Leben. Rowohlt Verlag, Hamburg 1999

Quadflieg, Roswitha: Der Tod meines Bruders. Die subjektive Wahrnehmung einer Familie. Zürich 1985

Reinker-Schlüter, Irmhild (Illustr.): Nicht allein gelassen. Eine Handreichung zur Begleitung von schwerkranken und sterbenden Menschen. Deutsche Bibelgesellschaft, Stuttgart 1996

Rey, Karl Guido: Wenn ein Mann trauert / der Weg durch Abschied und Tod, Herder Herder Spektrum Verlag, Freiburg i. Breisgau 1998

Romanus, Thomas/Ender, Klaus (Fotos): In stiller Trauer, Verlag Herder, Freiburg, 2. Aufl. 2009

Schlüter, Christiane (Hrsg.) / Herzig, Tina und Horst (Fotos): Was bleibt, sind Spuren und Erinnerungen. In Tagen der Trauer. Verlag Herder, Freiburg 2008

Schlüter, Christiane: Du bist nicht allein – Trost in der Trauer. Pattloch / Droemer Knaur, Verlag, München 2014

Schophaus, Michael: Im Himmel warten Bäume auf dich. Die Geschichte eines viel zu kurzen Lebens. Pendo Verlag, Zürich 2000

St. Benno Buch- und Zeitschriftenverlagsgesellschaft mbH: 365 Trostworte. Ein Begleiter für die Zeit der Trauer. 2011

Steinwede, Dietrich: Der Tod – Tor zum Leben. Ein Trostbuch. Patmos Verlag, Ostfildern, 2009

Stutz, Pierre: Engel des Trostes wünsche ich dir. Verlag Herder, Freiburg, 2008

Tschuschke, Volker: Psychoonkologie. Psychoonkologische Aspekte der Entstehung und Bewältigung von Krebs. Schattauer, Stuttgart 2002

Voss-Eiser, Mechthild (Hrsg.): Noch einmal sprechen von der Wärme des Lebens. Texte aus der Erfahrung von Trauernden. Verlag Herder, 8. Aufl., Freiburg 2008

Walch-Sommer, Erika/Mair, Roswitha (Fotos): Verborgenes Licht. Gedanken für Zeiten der Trauer. Tyrolia Buchverlag, Innsbruck, 2008

Weiß, Thomas: Auch Finsternis ist nicht finster bei dir. Gebete und Meditationen für die Begleitung Sterbender und Trauernder. Gütersloher Verlagshaus, 2011

Weiss, J.B.: Leben nach Krebs. Belastungen und Krankheitsverarbeitung im Verlauf einer Krebserkrankung. Huber Verlag, Bern 2002

Wiedermann, Rolf-Dieter: Nie tiefer als in seine Hand. Trost in Zeiten der Trauer. SCM Hänssler, Holzgerlingen, 2012

Witzenbacher, Marc: Getröstet in Zeiten der Trauer. Butzon & Bercker, Kevelaer, 2012

Wöller, Hildegunde (Hrsg.): Wie soll ich leben ohne dich? Worte des Trostes von Jörg Zink, Verena Kast, Jorgos Canacakis u. a. Kreuz Verlag, Freiburg 2009

Wöller, Hildegunde: Steht nicht an meinem Grab und weint. Worte zu Kondolenz und Trost. Kreuz Verlag, Freiburg 2008

Würth, Petra: Ein Teil von dir bleibt. Worte für die Zeit der Trauer. Kawohl Verlag, Wesel 2013

Wybranietz Kristine und Volker: In stiller Anteilnahme. Verlag arsEdition, München Neuaufl. 2008

Romane

Albom, Mitch / Bardeleben, Angelika: Dienstags bei Morrie: Die Lehre eines Lebens. Goldmann Verlag, Gütersloh, 2002
Cameron, Jean: Heute will ich leben. Eine Krebskranke erzählt. Kreuz Verlag, Stuttgart 1983
Canacakis, Jorgos: Ich sehe deine Tränen. Trauern, klagen, leben können. Kreuz Verlag, Stuttgart 1987
Canacakis, Bassfelf, Schepers: Auf der Reise nach den Regenbogentränen. Bertelsmann Verlag, Bielefeld 1990
Coelho, Paulo: Veronika beschließt zu sterben. Diogenes Verlag, Zürich 2002
Craven, Margaret: Ich hörte die Eule, sie rief meinen Namen. Verlag Reinbeck, Reinbeck bei Hamburg 1976
Donnelly, Nina Herrmann: Mit Trauernden reden. Kreuz Verlag, Stuttgart 1990
Eckel, Gert :Sie nennt es weggehen. Pattloch Verlag, München 2014
Frank, Hannelore: Leben angesichts des Todes. Kreuz Verlag, Stuttgart 1980
Guidice, Liliane: Ohne meinen Mann. Aufzeichnungen einer Witwe. Kreuz Verlag, Stuttgart 2006
Gill, Derek: Elisabeth Kübler-Ross. Wie sie wurde, wer sie ist. Kreuz Verlag, Stuttgart 1996
Herrndorf, Wolfgang: Arbeit und Struktur. Rororo Verlag, Reinbeck bei Hamburg 2015
Hampe, Johann Christoph: Sterben ist doch ganz anders. Erfahrungen mit dem eigenen Tod. Kreuz Verlag 1993
Hoffmann, Sandra: Was ihm fehlen wird, wenn er tot ist. Roman Hanser Verlag 2012
Levy, Marc: Solange du da bist. Aufbau Verlag, Berlin 2000
Michaelsen, Hannah: Adieu Raphael Hrsg. M. Frettlöh Erev-Rav. 2014
Müller, Monika: Dem Sterben Leben geben. Die Begleitung sterbender und trauernder Menschen als spiritueller Weg. Gütersloher Verlagshaus, Gütersloh 2004
Nouwen, Henri: Sterben, um zu leben. Abschied von meiner Mutter. Claudius Verlag, München 2011.
Riedinger, Andrea: Meine Trauer traut sich was. adeo Verlag, München 2014
Salm, Christiane zu : Dieser Mensch war ich – Nachrufe. Goldmann Verlag, München 2013
Schmeisser, Martin: Vergiss nicht, es gibt ja das Licht. Für Zeiten des Abschieds und der Trauer. Eschbach 2004
Schlingensief, Christoph: So schön wie hier kann's im Himmel gar nicht sein. Tagebuch einer Krebserkrankung, btb Verlag, 4. Auflage, Verlag Kiepenheuer und Witsch, Köln 2009
Servan-Schreiber, David: Man sagt sich mehr als einmal Lebewohl. Antje Kunstmann Verlag, München 2012
Sontag, Susan: Krankheit als Metapher. Fischer Taschenbuchverlag, Frankfurt 1981
Terzani, Tiziano: Noch eine Runde auf dem Karussell. Vom Leben und vom Sterben. Knaur Verlag, München 2007

Walter Jens / Hans Küng: Menschenwürdig sterben. Ein Plädoyer für Selbstverantwortung. Mit einem Text von Inge Jens Piper Verlag, München 2009
Wander, Maxi: Leben wär eine prima Alternative. Luchterhand, Darmstadt 1980
Weber, Walter: Jenseits der Nacht. Erfahrungen im Krankenhaus. Kreuz Verlag 1981
Wilber, Ken: Mut und Gnade. Goldmann Verlag, München 1998
Zickgraf, Cordula: Ich lerne leben, weil du sterben musst. Ein Krankenhaustagebuch. Kreuz Verlag, Stuttgart 1979
Zorn, Fritz: Mars. Fischer Verlag, Frankfurt 1968
Zorn, Fritz: Mars. Kindler Verlag, München 1977

Bücher für Jugendliche

Cranen, Jennifer: Ich will nicht, dass ihr weint / Krebstagebuch der 16-jähr. Jenni. Weltbild 2010
Lowry, Lois: Sommer: Letztes Jahr. Wien 1985
Schins, Marie-Thérèse: Es geschah an einem Sonntag. Ein Abschied. Reinbek, 1988
Schins, Marie-Thérèse: Und wenn ich falle? Vom Mut, traurig zu sein. München 2001
Welsh, Renate: Eine Hand zum Anfassen. Wien, München 1985

Ratgeber / Sachbücher / Psychologie / Bücher für Angehörige

Aries, Ph.: Die Geschichte des Todes, Hanser, München 1980
Bernhard, M., u.a.: Wenn Eltern um ihr Baby trauern. Impulse für die Seesorge, Modelle für Gottesdienste. Freiburg 2003
Bödiker/ Graf/ Schmidbauer: Hospiz ist Haltung. Kurshandbuch Ehrenamt, Hospizverlag 2011
Borasio, Gian Domenico: Über das Sterben. Was wir wissen. Was wir tun können… C.H. Beck 2011
Borasio, Gian Domenico: Selbstbestimmt sterben. Was es bedeutet. Was uns daran hindert. Wie wir es erreichen können C.H.Beck 2014
Brocher, Tobias: Wenn Kinder trauern. Zürich 1980
Braun, O. H. (Hrsg.): Seelsorge am kranken Kind. Was Ärzte, Psychologen und Seelsorger dazu sagen. Kreuz Verlag, Stuttgart 1983
Burgheim, Werner (Hrsg.): Qualifizierte Begleitung von Sterbenden und Trauernden. Forum Verlag Herkert 2001
Brück, Michael von der: Ewiges Leben oder Wiedergeburt? Sterben, Tod und Jenseitshoffnung in europäischen und asiatischen Kulturen. Herder Verlag, Freiburg 2007
Burton, C: Counselling from a Near Death Perspective. Vital Signs 2002, 21.4
Canacakis, Jorgos, Bassfeld-Schepers, Annette: Auf der Suche nach den Regenbogentränen. Heilsamer Umgang mit Abschied und Trennung. München 1994
Daiker, Angelika, Seeberger Anton (Hg.): Zum Paradies mögen Engel dich geleiten. Rituale zum Abschiednehmen. Schwabenverlag, Ostfildern 2007
Daiker, A. / Köder, S.: Bergen was bleibt. Für Trauernde. Broschüre, Schwabenverlag Ostfildern 2004
Daiker, A., Seeberger, A.: Geh ein Wort weiter. Ein Trauerbegleiter für 365 Tage. Schwabenverlag, Ostfildern 2003

Dethlefsen, Thorwald: Das Leben nach dem Tod / Gespräche mit Wiedergeborenen. Goldmann/Esotherik 1978

Eissler, K. R.: Der sterbende Patient. Zur Psychologie des Todes. Problemata, frommann-holzboog 61, Stuttgart 1978

Fox, M: Religion, Spirituality and the Near-Death Experience. Routledge Verlag, London, 2003

Franz, Margit: Tabuthema Trauerarbeit. Erzieherinnen begleiten Kinder bei Abschied, Verlust und Tod. München 2002

Geshe Kelsang Gyatso: Living Meaningfully, Dying Joyfully. The Profound Practice of Transference of Consciousness. Tharpa Publications UK, USA, Canada, Australia, Hongkong 2009

Fuchs, Rosemarie: Stationen der Hoffnung. Seelsorge an krebskranken Kindern. Kreuz Verlag, Stuttgart 1980

Glaser, B.: Betreuung von Sterbenden. Eine Orientierung für Ärzte, Pflegepersonal, Seelsorger und Angehörige. Vandenhoeck & Ruprecht, Göttingen 1995

Godzik, Peter, Hrg.: Der eigenen Trauer begegnen. Ein Lebens- und Lernbuch. Steinmann 2011

Godzik, Peter: Sterbenden Freund sein. Texte aus der Tradition der Kirche. Lutherisches Kirchenamt, Hannover, erschienen als Texte aus der VELKD, Nr. 55, 1993

Grof, Stanislav: Geburt, Tod und Transzendenz. Neue Dimensionen in der Psychologie. Kösel, 1985

Großbongardt, Annette, Traub, Rainer (Hg): Das Ende des Lebens. Ein Buch über das Sterben. Spiegel Buchverlag, Deutsche Verlagsanstalt, München 2013

Holden, J. Long., J., MacLurg, J.: Out of Body Experiences: All in the brain? Vital Signs 21.3, 2002

Grollman, Earl A.: Mit Kindern über den Tod sprechen. Aussaat Verlag Neukirchen-Vluyn, 3. Aufl. 2000

Hark, Helmut: Träume vom Tod. Trauerarbeit und seelische Wandlung. Kreuz Verlag, Stuttgart 1994

Hark, Helmut: Den Tod annehmen. Kösel Verlag, München 1994

Hospiz Stuttgart Palliative-Care-Tipps. 8 Broschüren

Jakoby, Bernard: Geheimnis Sterben. Was wir heute über den Sterbeprozess wissen. Rororo Verlag, Hamburg 2008

Jerneizig, R., Schubert, U.: Der letzte Abschied. Ratgeber für Trauernde. Essen 1991

Joesten, Renate: Stark wie der Tod ist die Liebe. Bericht von einem Abschied. Kreuz Verlag Stuttgart 1985

Jung, Susanne: Besser leben mit dem Tod oder Wie lerne ich Abschied nehmen? Klett-Kotta Verlag, Stuttgart 2013

Karl-Passoth, S.: Nimmt das denn nie ein Ende? Mit der Trauer leben lernen, Güterloher Verlagshaus, Gütersloh 1992

Kast, Verena: Trauern. Phasen und Chancen des psychischen Prozesses. Kreuz Verlag, Stuttgart 2002

Koch, U. et. al. (Hrsg.): Die Begleitung schwerkranker und sterbender Menschen. Grundlagen und Anwendungshilfen für Berufsgruppen in der Palliativversorgung. Schattauer, Stuttgart 2005

Köhle, K. Et al.: Zum Umgang mit unheilbar Kranken. In: Uexküll Th. v.,: Lehrbuch der psychosomatischen Medizin. 5 Aufl. S. 1224-1249. Urban und Schwarzenberg Verlag, München 1996

Kübler-Ross, Elisabeth: Was können wir noch tun? Kreuz Verlag, Stuttgart 2010

Kübler-Ross, Elisabeth: Leben, bis wir Abschied nehmen. Kreuz Verlag, Stuttgart 2006

Kübler-Ross, Elisabeth: Verstehen, was Sterbende sagen wollen. Kreuz Verlag, Stuttgart 2006

Kübler-Ross, Elisabeth: Reif werden zum Tode. Droemer Knaur, München 2003

Kübler-Ross, Elisabeth: Verstehen, was Sterbende sagen wollen / Einführung Symbolsprache, Knaur Verlag, München TB 2004

Kübler-Ross, Elisabeth: Kind und Tod. Kreuz Verlag, Stuttgart 1998

Kübler-Ross, Elisabeth: Befreiung aus der Angst. Kreuz Verlag 1994

Kübler-Ross, Elisabeth: Lass uns gemeinsam gehen. Ein Wegbegleiter an den Grenzen des Lebens. Kreuz Verlag 1979

Kübler-Ross, Elisabeth: Interviews mit Sterbenden. Kreuz Verlag, Stuttgart 1971

Kübler-Ross, E. Kessler: Geborgen im Leben / Wege zu einem erfüllten Dasein, KnaurTB München 2005

Küng, Hans: Ewiges Leben. Piper Verlag, München 2002

Jakoby, Bernard: Wir sterben nie / was wir heute über das Jenseits wissen können, Nymphenburger Verlag, München 2007

Levine, Stephen: Wer stirbt? Wege durch den Tod. J. Kamphausen Verlag, 8. Aufl. 2007

Looser, Gabriel: Die Seele ins Licht begleiten. Kösel Verlag, München 2001

Lothrop, Hannah: Gute Hoffnung, jähes Ende. Ein Begleitbuch für Eltern, die ihr Baby verlieren, und alle, die sie unterstützen wollen. München 1991

Lückl, L.: Begegnung mit Sterbenden. Gestaltseelsorge in der Begleitung sterbender Menschen, Kaiser Verlag München 1985

Maio, Giovanni: Mittelpunkt Mensch. Ethik in der Medizin. Ein Lehrbuch. Schattauer Verlag, Stuttgart 2012

Moody, R. A.: Das Licht von drüben. Neue Fragen und Antworten. Bechtermünz, Hamburg 1989

Müller, Monika, Schnegg, Matthias: Unwiederbringlich – Vom Sinn der Trauer. Herder Verlag, Freiburg 1999

Nagl, Andrea: Mit Würde Abschied nehmen / Trauerfeiern ohne Kirche, Kreuz Verlag, Stuttgart 2002

Palm, Gerda: Jetzt bist du schon gegangen, Kind. Trauerbegleitung und heilende Rituale mit Eltern frühverstorbener Kinder. München 2001

Paul, Chris: Warum hast du uns das angetan? Ein Begleitbuch für Trauernde, wenn sich jemand das Leben genommen hat. Gütersloh 1998

Pera, Heinrich: Da sein bis zuletzt. Erfahrungen am Ende des Lebens, Herder 2004

Piper, Don / Murphey, Cecil, Magnus, Marianne: 90 Minuten im Himmel: Erfahrungen zwischen Leben und Tod, GerthMedien 2007

Petzold, H.: Die Chance der Begegnung. Einige Reflexionen zur Fundierung der „Beziehungsarbeit" mit schwerkranken und terminalen Patienten. In: Strittmatter, G. (Hrsg.): Praxis und Forschung in der Psychoonkologie. Tosch Verlag, Münster 1992
Pohl, Detlef: Was tun im Trauerfall? Rat und Hilfe für die Angehörigen. Pläne und Formulierungshilfen. Mit Checkliste. Niederhausen 2000
Rinpoche, Tenzin Wangyal: Übung der Nacht. Tibetische Meditationen in Schlaf und Traum. Goldmann Arkana Verlag, München 2008
Schäfer, Julia: Tod und Trauerrituale in der modernen Gesellschaft. Stuttgart 2002
Schiff, H.: Verwaiste Eltern. Kreuz Verlag, Stuttgart 2001
Schölper, Elke: Sterbende begleiten lernen: Das Celler Modell zur Vorbereitung Ehrenamtlicher in der Sterbebegleitung. CD-ROM, Gütersloher Verlagshaus 2003
Schnellbach, Ragnhild: Tochter in Moll. Chancen und Grenzen einer Pflege. Neukirchener Verlagshaus 2000, Neukirchen-Vluyn, Niederlande
Schultz, Hans Jürgen (Hrsg.): Letzte Tage. Sterbegeschichten aus zwei Jahrtausenden. Kreuz Verlag 1983
Seul, Michaela: Hospizarbeit und Palliativbetreuung. Für einen Abschied in Würde, Knaur Verlag, München 2007
Sogyal Rinpoche: Das tibetische Buch vom Leben und Sterben. Frankfurt 2004
Spiegel-Rösing, I.: Die Begleitung Sterbender. Theorie und Praxis der Thanatotherapie. Junfermann Verlag, Paderborn 1984
Stephenson, G. (Hg.): Leben und Tod in den Religionen. Symbol und Wirklichkeit. Darmstadt 1980
Stoddard, S.: Die Hospizbewegung. Ein anderer Umgang mit Sterbenden. Lambertus, Freiburg 1988
Student, J.-Ch.: Das Hospiz-Buch, Lambertus Verlag, Freiburg 1991
Strittmacher, G.: Sterben in Würde – Mut zum Leben. Lit Verlag, Münster 1998
Student, J.-Ch. (Hrsg): Das Hospiz-Buch, Lambertus Verlag, Freiburg 1991
Tausch, Daniela: Sterbenden nahe sein. Hilfreich begleiten, Herder 2010
Tausch-Flammer / Bickel, L. : Die letzten Tage / Leben und Sterben im Hospiz, Kreuz-Verlag 1999
Tausch-Flammer, D. : Sterbenden nahe sein. Herder Verlag Freiburg i. Breisgau 2004
Tausch-Flammer, D, Bickel, L.: Wenn ein Mensch gestorben ist. Würdiger Umgang mit den Toten. Herder Verlag, Freiburg i. Breisgau 2000
Tausch-Flammer, D, Bickel, L.: In meinem Herzen die Trauer. Texte für schwere Stunden. Herder Verlag, Freiburg i. Breisgau 2001
Tausch-Flammer, D, Bickel, L.: Jeder Tag ist kostbar. Endlichkeit erfahren – intensiver leben. Herder Verlag, Freiburg i. Breisgau 2006
Tausch-Flammer, D, Bickel, L.: Die letzten Wochen und Tage. Eine Hilfe zur Begleitung. DW EKD, Krebsverband Baden-Württemberg. Stuttgart 2008
Tenzin Wangyal Rinpoche: Übung der Nacht. Tibetische Meditationen in Schlaf und Traum. Goldmann Arkana Verlag, München 2008
Tibetisches Totenbuch. Urania Verl., Neuhausen 2000
Thomas, Carmen: Berührungsängste? Vom Umgang mit der Leiche. Köln 1994

Tulku Thondup: Peaceful Death, Joyful Rebirth. A Tibetan Buddhist Guidebood. Shambala Verlag, Boston-London 2006

Warning, Sophie: Krankheit – Sterben – Trauer. Ein Begleithandbuch, Hospizverlag 2013

Weinreich, Wulf Mirko: Integrale Psychotherapie. Araki Verlag, Leipzig 2005

Verbraucherzentrale NRW, Düsseldorf: Ein Sterben in Würde. Ratgeber für Sterbebegleitung und Trauerfall. Umfassende Informationen zu allen Themen. September 2005

Yalom, Irvin D., Linner, Barbara: In die Sonne schauen: Wie man die Angst vor dem Tod überwindet. btb Verlag, 2010

Weiß, Wolfgang: Im Sterben nicht allein. Hospiz, ein Handbuch. Wichern Verlag, Berlin 1999

Wilber, Ken: Integrale Psychologie. Freiamt, Arbor Verlag 2001

Wilber, Ken: Integrale Spiritualität. Kösel Verlag, München 2007

Winkler, E.: The Elias Project. Using the Near-Death Experience Potentia in Therapy. Journal of Near-Death Studies 22, S. 79-82

Worden, William J.: Beratung und Therapie in Trauerfällen / Handbuch. Huber Bern 2008

Schmerzbroschüren:

Klaschik, D. / Nauck, F.: Medikamentöse Schmerzbehandlung bei Tumorpatienten. Ein Leitfaden für Patienten und Angehörige. Malteser-Krankenhaus, Von-Hompesch-Straße 1, Bonn

Larbig et al.: Tumorschmerz, Schattauer Verlag, Stuttgart 1999

Schmerzen bei Krebs – So können Sie damit umgehen. Deutsche Krebsgesellschaft e.V., Straße des 17. Juni 106-108. 10623 Berlin, Tel.: 030-32293290

Krebsschmerz – Was tun? KrebsSchmerzInformationsdienst. Deutsches Krebsforschungszentrum, Im Neuenheimer Feld 280, 69120 Heidelberg, Tel.: 06221-410121

Hörbücher

Das lange Sterben des Enzo. Eine Tonbildschau über das Sterben und die Auseinandersetzung mit dem Tod von Karl Gähwyler. Impuls Studio und CALIG Verlag, 40 Min., 70 Dias, Caritas Schweiz, Luzern und AGK, Zürich

Schmitt, Èric, Emanuel: Oskar und die Dame in Rosa (Originaltitel: Oscar et la dame rose). 2002, Cycle de l'invisible. Die deutsche Erstausgabe erschien 2003 im Amman Verlag, Zürich, 2003

Filme zum Thema

Aufbruch in die nächste Dimension von Clemens Kuby, Kinofilm 2002, DVD 2004

Das letzte Mysterium. Begegnungen mit dem Tod. Spiegel TV, VOX 2011

Das Ende war mein Anfang. Film von Jo Baier mit Bruno Ganz nach dem Buch von Terzani, Tiziano: Noch eine Runde auf dem Karussel. Vom Leben und Sterben. Knaur Verlag, Hamburg 2007

Das letzte Geheimnis: Auf der anderen Seite des Todes, Film zum Buch von Raimond A. Moody: Leben nach dem Leben, Rowohlt Verlag

Das Tibetische Totenbuch (The Tibetan Book of Death. The Great Liberation). Shinichi Nakzawa, Hinaki Mori, Shambala Publications, Inc., National Filmboard of Canada

Die letzte Aufgabe – Mensch bleiben am Ende das Lebens. Sendung vom 16.04.2012 über das Tabuthema Tod auch auf youtube

Die große Stille. Dokumentarfilm von Philip Gröning, siehe www.diegrossestille.de

Nokan. Die Kunst des Ausklangs. Drama von Yojiro Takita mit Masahiro Motoki

Dienstags bei Morrie. Verfilmung nach dem Roman von Mitch Albom

Fierce Grace, Film von Mickey Lemle über den Meditationslehrer Ram Dass und seine Entwicklung durch seine Krankheit

Halt auf freier Strecke, Regie: Andreas Dresen. Frank und Simone haben sich ihren großen Traum vom kleinen Glück erfüllt. Mit ihren zwei Kindern leben sie im gemütlichen Häuschen am Stadtrand. Doch die Idylle findet ein jähes Ende: Bei Frank wird ein Hirntumor gefunden. Diagnose: tödlich.

Jetzt, Findhorn, Flowering of human consciousness, auf Youtube: Tod 1, 2 sowie weitere Kurzfilme mit Eckhart Tolle zeitweise verfügbar

Letzte Saison. Wenn es Zeit ist zu sterben. ARD SWR, Dokumentation vom 12. Juli 2011. An einem schönen Sommertag beginnt für Gisela Zeller der Alptraum schlechthin. Dr. Matthias Rilling, Oberarzt auf der internistischen Station im St.-Josefs-Krankenhaus Freiburg, diagnostiziert bei ihr Bauchspeicheldrüsenkrebs mit Lebermetastasen, elf Tage, nachdem sie in Ruhestand gegangen ist. Wie reagieren Gisela Z. und ihre Angehörigen auf die katastrophale Nachricht? Ein Film, in dem es um die letzten Dinge geht, um das wirklich Wichtige im Leben.

Liebe. Film von Michael Haneke über den Umgang eines Ehepaares mit dem Sterben im Alter

„Marias letzte Reise“ von Kerstin Stelter, gesendet im Bayrischen Rundfunk (BR) am 22.10.2012

Psychologie des Todes. Stanislav Grof

Schmetterlinge und Taucherglocke. Von Julian Schnabel. Film über das Entkommen aus dem „Locked-in-Syndrom“

Seelenvögel: Die 15-jährige Pauline, der 10-jährige Richard und der 6-jährige Lenni haben Leukämie und müssen sich mit dem eigenen Sterben auseinandersetzen.

The Suicide Tourist. Die Ehepaare Ewert und Coumbias wenden sich an die Sterbehilfeorganisation Dignitas und lassen sich dabei von einem Kamerateam begleiten. Sky Real Lives TV, 11. Dezember 2008

Veronika beschließt zu sterben. Film von Emily Young nach dem gleichnamigen Roman von P. Coelho

Warum Bodhi-Dharma in den Osten aufbrach. Koreanischer Film von Bae Yong-Kyun

Ich möchte noch auf die ARD-Themenwoche hinweisen. Am 17. und 23.11.2012 wurden das Thema „Leben mit dem Tod“ sowie andere themenbezogene Sendungen ausgestrahlt.

Ein weiteres Projekt von Felix Löwy ist ein Film mit dem Titel „Wasted Time“, der sich um das Thema „Tod“ dreht. Die Einnahmen gehen an das Kinder- und Jugendhospiz Stuttgart. Das Projekt hat eine eigene Internetseite: http://www.wastedtimefilm.com

Adressen zur Sterbebegleitung

Die folgenden Adressen sind nur eine Auswahl, möglicherweise gibt es in der Zwischenzeit etliche neuere Einrichtungen, die Ihnen weiterhelfen können. Am besten informieren Sie sich im Internet auf der jeweiligen Website, um herauszufinden, was für Sie in Fragen kommen könnte.

Vielerorts werden Basis- und Aufbaukurse zur Trauer- und Sterbebegleitung angeboten. Sie unterstützen die Vorbereitung auf den Umgang mit Trauer und bieten die Möglichkeit, sich über Hospizgruppen ehrenamtlich zu engagieren. Christlich orientierte Gruppen bieten Ausbildungen an, die sich zum Beispiel am Celler Modell zur Sterbebegleitung orientieren.

Die Hospizarbeit in Diakonie und Kirche 2002 bietet Materialien zur Ausbildung, zu beziehen über: Zentraler Vertrieb des Diakonischen Werkes der EKD, Karlsruher Str. 11, 70771 Leinfelden-Echterdingen, Tel: 0711-9021650, Fax: 0711-7977-502, e-Mail: vertrieb@diakonie.de

Arbeitskreis Organspende
Emil-von-Behring-Passage, 63263 Neu-Isenburg
Tel.: 0130-914040

Bundesarbeitsgemeinschaft Hospiz
Am Weiherhof 23, 53283 Niederzier
Tel.: 02428-802937, Fax: 02428-802892
www.hospiz.net

Bundesarbeitsgemeinschaft Hospiz
zur Förderung von ambulanten, teilstationären
und stationären Hospizen und Palliativmedizin e.V.
Renkestr. 45, 52355 Düren
Tel.: 02421-599472, Fax: 02421-599473

www.hospiz-net.de
E-Mail: bag.hospiz@hospiz.net

Deutscher Caritasverband, Hospiz
Karlstraße 40, 79104 Freiburg
Tel.: 0761-200-381
www.diakonie.de

Deutsche Hospiz-Stiftung
Europaplatz 7, 44269 Dortmund
Tel.: 0231-7380730, Fax: 0231-7380731
www.hospize.de

Deutscher Hospiz- und PalliativVerband e.V.
Aachener Straße 5, 10713 Berlin
Telefon: 030/8200758-0, Fax: 030/8200758-13
E-Mail: info@hospiz.net

Deutsche Gesellschaft für Palliativmedizin e.V.
Aachener Straße 5, 10713 Berlin
Telefon: 030/81826885, Fax: 030/81826776
E-Mail: dgp@dgpalliativmedizin.de

Deutsche Krebshilfe e.V.
Buchstr. 2, 53113 Bonn
Telefon: 0228/72990-0, Fax: 0228/7299011
E-Mail: deutsche@krebshilfe.de

Deutsche Krebsgesellschaft e.V.
Tiergarten Tower, Straße des 17.Juni 106-108, 10623 Berlin
Telefon: 030/3229329-0, Fax: 030/322932966
E-Mail: web@krebsgesellschaft.de

Deutscher Kinderhospiz-Verein e.V.
Kupferweg 6, 57462 Olpe
Tel.: 02761-969555, Fax: 02761 926557
info@deutscherkinderhospizverein.de
www.deutscher-kinderhospizverein.de

Deutsche Gesellschaft für Palliativmedizin e.V.
von-Hompesch-Straße 1, 53123 Bonn
www.dgpalliativmedizin.de

Deutsche Gesellschaft für Humanes Sterben e.V. (DGHS)
Lange Gasse 2, 86152 Augsburg
Tel.: 0821-502350, Fax: 0821-5023555
www.dghs.de

Diakonisches Werk der EKD
Arbeitsbereich Hospiz und Palliativ-Care
Gerokstraße 17, 70184 Stuttgart
Tel: 0711-21591656
E-Mail hospiz@diakonie.de

Gemeindekolleg der VELKD
Berlinstraße 4-6, 29223 Celle
Tel.: 05141- 53014
E-Mail: info@gemeindekolleg.de

Humanistischer Verband Deutschlands, Bundeszentralstelle
Wallstr. 65, 10179 Berlin
Tel.: 030-61390411, Fax: 030-1390436
Malteser Hospizarbeit
Kalker Hauptstr.22-24, 51103 Köln
Tel.: 0221-9822581
E-Mail: malteser.hospizarbeit@maltanet.de

Internationale Gesellschaft für Sterbebegleitung und Lebensgestaltung e.V. (IGSL)
Postfach 1408, 55384 Bingen
Tel.: 06721-10318 oder 921161, Fax: 06721-10381
www.igsl.hospiz.de

Omega. Mit dem Sterben leben e.V.
Ostberger Str. 78, 58239 Schwerte
Tel.: 0230-43123, Fax: 02304-45711

Haus Domicilium in Weyarn
Hospizgemeinschaft und spirituelle Akademie
Tel.: 08020-9048-50, Fax:08020-90 48-59
E-Mail: snela@domicilium-weyarn.de

Adressen zur Trauerbewältigung

KIT Kriseninterventionsteam München
Adi-Maisliner Str. 6, 81373 München
Tel.: 089-74363105, Fax: 089-74363190
www.kriseninterventionsteam-muenchen.de

Bundesverband Verwaiste Eltern in Deutschland e.V.
Eichenstraße 14, 85323 Bergenkirchen-Lauterbach
Tel.: 08135-8706, Fax: 08135-8706
www.veid.de

Telefonseelsorge
Bundesweit 24 Stunden gebührenfrei erreichbar. Beratung ebenfalls gebührenfrei, anonym und vertraulich.
Tel.: 0800-1110111 oder -1110222
www.telefonseelsorge.de

NAKOS (Nationale Kontakt- und Informationsstelle zur Anregung und Unterstützung von Selbsthilfegruppen)
Albrecht-Achilles-Str. 65, 10709 Berlin
Tel.: 030-8914019
www.selbsthilfe-forum.de

INKA – Informationsnetz für Krebspatienten und Angehörige im Internet
www.inkanet.de

Treffpunkt für verwitwete Mütter und Väter
Oliver Scheithe, Wüllnerstr. 116, 50931 Köln
Tel.: 0221-4062182
www.verwitwet.de

Kummernetz e.V.
Am Buchberg 7, 97762 Hammelburg
Tel.: 09732-780259
www.kummernetz.de

Trauerorg. Trauerportal der katholischen Kirche
Marktstr. 1, 56068 Koblenz
Tel.: 0261-35663
www.trauer.org

Virtuelle Gedenkstätten im Internet
www.virtual-memorials.com

Institut für Trauerarbeit (ITA) e.V.
Bogenstr. 26, 20144 Hamburg
Tel.: 040-36111583, Fax: 040-36111684
www.ita-ev.de

OMEGA – Mit dem Sterben leben e.V.
Bundesweite, ehrenamtliche Sterbebegleitung für sterbende und trauernde Menschen
Tel.: 0209-913281, Fax: 0209-9132833
www.omega-ev.de

Trauernetz der evangelischen Kirche
Tel.: 06698-233, Fax: 06698-8683
www.trauernetz.de

Buddhistische und transkonfessionelle Hospize

Da-Sein e.V.
Ambulante Hospiz- und Palliativ-Beratung München
www.hospiz-da-sein.de

Hospizdienst Mandala e.V.
Ambulante Hospizarbeit und Palliativberatung im Ruhrgebiet
Gemeinnütziger Verein, der seit 2005 Sterbebegleitung anbietet,
Teil des Palliativnetzes Bochum. Die Gründer sind Mitglieder des FWBO (Freunde des Westlichen Buddhistischen Ordens)
Tel.: 0234-280931
www.hospizdienst-mandala-ev.de

Ambulanter Hospizdienst Bodhicharya in Berlin
Teil des Bodhicharya e.V., seit 2004 bestehend. Nach dem Konzept von Lisa Freund, unterstützt durch das Ricam-Hospiz in Berlin-Neukölln. Nach Absprache mit Ringu Tulku erste Ausbildung für buddhistische Hospizhelfer durch Michaela Draeger. Von den Krankenkassen anerkannt.
Tel.:030-29009740
www.hospiz-bodhicharya.de

Buddha-Haus, Hospiz e.V. in München
gegründet 2007, aufgenommen in den bayrischen Hospizverband
c/o Wolfgang Smith
Senftenauerstr. 123, 80689 München
Tel.: 0176-10 14 21 83,
E-Mail: info@buddha-haus-hospiz.de
www.buddha-haus-hospiz.de

Netzwerk der Deutschen Buddhistischen Union
www.buddhismus-soziales.de

USA:

Zen Hospice San Francisco, CA
www.zen-hospice.org und
www.mettainstitue.org (Frank Ostaseski, Sausalito, CA)

Zahlreiche christliche Hospizadressen finden Sie im Internet. Viele Hospizdienste sind auf Spenden angewiesen.

Selbsthilfegruppen:

NAKOS – Nationale Kontakt- und Informationsstelle zur Anregung und Unterstützung von Selbsthilfegruppen
Albrecht-Achilles-Straße 65, 10709 Berlin.
Telefon: 030/8914019, www.nakos.de

Weitere Veröffentlichungen des Autors

Hör-CD: „Sterbemeditation, Yoga Nidra, Sterbebegleitung“ zum gleichnamigen Buch, mit Anleitungen zur Visualisierung und Meditation.
Preis € 15 inkl. Porto und Versand (Vorkasse)

Hör-CD: „Heilung und Entspannung mit und ohne Musik“ (Querflöte)
Vier Anleitungen: 1. Lichtübung, 2. Autogenes Training, 3. Muskelentspannung (PMR) kurz, 4. Muskelentspannung (PMR) lang.
Preis € 15 inkl. Porto und Versand (Vorkasse)

Bestellungen an:
Praxis Dr. med. Karim El Souessi
Filderstr. 50/1 | 70771 Leinfelden-Echterdingen | elsouessi@t-online.de

Zahlungen erbeten auf das Konto:
Dr. med. Karim El Souessi | Kreissparkasse Esslingen-Nürtingen
IBAN: DE18 61150020 0007586084
BIC: ESSLDE 66XXX

Weitere Bücher aus dem Verlag Via Nova:

7 Gründe für ein Leben nach dem Tod

Wissenschaftliche Studien eines Mediziners

Jean Jacques Charbonier

Paperback, 160 Seiten, ISBN 978-3-86616-353-9

Glauben Sie an ein Leben nach dem Tod? Bevor Sie diese Frage für sich endgültig beantworten, sollten Sie dieses Buch lesen! Es könnte Ihre Sicht auf die Dinge und das Leben von Grund auf verändern. Denn all die Erfahrungen, Beobachtungen und Studien, die hier überzeugend, leicht nachvollziehbar und wissenschaftlich fundiert dargestellt werden, machen mehr als nur Hoffnung. Sie lassen eigentlich nur einen Schluss zu: dass unser Bewusstsein nach dem Tod überlebt. Und sie zeigen, dass wir Leben und Tod in einem völlig neuen Licht betrachten müssen – ja!- dürfen! Lassen Sie sich auf dieses einzigartige Leseabenteuer ein, das zu einem der letzten Geheimnisse der Menschheit führt – und vielleicht dazu, dass Sie zukünftig in einem vollkommen neuen Verständnis und großer Gelassenheit durchs Leben gehen werden.

Lachen – trotz und alledem

Darf ich lachen, wenn ich traurig bin?

Silvia Rößler

Paperback, 240 Seiten, 18 Zeichnungen, ISBN 978-3-86616-341-6

Dieses Buch ist wahrhaftig ein kostbares Geschenk für alle, die trotz schwerer Krisen, Krankheiten und Schicksalsschlägen wie Trauer und Tod, eine heitere Lebenshaltung entwickeln – oder sich bewahren – möchten. Wie dies gelingen und regelrecht gelernt werden kann, das zeigt uns die Autorin mit bewegenden Beispielen und authentischen Berichten, ganz praktischen Anregungen und Anleitungen aus den Bereichen Lachyoga, Meditation, Tanz, Singen und Malen. Nichts ist befreiender und berührender als ein ehrliches tiefes Lachen, das nicht nur ansteckend wirkt, sondern nachweislich auch Medizin ist für Körper und Seele. Entdecken Sie die Lebenskunst der Heiterkeit!

Sein Bewusstsein auf eine höhere Seinsebene bringen

Geführte Meditationen

Werner Vogel

CD, Laufzeit: 70 Minuten, ISBN 978-3-86616-123-8

Die Grundübung aller spirituellen Wege ist die Meditation. Das Ziel der Meditation in allen spirituellen Traditionen ist die Erfahrung eines nichtdualistischen Bewusstseinszustands. Um in den Zustand des Geistes in der bewussten Erfahrung des „ewigen Hier und Jetzt" zu kommen, bedarf es einer stufenweise aufgebauten Übungspraxis. Geführte Meditationen können helfen, den zerstreuten Geist zu sammeln und auszurichten. Dadurch kommt der Übende zur Ruhe und zur Erfahrung der inneren Stille. Der Geist beruhigt sich und wird klar wie die Oberfläche eines aufgewühlten Sees, auf dessen Grund man sehen kann. Schließlich tritt der Zustand der gesammelten inhaltslosen Wachheit im Geist ein und der Übende wird offen und frei für ein höheres Bewusstsein. In der CD werden 3 Meditationsübungen angeboten, teilweise unterlegt mit meditativer Musik.

Über den eigenen Schatten springen

Vom Ego in die Liebe zum Leben

Claus Eurich

Hardcover, 224 Seiten, ISBN 978-3-86616-315-7

Leben wir in einer Zeit des Übergangs? Vieles spricht dafür! Alte Denkweisen und Handlungsstrategien scheinen den heutigen Herausforderungen der Menschheit nicht mehr gerecht zu werden. Was braucht es also für den nächsten Schritt der menschlichen Evolution? Jedenfalls ein grundlegend neues Verständnis über das Menschsein, der psychologischen, philosophischen und spirituellen Hintergründe seiner bisherigen Entwicklung und vor allem: heilsame Einsichten und Erkenntnisse! Dies alles finden Sie in diesem Buch, das uns im Tiefsten erinnern lässt an die großartigen schöpferischen Potentiale, die in uns stecken, wenn wir nur lernen, unser Ego-Bewusstsein zu transzendieren. Entdecken Sie notwendig neue und heilsame geistig-spirituelle Horizonte – tiefgründig, empathisch, hoffnungsvoll!

Lebensprozesse

Die universellen Gesetze der Gesundheit und Langlebigkeit

Frank Albrecht

Paperback, 240 Seiten, ISBN 978-3-86616-342-3

Ein Leben lang gesund zu bleiben und zugleich den Alterungsprozess zu verlangsamen oder gar aufzuhalten, klingt beinahe zu schön, um wahr zu sein. Doch durch ein vollkommen neues Verständnis der Lebensprozesse und den zugrundeliegenden universellen Lebensgesetzen wird dies für jeden Menschen zu einer ganz realen Möglichkeit, so der Gesundheits-Forscher Frank Albrecht. In diesem Buch vermittelt er eine neue Sichtweise auf die Zusammenhänge von Materie, Energie und Geist, die noch ungeahnte Perspektiven und Chancen für eine nachhaltig gesunde Lebensweise bietet. Bahnbrechendes Wissen über Ernährung, unsere energetische Umgebung und die Bedeutung des Seelenlebens sowie die zahlreichen praktischen Ratschläge könnten Ihr Leben von grundauf verändern, verbessern und sogar verlängern.

Warum lebe ich?

Wie ich meine Lebens-Lernaufgaben erkennen und lösen kann

Matt Galan Abend

Hardcover, 144 Seiten, ISBN 978-3-86616-331-7

Nichts in dieser Schöpfung geschieht zufällig – davon ist der Autor dieses Buches aufgrund Jahrzehnte langer Arbeit mit Menschen zutiefst überzeugt. Seine Botschaft: Hinter allen sich wiederholenden Dramen des Alltags stecken die zentralen Lernaufgaben unseres Lebens. Erst wer sie wirklich erkennt und sich ihnen stellt, erfährt jene Meisterschaft, die zu tiefer Ruhe und Gelassenheit führt. Dieses Buch hilft, seine wahre Lebensaufgabe zu erkennen. Wenn das nicht geschieht, werden wir so lange Leid und Enttäuschungen erfahren, bis sie uns bewusst wird und wir beginnen, sie zu verwirklichen. Wer versteht, dass das Leben sein bester Lehrmeister ist, weiß auch, dass er vom Großen Ganzen stets geführt, geschützt und getragen ist! Und wenn wirklich nichts zufällig geschieht, dann auch nicht, dass Sie jetzt dieses Buch entdeckt haben.

Darm o.k. – alles o.k.

Die geniale Bauchmassage und weitere Tipps zum Schlankwerden und Wohlbefinden

Maria Köllner

Paperback, 160 Seiten, 40 farbige Fotos, ISBN 978-3-86616-343-0

Hören Sie eigentlich immer auf Ihren Bauch? Falls nicht, dann liefert Ihnen dieser unterhaltsam erzählte, umfassend recherchierte und derzeit vielleicht ungewöhnlichste Darm-Gesundheitsratgeber entscheidende Gründe, jetzt damit zu beginnen. Denn hier kommt das größte Organ des menschlichen Körpers erstmals selbst zu Wort und lässt Sie teilhaben an spannenden Einsichten und Erkenntnissen sowie effektiven Methoden und praktischen Tipps, wie Sie ein ganz neues Bauchgefühl erlangen und ihre Lebensqualität wesentlich steigern können. Zum Beispiel mit der so genialen Bauchselbstmassage! Lassen Sie sich von den vielen wertvollen Anregungen für Ihr Wohlbefinden und Ihre Figur inspirieren und erkennen Sie, wie bedeutsam der Darm für die körperliche und seelische Gesundheit und Vitalität ist.

Aufbruch zum Durchbruch

Die 10 Prinzipien ganzheitlicher Lebensgestaltung

Boris Pikula

Hardcover, 192 Seiten, ISBN 978-3-86616-314-0

„Viel wichtiger als das, was Sie einmal waren, ist, wer Sie vorhaben zu sein". Und jetzt – immer nur jetzt! – ist der Moment, aus dem Gewohnten herauszutreten und sich neuen Erfahrungen zu öffnen. Worauf warten? Nutzen Sie dieses wegweisende Buch zum intensiven Überdenken und „Nachspüren" Ihres gegenwärtigen Lebens! Zu allen Lebensthemen gibt es nicht nur wertvolle Inspirationen und Impulse, sondern auch ganz pragmatische Hinweise, sein Leben sinnvoll und rundum erfüllend zu gestalten. Denn der Wandel beginnt immer in einem selbst. Nutzen Sie eine grandiose Chance für sich selbst, um endlich „aufzubrechen" in eine neue Dimension des eigenen Daseins! Die Zeit ist reif!

Radikales Erwachen

Nimm dich im Alltag ganz an

Jeff Foster

Hardcover, 256 Seiten, ISBN 978-3-86616-282-2

Jeder spirituell Suchende sehnt sich nach Einssein, Freiheit und bedingungsloser Liebe, „anzukommen" und im Hier und Jetzt vollständig aufzuwachen. Wer es liest, begegnet keinem neuen spirituellen Konzept, keiner Theorie, sondern der Einfachheit, Schönheit und Tiefe einer überwältigenden Erfahrung. Lebensnah, humorvoll, berührend und im besten Sinne radikal in seiner Direktheit zeigt Jeff Foster, wie die vollkommene Akzeptanz des Lebens und der Gefühle zur Freiheit führen und alles verwandeln kann. In jeder Zeile ist spürbar, dass er aus der eigenen lebendigen Erfahrung schöpft, und so geraten wir schon beim Lesen in den erfrischenden Sog der Freiheit.